STAND ORT BESTIM MUNG

KUCHENREUTHER
ARCHITEKTEN / STADTPLANER

Enrico Santifaller

INHALT

EINBLICK
- 4 Drei Fragen an Sampo Widmann
- 6 Sieben Fragen an Peter Kuchenreuther

DIE REGION, DER ARCHITEKT UND SEIN TEAM
- 10 Peter Kuchenreuther und das Fichtelgebirge – Axel Fickert
- 14 Gespräch mit Peter Kuchenreuther

ENTWICKLUNGSKONZEPTE
- 24 Gespräch mit Ralf Köferl und Peter Kuchenreuther
- E1 Dorferneuerung, Bad Alexandersbad

BAUEN IM BESTAND
- 42 Gespräch mit Dr. Ulrich Kahle
- B1 Markt 12, Marktredwitz
- B2 Vierseithof, Unterweißenbach-Selb
- B3 Torhaus Leupoldsdorf, Tröstau
- B4 „Alte Zuckerfabrik", Wunsiedel
- B5 Hallenbad, Selb
- B6 Ausblick: Goldner Löwe Mühlbühl, Nagel

TOURISMUS
- 90 Gespräch mit Thomas Schwarz
- T1 Waldhaus und Wildpark, Mehlmeisel
- T2 Haus der Kräuter, Nagel
- T3 Granitlabyrinth Epprechtstein, Kirchenlamitz
- T4 Infozentrum Epprechtstein, Kirchenlamitz
- T5 Kornberghaus Martinlamitzer Forst-Süd, Selb

BAUTEN FÜR DIE GEMEINSCHAFT
- 140 Gespräch mit St. Büttner, M. Stöckert, A. Rieß
- G1 Ensemble Glasschleif, Stadthalle, EKS, Marktredwitz
- G2 Goldener Löwe, Weißenstadt
- G3 Hammerscheune, Niederlamitz
- G4 Ausblick: Goldner Löwe, Kirchenlamitz
- G5 Ausblick: LDBV, Waldsassen

RAUM FÜR BILDUNG
- 184 Gespräch mit Ursula Sowa
- R1 Käthe-Luther Kinderhaus, Wunsiedel-Holenbrunn
- R2 Aula Markgraf-Diepold-Grundschule, Waldsassen
- R3 Turnhalle Bognerschule, Selb
- R4 Jean-Paul-Schule, Wunsiedel
- R5 bfz, Marktredwitz
- R6 EFBZ Stein, Wunsiedel
- R7 Ausblick: Grund- und Mittelschule, Baunach

WOHNEN
- W1 Franz-Heinrich Straße 19, Selb
- W2 Haus M, Marktredwitz
- W3 Hausgruppe, Wunsiedel
- W4 Kronprinz, Wunsiedel
- W5 Ausblick: Wohngebiet Untere Rotmainaue, Bayreuth

FREIRAUM
- 276 Gespräch mit Marion Schlichtiger
- F1 Rathausplatz, Schwarzenbach a.d. Saale
- F2 Kirch- und Lohgasse, Waldershof
- F3 Stadtpark, Waldershof
- F4 Ortssanierung, Neusorg
- F5 Wettbewerb Im Winkel, Marktredwitz

AUSBLICK
- 308 Peter Berek zur Zukunft der Region
- 314 Drei Fragen an Lisa Kuchenreuther

- 316 Team
- 318 Projektchronologie
- 326 Buch-Macher
- 328 Impressum

DREI FRAGEN AN PROF. SAMPO WIDMANN

Dipl.-Ing. Univ. Architekt BDA / Stadtplaner, Starnberg

SAMPO WIDMAN, 1942 in Marquartstein geboren, führt seit 1975 ein Architekturbüro in München, später in Starnberg, das für Peter Kuchenreuther der erste Arbeitsplatz als Architekt war. Sampo Widman war Professor an der FH München und rettet heute als Kapitän von Seenotschiffen Flüchtlinge aus den Fluten des Mittelmeeres.

WAS FÄLLT IHNEN ZU PETER KUCHENREUTHER EIN?
Dass der Peter ein unglaublich sensibler, kreativer Mensch ist. Er ist ein leiser Mensch, ein beharrlicher, ein großartiger. Ich hätte Peter gerne in meinem Büro gehalten, aber er musste zurück nach Oberfranken.

WAS IST IHRER MEINUNG NACH DIE HAUPTAUFGABE VON ARCHITEKTUR?
Ihre Hauptaufgabe ist für Menschen etwas zu bauen, mit dem sie gut umgehen können, aber gleichzeitig auch eine hohe gestalterische, sie herausfordernde Qualität hat.

WARUM IST DIE REGIONALISIERUNG DES BUNDES DEUTSCHER ARCHITEKTEN BDA SO WICHTIG?
Gute Architektur gibt es nicht nur in Metropolen, sondern auch in der Region. Und im Osten und Nordosten Bayerns passiert ja erstaunlich viel. Da hat – neben anderen – Peter sehr viel dazu beigetragen. Das ist mir eine große Freude. Große Bauaufgaben, aber auch ganz einfache, bescheidene: Damit daraus etwas Vorzeigbares wird, braucht man gute Architekten. Der BDA ist eine Plattform für Dialog und Diskussion – das braucht man auch in der Region. Gerade in einem Flächenland wie Bayern.

SIEBEN FRAGEN AN PETER KUCHENREUTHER

Dipl.-Ing. Univ. Architekt BDA / Stadtplaner

BDA BUND DEUTSCHER ARCHITEKTINNEN UND ARCHITEKTEN

Erschienen in den BDA Informationen, herausgegeben vom Bund Deutscher Architektinnen und Architekten BDA, Landesverband Bayern, Heft 2, 2020

PETER KUCHENREUTHER
Dipl.-Ing. Univ. Architekt BDA / Stadtplaner

1967	geboren in Marktredwitz/Oberfranken
1986–1988	Steinmetzlehre in Schurbach
1989–1995	Studium der Architektur, Technische Universität München Döllgastpreis 1995
1992–1994	Büro Prof. Sampo Widmann, Prof. Hermann Schröder, München
1995–1999	Mitarbeit in verschiedenen Architekturbüros in Oberfranken
seit 1999	Mitglied der Bayerischen Architektenkammer
seit 2000	Selbstständigkeit
seit 2004	eigenes Architekturbüro in Marktredwitz
seit 2003	Mitglied im BDA (Bund Deutscher Architekten)
2008–2016	Mitglied im Landesvorstand des BDA Bayern
seit 2009	Preisrichtertätigkeit
2010–2015	Lehrauftrag an der Georg-Simon-Ohm Hochschule Nürnberg, „Bauen im Bestand"
seit 2010	Stammreferent an der Schule für Dorf- und Flurentwicklung, Klosterlangheim
seit 2011	Mitglied der Arbeitsgruppe „Ländlicher Raum" der Bayerischen Architektenkammer
seit 2017	stellv. Kreisverbandsvorsitzender Kreisverband Nürnberg, Mittelfranken Oberfranken
seit 2018	Gründung Architekturtreff Hochfranken der Bayerischen Architektenkammer

WARUM HABEN SIE ARCHITEKTUR STUDIERT?
Lust am Gestalten, Lust einen gesellschaftlichen Beitrag zu leisten.

WELCHES VORBILD HABEN SIE?
Herrman Schröder für die Gelassenheit, Sampo Widmann für das Ständig-in-Bewegung-bleiben und die Neugier.

WAS WAR IHRE GRÖSSTE NIEDERLAGE?
Die Orientierungslosigkeit und Unsicherheit, die mich beschlich, als ich nach abgeschlossenem Architekturstudium an der TU München und der Auszeichnung mit dem Hans-Döllgast-Preis wieder in die damals krisengebeutelte Heimatregion zurückkehrte.

WAS WAR IHR GRÖSSTER ERFOLG?
Den Schritt zurück ins Fichtelgebirge gemacht zu haben – und hier die neue Standortbestimmung mitgestaltet zu haben und dieses auch noch weiter zu dürfen, da uns noch viele spannende Projekte erwarten.

WAS WÄRE IHR TRAUMPROJEKT?
Ein in die Landschaft des Naturparks Fichtelgebirge eingebettetes Hotel mit Blick auf meinen Lieblingsgipfel, die Kösseine, verwirklichen zu dürfen.

INWIEFERN HABEN SICH IHRE VORSTELLUNGEN ERFÜLLT?
Es ist mir und meinem Team gelungen, fernab von Metropolen und Universitäten, ein Büro auf die Beine zu stellen, welches sich in hohem Maße für die regionale Baukultur engagiert. Unsere gebauten Beiträge sind mittlerweile architektonische Botschafter fürs Fichtelgebirge.

WAS ERWARTEN SIE VOM BDA?
Unsere gebaute Umwelt bereitet mir zurzeit große Sorgen. Das einfachste Verständnis für Bauformen und Materialien ist nicht mehr vorhanden. Zudem fehlt das Gefühl, für die Gemeinschaft zu bauen und einen ganzheitlichen Ansatz zu verfolgen. Stattdessen ist nur noch übertriebener Individualismus zu finden. Mein Wunsch an den BDA ist, sich im Bund mehr um die alltäglichen Gestaltungsthemen zu kümmern, mit der notwendigen „Kärrnerarbeit" eine flächendeckende Baukultur wiederzuentdecken und auf diese Weise mitzuhelfen, regionales Selbstbewusstsein zu stärken. Wir brauchen eine Basis – unter den Kollegen, aber auch in der Bevökerung – und eine Vermittlung der Gestaltung, auf der wir aufbauen können, dann werden wir auch wieder neue Früchte ernten können.

DIE REGION, DER ARCHITEKT UND SEIN TEAM

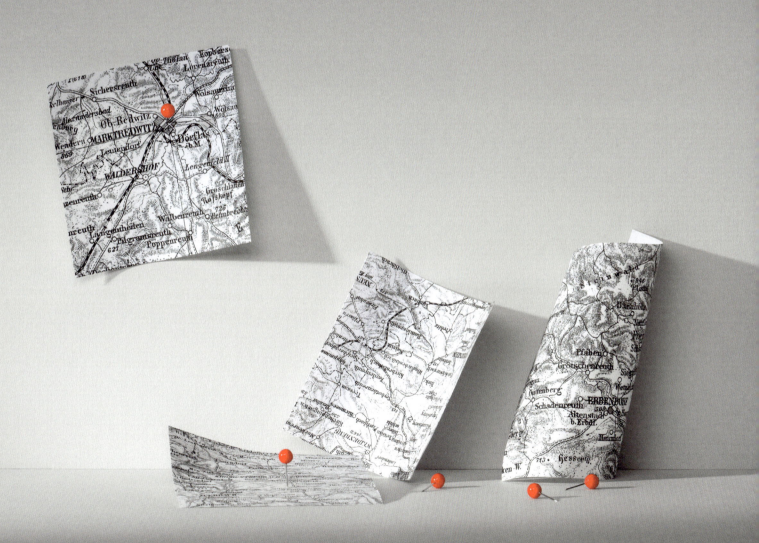

AKUPUNKTURBEHANDLUNG FÜR STADT UND LAND

Peter Kuchenreuther und das Fichtelgebirge
Axel Fickert, Architekt BSA, Zürich

AXEL FICKERT, Architekt ETH SIA BSA, wurde 1953 in Hof/Saale geboren. Seit 1992 betreibt er mit seiner Frau Kaschka Knapkiewicz das Architekturbüro Knapkiewicz & Fickert in Zürich. Axel Fickert lehrte an der ETH Zürich und an der ZHAW Winterthur. 2016 war Fickert mit einer Studentengruppe aus Winterthur in Wunsiedel zu einer Forschungsarbeit, in die auch Peter Kuchenreuther eingebunden war.

Eines Nachmittags statteten wir der Stadt Rehau einen kurzen Besuch ab – dies geschah auf Empfehlung von Peter Kuchenreuther, der uns besonders das gut erhaltene klassizistische Stadtbild ans Herz legte. Auf der abendlichen Rückfahrt nach Wunsiedel durchquerten wir das Fichtelgebirge der untergehenden Sonne entgegen. Die weiche Silhouette der bergigen Landschaft bei gleichzeitig unendlich scheinendem Himmel hat uns tief bewegt und unsere Empfindungen waren durchaus vergleichbar mit jenen, die sich jeweils im Golf von Neapel einzustellen pflegen. Über die Schönheit dieser Landschaft muss man also keine weiteren Worte verlieren, obwohl sie, wenn überhaupt, meist erst auf den zweiten Blick wahrgenommen wird – und vielen sogar noch gänzlich unbekannt zu sein scheint.

Spontan hat mich bei unserer romantischen Begegnung mit diesem wunderbaren fränkisch-böhmischen Landschaftsbild die Ahnung beschlichen, dass diese Gegend auch für uns dichtegeplagte Großstädter durchaus eine Alternative bieten und das Dasein in den beschaulichen Kleinstädten der Region einen überaus angenehmen Alltag verheißen könnte. Besonders die klassizistisch geprägten Kleinode wie Rehau und Wunsiedel, deren städtischer Habitus sich an einem viel größeren Maßstab (z.B. von München) orientiert, stellen diesen spannungsgeladenen Kontrast zwischen Beschaulichkeit und Monumentalität des öffentlichen Raumes dar. Auf dem Marktplatz in Wunsiedel beispielsweise fühlte ich mich wegen seiner fast wohnlichen Raumproportion und der Dominanz seines prächtigen Rathauses ein wenig wie in jenen mediterranen Kleinstädten Südfrankreichs, wo man es sich bei einem Pastis gut gehen lassen kann – nur, dass das Klima meistens ein wenig zu rau ist, aber dies wird sich vielleicht auch noch ändern. Würden bessere Angebote des öffentlichen Verkehrs oder vielleicht sogar Carsharing-Konzepte die allgemeine Mobilität gewährleisten, könnte man sich das tägliche Leben in diesen Städtchen und ihrer Umgebung sehr gut einrichten.

Es ist deshalb sehr gut nachvollziehbar, wenn einer wie Peter Kuchenreuther nach seiner Studienzeit und trotz bester Aussichten auf eine Berufskarriere in der Großstadt wieder hierher zurückgekommen ist und nicht nur dies, sondern sich auch noch über alle Maßen in seiner Heimat engagiert. Denn persönliches Engagement braucht diese Region am allernötigsten – Gewohnheiten, scheinbare Wahrheiten, eingeübte Tabus und Besitzstandsverhalten behindern den Wandel, ohne den die Region sich nicht neu erfinden kann – was sie aber dringend müsste! Liest man die reichhaltige Geschichtsschreibung der Stadt Wunsiedel, ist diese voll von Krisen und wiederholtem Auf- und Niedergang, und doch hat sich eine erleuchtete Bürgerschaft (daher Jean Pauls Begriff einer „lichten Stadt") immer wieder aufgerappelt und für Stadt und Gemeinschaft neue Identitäten und damit auch neue Geschäftsfelder gefunden – man denke nur an die Erschließung der Luisenburg und des Felsenlabyrinthes als touristischen Brennpunkt. Ähnliches ist heute der Fall: die Industriebetriebe und deren Tragfähigkeit werden vielleicht nicht mehr in gleichem Maße in die Region zurückkehren wie seinerzeit die allgegenwärtige Porzellanfabrikation, also gilt es sich auf alternativen Geschäftsfeldern neu zu erfinden – vielleicht indem man aufspürt, was das Unverwechselbare dieser Region ausmacht und diese Merkmale, Fähigkeiten und Produkte überzeugend vermarktet. Regionen wie beispielsweise der Bregenzerwald haben es in jüngster Vergangenheit eindrucksvoll vorgemacht.

Peter Kuchenreuther ist in dieser Richtung sehr erfolgreich unterwegs, wenn er mit Projekten wie dem Granitlabyrinth am Epprechtstein in Kirchenlamitz und dem Waldhaus/Wildpark in Mehlmeisel touristische Glanzlichter herstellt, die nicht nur den Ort ihrer Entstehung selbst im besten Wortsinn herausputzen, sondern auch auf die umliegende Region ausstrahlen. Er beweist in diesen Projekten, dass mit Poesie im Konzept und einer liebevollen Ausgestaltung die Eigenart dieser Orte herausgearbeitet und darüber hinaus die versteckte Schönheit der ganzen Region sichtbar gemacht wird. Peter Kuchenreuther bleibt dabei den baulichen Traditionen der Gegend treu und hütet sich tunlichst davor die Welt neu erfinden zu wollen. Er versucht sich nicht, wie es leider so oft bei touristischen Eingriffen geschieht, an den globalisierten Trends des großstädtischen Mainstreams zu orientieren, sondern ihn interessiert bewusst die Bewahrung und dadurch Erneuerung der lokalen, hier dezidiert ländlichen Eigenart. Wer dies als provinziell oder gar „hinterwäldlerisch" abtun will, hat noch nicht verstanden, dass die Zukunft der Regionen eben nicht in der Anpassung an die Hypes der „großen weiten Welt" liegt, sondern in der Akzeptanz und Pflege ihrer ureigenen Qualitäten – was immer diese ausmachen. Dies aufzuspüren wird die große Herausforderung sein, aber auch eine wesentliche Zukunftschance, denn nur in der Wiederherstellung der eigenen Identität liegt die Möglichkeit sich von allen anderen zu unterscheiden.

Fichtelgebirge mit Sonnenuntergang

Wunsiedel Marktplatz

Man wird nicht umhin kommen, das historische Material dieser Region aufzubereiten, um daraus die Grundlagen für das Repertoire für die Gegenwart und Zukunft zu sammeln. Dies bedeutet nicht, sich der Erneuerung zu verweigern, im Gegenteil: im Erkennen, Fortführen und darin kompetenten Interpretieren der Tradition entsteht das eigentlich Neue – in der Musik würde niemand auf die Idee kommen ein Werk von Mozart dekonstruieren zu wollen, es wird immer wieder neu interpretiert und bleibt dabei im besten Sinne klassisch. In der Architektur stellt sich diese Frage heute ähnlich: das Neue wird vor allem in der individuellen, besonderen Form gesucht, und weniger in der Weiterentwicklung einer tradierten Architektur, deren Bedeutungsgehalt schon seit langem im allgemeinen Bewusstsein verankert ist. Wenn Peter Kuchenreuthers Waldhaus in Mehlmeisel an den Urtyp einer Waldhütte und der alles verbindende Laubengang an die Trinkhalle eines Kurbades erinnert, erlaubt er es uns in seiner Architektur die beabsichtigten Bezüge zu erkennen und verankert damit diesen neu geschaffenen Ort für alle gut erkennbar in der lokalen Baukultur. Aber er überrascht uns gleichzeitig mit einer Mischung von zwei Referenzen, deren Sinnzusammenhang auf den ersten Blick nicht unbedingt naheliegend scheint. Doch spielen beide Bilder auf typische Merkmale der Region an – die Waldhütte auf die dichten Nadelwälder des Fichtelgebirges und die Trinkhalle auf die Kurbäder der näheren Umgebung diesseits wie jenseits der Landesgrenze. Es wird damit ein assoziativer Bogen gespannt, der Merkmale mit touristischem Potential – den tiefen Wald und die glorreiche Bädertradition – in dieser kleinen Welt von Mehlmeisel zusammenbringt und ihnen eine sinnfällige Form verleiht. So kann in der Architektur unaufdringlich und beiläufig eine Botschaft eingeschlossen sein – wer will, kann darin lesen und ansonsten ist es wenigstens ein sehr angenehmer Ort.

Mit dem Vermischen der Bezüge und dem Verschmelzen in einer Form entsteht schließlich die eigentliche Innovation – in ihr halten sich die Anteile des lokal Vertrauten und des überraschend Fremden einander die Waage, und schaffen so einen neuen Zustand. Dennoch sollten die Bestandteile zu einem gewissen Grad erkennbar bleiben, denn sie gewährleisten mit ihrem Bezug auf allgemein bekannte Referenzen unsere kulturelle Orientierung, ohne die das Bedeutungsspektrum eines neuen Werks sich nicht wirklich erschließen kann. Nur so wird man spontan und intuitiv in seiner Architektur lesen können – auch ohne weitere fachliche Anleitung. Peter Kuchenreuther sind solche Strategien schon wegen seiner Erfahrung in Umbau und Erneuerung historischer Bauten bestens bekannt und sie helfen ihm zuverlässig bei der immer gekonnten Einfügung, aber auch der Selbstbehauptung seiner Architektur im vorgefundenen Kontext – wie beispielsweise beim Projekt für die Wiederherstellung des Badehauses in Bad Alexandersbad. Hier begnügt er sich nicht mit einer bloßen Rekonstruktion, sondern fügt in reiner Erfindung beidseitig und raumgreifend Kolonnadenarme an den historischen Kern, die schon fast an diejenigen von Gian Lorenzo Bernini bei St. Peter in Rom erinnern. Diese mutige Übertreibung ist denn auch das eigentliche Salz in der Suppe der neuen Anlage und könnte der heute allzu bescheidenen Bäderarchitektur von Alexan-

Alexandersbad Badehaus

Alexandersbad Kurhaus Gartenveranda

dersbad die nötige Prise Grandezza verleihen, die es etwas mehr in die Nähe der gelb/weißen Pracht der Bäderkonkurrenz auf böhmischer Seite bringen würde. Man kann nur hoffen, dass der Förderverein historisches Badehaus mit Peter Kuchenreuther dieses charmante Ensemble verwirklichen kann – Alexandersbad kann dabei nur gewinnen.

Die besondere Qualität dieser auf den ersten Blick „nutzlosen" Architektur liegt eben nicht in ihrer Funktionalität, sondern in ihrem Wesen als Ort des Überganges und des angenehmen Aufenthalts. Die einseitige Orientierung auf die Zweckmäßigkeit unserer Bauten besonders in den vergangenen Jahrzehnten hat uns den Blick auf die reiche Kultur der Übergangsräume verstellt, und dies hat vor allem Orte wie Alexandersbad getroffen, dessen traditionell vorhandene Bäderarchitektur durch seelenlose Zweckbauten weitgehend ersetzt wurde, was den Kurort in den 1970er-Jahren zu einem weiteren Monster des modernen Massentourismus werden ließ. Wenn ich alte Postkarten von Alexandersbad um 1920 ansehe, begegnet mir das stimmungsvolle Antlitz eines Kurbades mit Bauten für die Sommerfrische – reich ausgestattet mit Loggien, Pergolen und Wandelhallen, Mischbauformen zwischen Innen und Außen, eigentliche Übergangsräume. Bei modernen Zweckbauten fehlen solche Raumtypen gänzlich, weil sie zum modernen Dogma der unversehrten kubischen Gestalt in Widerspruch stehen – und dies betrifft durchaus auch zeitgenössische Badeanlagen. Wie kann ausgerechnet eine Bäderarchitektur, die von den Übergängen zwischen Innen und Außen wesentlich lebt, auf solche verzichten? Ganz anders Peter Kuchenreuther: er schafft mit der Zufügung von Kolonnaden im Badehausprojekt ausschließlich Übergangsräume, nämlich wettergeschützte, offene Hallen, die den Wesenskern dieses kleinen, inzwischen atmosphärisch sehr vernachlässigten Kurbades zu treffen vermögen – er präzisiert und erneuert damit das ureigene „Ambiente" für diesen Ort.

„Ambiente" ist vielleicht der Schlüsselbegriff für ein positives Wirken an Orten, denen es an Identität und Atmosphäre mangelt. Nicht von ungefähr haben sich die jungen Architekten des italienischen Rationalismus schon in den 1930er-Jahren dieses Begriffes bedient, um – trotz des damals bevorzugten modernen Baustils – herauszufinden, was denn die Eigenart der italienischen Stadt und ihrer öffentlichen Räume sei – und De Chirico war ihr Maler. Seine Bilder der Piazze d'Italia zeigen künstlerisch überhöht die poetische Stimmung der durch einfache Häuser gefassten Plätze, deren schattige Arkaden, das mediterrane Licht und die Fabriken in der Ferne. Von Peter Kuchenreuther weiß ich, wie er die Lauben von Neumarkt in Südtirol über alles liebt – und dies bezieht sich nicht nur auf die Lauben als gesondertes Raumphänomen, sondern auf die Qualitäten der historischen Stadt im Allgemeinen. Unzweifelhaft sieht er darin ein geeignetes Material, um erfolgreich im städtischen Kontext einzugreifen – insbesondere an Orten, die in jüngster Vergangenheit stark vernachlässigt wurden. Die vielen Wettbewerbsbeiträge von Peter Kuchenreuther, wie z.B. für das Gebiet „Im Winkel" in Marktredwitz und seine unzähligen Eingriffe im Stadtraum, wie Sanierungen von Straßenzügen oder innerstädtischen Parkanlagen, sprechen diesbezüglich eine sehr deutliche Sprache. Überall macht er dies mit einer besonderen Sorgfalt, die nur aus einer tiefen Kenntnis über jene Details entstehen kann, die die Annehmlichkeit und Schönheit eines Ortes ausmachen. Auch seine Bemühungen um die Verbesserung des Stadtbildes von Wunsiedel in Form einer Gestaltungsfibel, die im Kleinen das Notwendige festlegt, damit das Ganze positiv ausstrahlt, zeigen sein Bewusstsein über die Wirkung bewährter Details auf das Ambiente des öffentlichen Raums. Könnten wir also doch die Elemente bestimmen und benennen, von denen wir eine Verbesserung der Annehmlichkeit in unseren Städten erwarten können? Oder wer könnte allenfalls sogar ein Bild à la De Chirico von Alexandersbad oder Wunsiedel zeichnen – und, wenn ja, was müsste darin vorkommen?

Es wäre wahrscheinlich ein eher grünes Bild – nicht das scharfe Mittagslicht des Südens auf steinernen Plätzen, sondern eine Übersetzung der weichen Mittelgebirgslandschaft in kleinstädtisches Grün, z.B. in Form von Alleen, parkähnlichen Gärten, und im Bereich der Architektur wären es Lauben, Loggien und Kolonnaden. Vielleicht würde dieses Bild sogar den antiken Sehnsuchtsdarstellungen einer arkadischen Landschaft nahekommen, die poetische Gartenszenen mit luftigen Architekturen verbinden, die nur einen Zweck zu haben scheinen, nämlich den Aufenthalt im Freien möglichst angenehm zu gestalten. Könnten wir die oft vernachlässigten öffentlichen Außenräume unserer Kleinstädte in diesem Sinne ausstatten, würden wir eigentliche Kleinode erhalten. Dies alles mit dem erklärten Ziel, die Lebensqualität in unseren Kleinstädten zu verbessern und damit die Zuwanderung in die Regionen attraktiver zu machen. Dies hatte schon 1851 die Bürgerschaft von Wunsiedel im Sinn, als sie mit einer Verschönerungskommission das Stadtbild nachhaltig begrünte – beispielsweise geht der großzügige Baumbestand in der Maximilianstraße und auf dem Marktplatz auf diese Initiative zurück.

Wir sollten also wieder mehr Landschaft in die Städte einflechten – nicht nur wegen der Frage des Klimaschutzes, sondern auch wegen der damit verbundenen Annehmlichkeit für den öffentlichen Raum. Man ist mit diesem Anliegen inzwischen gar nicht mehr allein – keine Geringeren wie Rem Koolhaas (Countryside, The Future) und Jacques Herzog (Achtung: die Landschaft) widmen sich nicht mehr nur den Strategien der Urbanisierung, sondern auch jenen der Landschaft. Während der Architektur-Biennale 2018 in Venedig kam eine Gruppe aus jungen irischen Designern und Architekten mit ihrer Publikation „Learning from Small Towns" an die Öffentlichkeit. Aber Peter Kuchenreuther theoretisiert nicht, er macht – hier Mehlmeisel, dort Granitlabyrinth, vielleicht noch das Badehaus, begleitend die Gestaltungsfibel. Dies alles sind einzelne Akupunkturnadeln im großen Gefüge der Landschaft und der Stadt, die für das Ganze heilend wirken – denn: man muss nicht alles auf einmal angehen, schon gar nicht mit beschränkten finanziellen Mitteln, es genügt die Sorgfalt im kleinen, vielleicht auch durch die eine oder andere private Initiative.

Neumarkt Südtirol

Bosco Reale Fresco

ARBEITEN IM MENTALEN VERWANDTSCHAFTSRAUM

Peter Kuchenreuther – der Architekt in der Region

Fichtelgebirge mit Kösseine (links) und dem Heimatort Schurbach (Bildmitte)

Enrico Santifaller: Die Aufgabe dieses Interviews ist, Peter Kuchenreuther besser kennenzulernen – den Menschen, den Architekten, ja auch den Unternehmer. Wobei das alles zusammengehört. Obwohl er, wie Axel Fickert schreibt, glänzende Aussichten in der Großstadt hat, geht er zurück in die Region. Und macht sich am 1. Januar 2000 – zu Zeiten einer Wirtschaftskrise – selbstständig. Heute ist Peter Kuchenreuther in der Region ein hoch angesehener Architekt, dessen Expertise auch über das rein Architektonische hinaus gefragt ist. Beginnen wir beim „Grenzgänger": in der Oberpfalz geboren, aber in Oberfranken sesshaft geworden. Warum?

Peter Kuchenreuther: Das ging eigentlich schon im Gymnasium los. Ich bin in Schurbach geboren, das ja zu Waldershof gehört. Aber die weiterführenden Schulen, die für die Waldershofer Schüler am nächsten gelegen waren, die waren in Marktredwitz. Also fuhren wir nicht in die Kreisstadt Tirschenreuth, sondern nach Marktredwitz. Und da wurde – ganz pragmatisch – gar kein Unterschied zwischen Städten, Landkreisen und sogar Regierungsbezirken gemacht.

Doch im Anschluss an das Gymnasium ist der junge Kuchenreuther nicht gleich nach München zum Studieren gegangen, sondern hat erstmal eine Ausbildung zum Steinmetz absolviert?

PK: In der Familie war ich immer der „Studierte" und derjenige, der von allen die meisten Bücher gelesen hat. Alle anderen waren Handwerker, waren Steinmetzen. Für mich war das ein Experiment: Ich war nicht nur der Studierte, sondern wagte mich ins Handwerk – und erarbeitete mir Respekt. Mir gingen viele Steinmetzdinge leicht von der Hand, ich machte tolle Sachen, die vor mir keiner in der Firma gemacht hatte, und in Wunsiedel war ich Jahrgangsbester.

Welche Firma? Das Steinzentrum in Wunsiedel?

PK: Das war unser Familienbetrieb. Ludwig Popp, Vater meiner Mutter, hat 1932 in Schurbach an einem Südhang unterhalb der Kösseine einen Steinbruch ins Leben gerufen. Mein Vater hat ihn mit meiner Mutter in zweiter Generation weitergeführt, hat ihn zu einem verarbeitenden Betrieb verändert, in dem man vor allem Grab- und Denkmäler fertigte. Die Aufgaben beim Bau – also etwa Fassaden – kamen erst mit meinem fünf Jahre älteren Bruder. Wie mein Vater zuvor machte auch mein Bruder die Meisterschule im Wunsiedler Steinzentrum, während ich, eine Stufe darunter, in die Berufsschule, auch in Wunsiedel, am selben Fleck, ging. Das war ein gutes Miteinander, wir haben uns gegenseitig hochgeschaukelt und ganz gute Erfolge gehabt.

„Wenn man im Fichtelgebirge geboren wurde, dann ist es Heimat und Zuhause. Und ein Fixpunkt."

Duale Ausbildung wieder mit Grenzgang: der Betrieb in der Oberpfalz, die Schule in Oberfranken. Es gibt so viele Grenzgänger. Peter Berek, der Wunsiedler Landrat, Maria-Magdalena Stöckert, Ex-Hochbauamtsleiterin in Marktredwitz, Klaus Brunner, Stadtbaumeister in Wunsiedel, Gerhard Plaß, Architektenkollege und ehemaliger Partner: alles Oberpfälzer, die in Oberfranken Karriere gemacht haben und meist auch hier wohnen. Gibt es Unterschiede in der Mentalität?

PK: Absolut. Der Oberpfälzer ist in der Regel katholisch und eher so der gesellige Typ. Die Oberfranken, oder besser: die Hochfranken sind evangelisch und ein bisschen unnahbarer, reservierter.

Also haben es die Oberpfälzer in Oberfranken leichter?

PK: Die Oberpfälzer gehen aktiver voran – und leisten „Entwicklungshilfe". Aber im Ernst: Es ist eine Verflechtung. Es ist diese Region, es ist dieser Landschaftsraum, es ist das Fichtelgebirge, das für sich als Landschaft – dieses granitene Hufeisen mit den Höhenbezügen – schon einen unheimlichen Reiz hat.

„Adlerhäupter" hat Jean-Paul die Gipfel des Fichtelgebirges genannt.

PK: Wenn ich mich in der Oberpfalz Richtung Regensburg bewege, sehe ich keinen Landschaftsraum, der die Qualität des Fichtelgebirges hat. Wenn man hier geboren wurde, dann ist es Heimat und Zuhause. Und ein Fixpunkt. Dieser Landschaftsraum ist eine Einheit – völlig unabhängig von den politischen Grenzen der Landkreise oder Regierungsbezirke. Zumal die Sprachgrenze – zwischen fränkischem und altbayerischem Dialekt – ohnehin nördlich von Wunsiedel, also nicht entlang der Verwaltungsgrenze verläuft. Für mich stellte sich die Frage: In welchem Raum will ich als Architekt agieren? München oder Berlin waren für mich keine Ziele, um ein Projekt zu realisieren. Für mich sind es die 25 bis 50 Kilometer um Marktredwitz herum. Das bezeichne ich als mentalen Verwandtschaftsraum, da will ich arbeiten. 50 Kilometer – das ist beispielsweise Hof, das ist etwa Weiden in der Oberpfalz, wo die Mentalitäten schon wieder wechseln.

Wie und warum wurde der Steinmetzgeselle ein Architekturstudent?

PK: Im Gymnasium gab es keinen Leistungskurs Kunst, eigentlich überhaupt keine Beschäftigung mit gestalterischen Themen. Deshalb war diese Steinmetzlehre eine ganz gute Sache. Es war eine Zeit der Besinnung, in der der Wunsch wuchs, Architekt zu werden. Vor allem durch Begegnungen mit sehr interessanten Persönlichkeiten, von denen ich sehr viel lernte. Die Steinmetzschule in Wunsiedel war immer schon ein Fokus, die Schüler stammen aus ganz Deutschland. Es gab die Verflechtungen zum elterlichen Betrieb – auch meine Mutter besuchte diese Schule. Und spätere Lehrer – Willi Seiler etwa oder der ausgezeichnete Steinbildhauer Gerhard Schröder –, die sehr viel künstlerischen, auch theoretischen Input in das Steinzentrum gebracht haben, waren enge Freunde der Familie. Wir waren mit Schröder in Carrara in den Steinbrüchen, in Nancy, in Belgien und der Eifel. Das waren Begegnungen und Erlebnisse, die mich als jungen Menschen sehr geprägt haben.

Heimatliches gab's doch auch in der TU München: Der Granitboden der Eingangshalle stammt meines Wissens aus dem Fichtelgebirge.

PK: Das südliche Treppenhaus der TU mit den ganzen Stufen bis zum fünften Stock ist aus Kösseine-Granit. Das war meine erste Begegnung mit der TU München. Auch im alten Bahnhof in München und in der benachbarten Post wurden Granitplatten von der Kösseine verarbeitet. Ich habe mich gleich zu Hause gefühlt.

Und das Studium?

PK: Ich habe sehr, sehr viel gelernt, es war eine unheimlich befruchtende Zeit. Schon von Anfang an: Ich war bei Theodor Hugues, der uns das Konstruieren

> „Die Gestaltungsfibel für Wunsiedel war für mich ein absolutes Abenteuer, ein großartiges Abenteuer, bei dem ich sehr, sehr viel gelernt habe."

beigebracht hat, zur Studienberatung gewesen. Was ich von Rudolf Wienands – Professor für Gestaltung – gelernt habe, beeinflusst mich noch heute, z.B. bei den Gestaltungsfibeln. Und Herrmann Schröder war ein Bildungserlebnis! Das war herrlich. Im Hauptstudium kam dann Friedrich Kurrent für Raumgestaltung und Sakralbau dazu. Kurrent und Schröder, das waren die beiden Lehrstühle, zwischen denen ich gependelt bin. Bernhard Winkler hatte eigentlich eine Professur für Industriedesign, aber von dem haben wir auch gelernt, wie Städte zu lesen sind. Winkler gestaltete ja die Fußgängerzone in München und er setzte sich mit Stadtstrukturen auseinander. Ich war noch bei Gerd Albers in der Städtebau-Vorlesung gewesen, was ebenfalls ein Erlebnis war. Auch sein Nachfolger Ferdinand Stracke. Und wichtig waren gerade für uns, die wir aus der Region kamen, Helmut Gebhard und sein Nachfolger Matthias Reichenbach-Klinke mit dem Thema ländliches Bauen. Kurrent hat die großen Namen aus Österreich zum Vortrag in die Ringvorlesung geholt: Hubert Ries, Michael Szyszkowitz, Heinz Tesar, Hermann Czech, Klaus Kada – und die damals 94-jährige Margarete Schütte-Lihotzky. Das war schon sensationell, da wurde keine Ringvorlesung ausgelassen. Gunther Behnisch oder Sir Norman Foster, die waren alle beeindruckende Persönlichkeiten und haben den großen Hörsaal gesprengt.

Das Büro von Sampo Widmann war dann die erste Station im „richtigen Architekten-Leben"?

PK: Ich habe bei Schröder im Wohnungsbau die Diplomarbeit gemacht. Als Vorbereitung bin ich in Sampos Büro gegangen, der ja mit Herrmann Schröder zusammenarbeitete. Beide haben verstanden, die jungen Studenten zu motivieren. Das war eine ganz spezielle Aura, die von beiden ausging. Kam Sampo ins Büro, war Aktion da. Der sprudelte nur vor Energie. Dann kam irgendwann später Schröder, und auf einmal war alles beruhigt. Es war toll, das zu beobachten – gerade auch in Sachen Mitarbeiterführung. Ich war insgesamt zwei Jahre bei Sampo Widmann. Mein erstes Projekt dort war ein schwarzes Holzhaus, das Haus Fischer. Wenn man einmal ein Holzhaus durchkonstruiert hat, dann kann man auch einen Massivbau detaillieren, der im Vergleich viel einfacher ist. Im Holzbau muss jedes Teil gefügt und angeschlossen werden. Ein Holzbau hat ein Ständerwerk, das muss gedämmt werden, und dann hat man innen eine Folie, außen eine Folie, jede Schicht muss aufgebaut werden. Ein Holzbau ist per se schon eine ziemliche Aufgabe, und wenn man das vom Professor als Privatkorrektur während des Praktikums erklärt bekommt, dann ist das großartig. Alles mit Hand gezeichnet, Bleistift auf Transparentpapier, und er setzt sich hin, Skizzenrolle drüber, alle Möglichkeiten werden durchdekliniert. Und das Haus funktioniert auch. Man saugt das auf wie ein Schwamm.

Detail, Werkhalle II
EFBZ Stein, Wunsiedel

Treppenhaus
TU München mit Stufen
aus Kösseinegranit

Dann ging es zurück in die Heimat?

PK: Dazu eine kleine Anekdote: Thomas Herzog fragte mich bei der Verabschiedung, was ich nach dem Studium so mache. Da habe ich gesagt, ich gehe nach Marktredwitz in ein Büro. Er antwortete: „Wo ist denn das?" Ich war Jahrgangsbester, ich war Hans-Döllgast-Preisträger, ich glaube, ich hätte in jedem guten Münchner Büro anfangen können – aber ich wollte wieder ins Fichtelgebirge. Das hing auch mit meiner späteren Frau Birgit zusammen, die in Erlangen Pharmazie studierte und in Marktredwitz eine Stelle als Apothekerin bekam. Nach einer nicht weiter erwähnenswerten halbjährigen Mitarbeit in einem Marktredwitzer Büro ging ich auf Empfehlung von Andreas Meck zu Gerhard Plaß, der mit ihm in London zusammengewohnt hatte.

Ende der 90er Jahre, das waren in Hochfranken wirtschaftlich sehr schwierige Zeiten. Die Porzellan-, die Textil-, auch die Natursteinindustrie brachen fast komplett weg, eine Fabrik nach der anderen machte zu. In so einem Umfeld wird wahrscheinlich auch nicht viel gebaut – oder?

PK: Nach der Wende 1989/90 war noch einigermaßen zu tun, danach aber wurde für kleine Architekturbüros die Luft merklich dünner. 1995/96 bis 2000 war der Tiefpunkt der wirtschaftlichen Tätigkeit bei uns – mit der Folge, dass auch nichts mehr gebaut wurde. In manchen Städten und Gemeinden wie etwa Arzberg lag die Zahl der genehmigten Bauanträge bei Null – es wurden gar keine eingereicht. Wir haben uns mit Städtebau über Wasser gehalten. Das waren beispielsweise die Wunsiedler Gestaltungsfibel und die Beratungen, die sich daraus ergeben haben. Aus dieser Basis hat sich dann einiges entwickelt - mal eine Haussanierung, eine Fassadensanierung, eine Komplettsanierung, und solche Sachen. Ein Glücksfall war 2000 der Auftrag für ein Verwaltungsgebäude der Schott AG in Mitterteich. Zuvor machte ich mich selbstständig: am 1. 1. 2000 – ich fand das Datum super, trotz der Krise.

Diese Gestaltungsfibeln: Das war doch eine ganz neue Beschäftigung mit der Heimat und ihrer Baugeschichte mit Hilfe eines Instrumentariums, das man sich während des Studiums erworben hatte?

PK: Ich dachte, wenn ich einen Ort kenne, dann Wunsiedel. Dort war schon die Fachschule meiner Eltern, dann die ganzen Feste – etwa das Brunnenfest -, die

Der erste Auftrag: Bürogebäude der Schott AG, Mitterteich 2000

Luisenburg mit Theater und Musik. Wenn wir im Gymnasium blau machten, dann sind wir nach Wunsiedel gefahren, weil es da die coolste Kneipe gab. Schließlich besuchte ich selbst die Natursteinschule. Karl-Willi Beck, der langjährige Bürgermeister der Stadt, hat angeregt, diese Fibel zu erarbeiten – für den deutschen Wandertag 2002. Diese Fibel war für mich ein absolutes Abenteuer, ein großartiges Abenteuer, bei dem ich sehr, sehr viel gelernt habe. Die Historie Wunsiedels, der Stadtbrand, die klassizistische Überarbeitung. Erst langsam begriff ich viele Ecken und Orte. Dieses Straßenraster, das gegen die Topographie gebaut wurde. Erstmal denkt man, was ist denn da los, das kann doch gar nicht sein. Aber wenn man die Entwicklungsgeschichte einer Stadt kennt, dann lernt man sie auch städtebaulich zu verstehen – das ist eben dieses stadträumliche Rüstzeug, das wir bei den oben angesprochenen Stracke und Winkler gelernt haben.

Die Formulierung „Krise als Chance" ist abgestanden. Dennoch, konnte man aus diesen harten Zeiten einen persönlichen Nutzen für sich ziehen?

PK: Nun das war schon sehr seltsam, als ich immer zum BDA nach München fuhr und den Kollegen erzählen musste, dass es in Hochfranken keine Investoren und Bauherrn gäbe, die Schlange stehen. Dass es bei uns eigentlich keinen Neubau gäbe. Aber es gab diese städtebaulichen Programme – die Gestaltungsfibeln, die vorbereitenden Untersuchungen, die Dorferneuerungs- und dann die Leerstandsprogramme. Das ist etwas ganz anderes als ein schönes neues Haus zu zeichnen. Wobei diese Programme unterschiedliche Tiefen haben. Bei einer Fibel geht es darum, die Stadt zu lesen, ihre Strukturen und städtebaulichen Qualitäten zu erkennen und ihre Gestalt in diesem Sinne weiterzuentwickeln. In dem zum Beispiel Bauherrn ihre Häuser sanieren mochten. Es ging in der Regel um Fassaden und Oberflächen. Bei der Denkmalpflege geht es einen Schritt weiter - 2004 war mit der Stadtmühle in Wunsiedel meine erste größere Denkmalsanierung. Man muss sich mit historischen Formen, Konstruktionen und Techniken auseinandersetzen und sich Fähigkeiten und Kompetenzen aneignen, die man im Studium höchstens streift. Aber wir hatten, da es ja keine Neubautätigkeit gab, viel Zeit und Muße, uns sehr intensiv mit diesen Themen zu beschäftigen. Wir haben da wirklich von der Pike auf gelernt. Und das mussten wir auch, um mit den verschiedenen Ämtern auf Augenhöhe kooperieren zu können.

Und die anderen städtebaulichen Programme?

PK: Die Dorferneuerung, die Leerstandsprogramme, die gehen viel tiefer. Da geht es um Funktionszusammenhänge, auch um wirtschaftliche und soziologische Fragen. Wir mussten Bürgerbeteiligung organisieren. Für mich war das eine große Herausforderung. Eigentlich wollte ich nie vor Leuten reden. Und jetzt stand ich vor Arbeitsgruppen, vor einem Plenum, musste Wünsche der Bürger kanalisieren und strukturieren. Wir waren ja, als ich mein Büro gründete, mitten im Strukturwandel. Selb zum Beispiel war monostrukturell. Es gab viele unqualifizierte Kräfte, die nicht einmal einen Hauptschulabschluss hatten, aber durch die Porzellan- oder auch die Textilfabrik versorgt waren. Und jetzt brach das weg. Die Aussichten waren dramatisch – Arbeitslosigkeit, Abwanderung, Überalterung der Gesellschaft. Auch die Landwirtschaft war und ist immer noch in einem Strukturwandel. Das sehen wir in unseren Dorferneuerungen sehr deutlich. Früher gab es in einem Dorf 15 landwirtschaftliche Betriebe, jetzt nur noch einen oder zwei. Der Rest steht leer, große Vierseit-Hofanlagen sind tot. Die Scheunen werden abgebrochen, und langsam verliert das Dorf sein Gesicht.

Der Funktionsverlust geht dem Gestaltverlust voraus?

PK: Richtig. Ähnlich geschieht das derzeit in den Innenstädten und Ortsmitten, wobei die Auswirkungen der Coronapandemie den Strukturwandel im Einzelhandel wohl verstärken. Das Kaufhaus Storg in Selb steht seit Januar 2000 leer, das Modehaus Frey in Marktredwitz hat es dagegen geschafft, am Markt zu bleiben – mit ein paar Filialen. Man muss da schon sehr genau hinschauen. Aber natürlich gibt es die großen Konkurrenten an den Ortsrändern mit großflächigen Supermärkten und den Online-Versandhandel. Wobei das ganz spannend ist: In Marktredwitz geschah ein positiver Wandel durch die Gastronomie. Mit der Außengastronomie wurde die Innenstadt zum Erlebnisfeld. Und das stärkt dann auch die Identifikation mit der Stadt und dem Einzelhandel. Das heißt, man kann durchaus etwas gegen die Verödung der Innenstädte machen.

Der hochangesehene Kollege Peter Brückner nennt die nördliche Oberpfalz „architektonische Diaspora". Ich denke, das gilt auch für Hochfranken. Kann man in dieser „Diaspora" einen eigenen architektonischen Ansatz entwickeln?

PK: Ich möchte einen Schritt zurück gehen: Im Studium war das Regulativ für einen guten Entwurf die Kommilitonen und vor allem ein, zwei Professoren. Im wahren Leben wurden plötzlich politische Gremien – ein Gemeinderat, ein Ausschuss, ein Bürgermeister – das Regulativ. Und plötzlich nimmt man wahr, dass nicht der erstklassige Entwurf das Wichtigste ist, sondern dass dieser den Nerv des Gremiums, die Bedürfnisse der Gemeinde, den Willen der Bevölkerung trifft. Natürlich muss man vom eigenen Entwurf und seiner Qualität überzeugt sein, aber man muss diesen auch im politischen Raum vermitteln. Die Suche nach der besten Lösung ist immer ein kommunikativer Prozess – und das ist eine spannende Geschichte. Man muss für die beste Lösung werben, man muss sich mit den Leuten abstimmen und man muss sich stellen – auch unangenehmen Fragen. Grundsätzlich gilt aber für mich: Wir bauen keine Häuser, wir bauen immer eine Stadt. Man muss immer die Gesamtheit, man muss stets den Kontext im Blick haben. Das habe ich schon am Anfang meiner Berufstätigkeit als Architekt gesagt, und das sage ich nach jetzt über 20 Jahren Selbstständigkeit mit eigenem Büro genauso. Mit all meinen Erfahrungen bin ich eigentlich noch viel stärker als früher dieser Meinung.

In den „Grundlagen der Gestaltung" des zitierten Rudolf Wienands heißt es: „Es kommt nicht auf das Haus an, sondern auf dessen städtische Anordnung." Wenn man diese Ausführungen kurz zusammenfassen will: Keine

> „Die Region hat Defizite und Probleme, aber sie hat auch ihre Qualitäten. Es ist mein Antrieb, diese Qualitäten zu stärken und die Chancen der Region zu nutzen."

Autoren-, sondern kontextuelle Architektur?

PK: Wienands, Francis D. K. Ching und Dieter Wieland, der großartige Dokumentarfilmer und Verfasser zahlreicher Filme im Bayerischen Fernsehen, das waren die drei Autoren, die wir als Grundlage unserer Gestaltungsfibeln genommen haben. Die Fibeln sind eigentlich ja so kleine Lehrbücher. Es geht um das Thema Stadt, um das Thema Baukörper, Dach, Fenster, Fassade, deren Gliederung bis hin zu den Accessoires, den Farben und der Freiraumgestaltung. Es gibt überall Gestaltungsprinzipien, die dahinter liegen und die man herausarbeiten muss. Aber natürlich muss man erst mal vor Ort auf Recherche gehen. Man macht Stadtspaziergänge, man fotografiert, man erkennt Haustypologien, Gebäudetypologien, Siedlungstypologien – und dann die Konstruktion und die Details. Wer uns sehr geholfen hat, war natürlich auch der schon erwähnte Helmut Gebhard mit seiner Buchreihe „Bauernhäuser in Bayern" in den einzelnen Regierungsbezirken. Also wir hatten beispielsweise die Aufgabe, ein Haus zu sanieren, und da haben wir schon das Buch aufgeschlagen und geschaut, welche Typologie ist ungefähr verwandt. Wobei Gebhard ja kein Nostalgiker ist, sondern in der Gegenwart eine Antwort sucht.

Die Gestaltungsfibeln sind also Synthesen zwischen allgemeinen Prinzipien und lokalen Verhältnissen – den Traditionen und verfügbaren Materialien?

PK: Ja. In Studium hatten wir einen Professor in Baukonstruktion, Thomas Schmid, ein Schweizer, der mit uns Denkspiele veranstaltet hat. Im Nachhinein: Wegen der Leerstände, die wir hier erlebt haben und immer noch erleben, waren das sehr, sehr nützliche Denkspiele. Schmid hat uns richtig tolle Gebäude vorgestellt, die auch städtebaulich total gepasst haben. Nur die bisherige Nutzung hat nicht gepasst, wir mussten dafür einen Ersatz finden. Also haben wir beispielsweise aus einem Bürobau ein Hotel gemacht. Das Gebäude brauchte einen Funktionswandel, und wir mussten schauen, wie man das alles so hinkriegt. Als ob diese Denkspiele unsere Probleme vorweggenommen hätten. Deswegen: Die Region bietet sehr spannende und sehr unterschiedliche Aufgabenstellungen. Ich möchte mich gar nicht spezialisieren. Ich will kein Kirchenbauer sein, ich möchte kein reiner Wohnungsbauer sein oder ein Spezialist für Büro. Ich fühle mich wohl in der Region, die sehr spannende und weit gefächerte Aufgabenstellungen bietet. Die Region hat Defizite und Probleme, aber sie hat auch ihre Qualitäten. Und es ist mein Antrieb, diese Qualitäten zu stärken und die Chancen der Region zu nutzen. Nehmen wir Waldershof als Beispiel: Man hat die Natur, man hat aber auch das Nahraum-Erlebnis einer kleinen Stadt mit eigentlich schönen Läden. Waldershof hatte viele Probleme, doch

Fassadendetail, Waldhaus Mehlmeisel, 2006

jetzt mit Cube – dieser fantastisch prosperierenden Fahrradfirma – und Scherdel mit ihrem Logistikzentrum als zwei große Steuerzahler, kann die Stadt hoffnungsfroher in die Zukunft schauen. Wir haben mit Marion Schlichtiger die Loh- und die Kirchgasse massiv aufgewertet und den neuen Stadtpark in die Wege gebracht. Jetzt fehlt nur noch der Markt, also die Hauptstraße, als letztes Stück.

Stichwort Marion Schlichtiger: Ihre Haltung ist eine ähnliche. Auch sie will die Ansätze der Region stärken.

PK: Darum geht es. Wir haben den Fokus ganz klar auf Ortsentwicklung, Dorferneuerung, Städtebauförderung. Daraus entwickelt sich auch eine Vielzahl unserer architektonischen Projekte. Ein Thema ist Tourismus. Früher war ja das Fichtelgebirge unter anderem die erste Adresse für die Westberliner, das war nach der Wende vorbei. Also muss sich hier der Tourismus weiterentwickeln, die spezifischen Eigenarten der Region besser darstellen. Und wir haben – häufig mit Marion Schlichtiger – eine Perlenkette an touristischen Einrichtungen entwickelt: Waldhaus und Wildpark Mehlmeisel, Kräuterdorf Nagel, Hammerschloss und Teiche Tröstau, Granitlabyrinth und Infozentrum Epprechtstein, die „HAMMERscheune" in Niederlamitz, das Multifunktionshaus jetzt am Kornberg. Diese architektonischen Realisierungen stehen ja nicht nur für sich allein, sondern sind eingebettet in eine touristische Infrastruktur mit Radwegen und Wanderwegen, die darüber hinaus auch kulinarisch etwas zu bieten hat. Wichtig ist mir, dass diese Projekte aus der Region, von den Leuten kommen. Ich stelle mich nicht hin und versuche ein Projekt mit irgendeiner extravaganten Form oder Fassade auf Biegen und Brechen durchzusetzen. Man kann hier nichts aufsetzen. Es gab hier städtebauliche Wettbewerbe, bei denen Teilnehmer prämiert wurden, die 5-Sterne-Hotels mit Saharasand und Kamelen vorgeschlagen hatten. Sorry, solche Luftschlösser haben mich immer erbost. Wir brauchen hier einen realistischen Ansatz.

„Wir bauen keine Häuser, wir bauen immer eine Stadt."

Gab es jemand, der den „Realitätsschock" verabreichte?

Kein bestimmter. Als ich vom Studium zurückkam, ja, da ist schon eine kleine Welt zusammengebrochen. Und ich habe ein, zwei Jahre gebraucht, um mich wieder zu festigen, die ersten Erfolge zu haben, sicherer zu werden. Den sozialen Sicherungssystemen zur Last zu fallen, kam für mich als Spross einer Unternehmerfamilie nicht in Frage. Ich wollte es schaffen und ich habe es geschafft. Und selbstverständlich hatte ich Helfer und Unterstützer. Etwa die Leute von Schott, die mir den Auftrag gaben, die Verwaltung in Mitterteich zu bauen. Oder der Professor Vollrath, bei dessen Barockhaus wir die Fassade sanieren durften – und damit das Büro über Wasser gehalten haben. Auch die Bürgermeister haben mich – durch viele aufschlussreiche Gespräche – weitergebracht. Bei Thomas Schwarz, dem ehemaligen Bürgermeister von Kirchenlamitz, war ich im Auto, und wir sind zu einem Investor nach Niederbayern gefahren. Mit Bürgermeister Heinz Martini haben wir Hammerschloss und Teiche in Leupoldsdorf bei Tröstau geplant. Mit Frank Dreyer, Bürgermeister von Weißenstadt, den dortigen Goldenen Löwen. Wir haben viel diskutiert, in welche Richtung die Projekte gehen müssen. Es ist toll, wenn man da ein stabiles Gegenüber hat und – meistens ja über Jahre – gemeinsam Ziele erreichen kann. Völlig unabhängig von Parteipolitik. In Waldershof gab es drei Amtsperioden lang den Bürgermeister Hubert Kellner, er war unser Partner für diese ganzen Verbesserungen im Ort. Auch von Peter Berek – früher Bürgermeister, heute Landrat – und den Gesprächen mit ihm habe ich sehr viel gelernt. Hilfe in den technischen Bereichen habe ich von den verschiedenen Stadt- und Kreisbaumeistern bekommen: von Helmut Resch in Selb, Robert Schicker in Wunsiedel und von Klaus Weig, Kreisbaumeister in Tirschenreuth. Mein Antrieb ist einfach, hier in der Region zu wirken – 50 km rund um Marktredwitz. Baunach, die Schulsanierung, ist eine Ausnahme. Auch Litzendorf, aber das war ein Wettbewerb, zu dem wir geladen waren. Weiden ist eigentlich schon zu weit, das ist mental schon wieder eine andere Ecke. Ist es Heimatverbundenheit? Ist es Bequemlichkeit? Aber ich sehe zum Beispiel keinen Sinn darin, einen meiner Bauleiter 250 oder 300 km quer durch Bayern zu schicken, damit ich irgendwo eine Baustelle machen kann. Nein, ich spiele gerne in der Regionalliga.

Verbundenheit mit der Region heißt Verbundenheit mit den Leuten?

PK: Selbstverständlich. Mit den Politikern, aber natürlich auch mit den Bauausführenden. Der leider viel zu früh verstorbene Kollege Johannes Berschneider sagte immer, ohne Handwerker kein Bau. Den Strich, den wir zeichneten, den müsse jemand umsetzen. Ich habe selbst ein Handwerk gelernt und ich weiß, was in meinem Handwerk möglich ist. Ich weiß, wieviel und wie lange ein Handwerksmeister – auch auf der Baustelle – lernen muss. Deshalb stelle ich mich auf der Baustelle nicht hin und erzähle denen, die zehn und mehr Jahre Berufserfahrung haben, wie sie was tun sollen. Im Gegenteil, ich möchte deren Erfahrungsschatz nutzen. Meine Auffassung ist, wir brauchen eine Zieldiskussion. Architekt, Fachingenieure, Handwerker, Bauherr:

Wir wollen gemeinsam etwas Schönes, etwas Tolles bauen. Und dieses Ziel muss dann auch den jeweiligen Mitarbeitern vermittelt werden. Und natürlich muss auch der Handwerker sagen, wo etwa die technischen Grenzen unserer Gestaltungsabsicht sind. Da braucht es wechselseitig eine offene und ehrliche Diskussion. Da muss man was in Frage stellen dürfen, und da muss auch alles rauskommen. Leider gibt es ja Kollegen unter den Architekten, die auf die Baustelle kommen, den großen Zampano spielen, eine Ansage machen und dann wieder weg sind. Und es gibt Handwerker, die nach Erfahrungen mit solchen Kollegen eine große Aversion gegen Architekten haben. Die dann selbst beratungsresistent und arrogant werden. Auch da muss man Grenzen ziehen, da kann es am Bau dann mal auch rauchen – und ich weiß, was Handwerkerehre ist. Wir brauchen auf der Baustelle eine Allianz, um die besten Lösungen zu erzielen. Andererseits, mich freuen – und ich bin auch immer total überrascht – die Fähigkeitenund alten Handwerkskünste, die manche Handwerker beherrschen.

Interessant ist auch, dass inklusive des Chefs viele Mitarbeiter des Büros Kuchenreuther, bevor sie Architekten wurden, ein Handwerk gelernt haben.

PK: Wir brauchen eine Fehlerkultur. Wir müssen aus dem, was wir gemacht haben, lernen. Das heißt auch gegenseitig lernen. Das gilt sowohl auf der Baustelle als auch bei uns im Büro. Wir befruchten uns mit unseren verschiedenen Qualifikationen, Stärken und Sensibilitäten gegenseitig. Das ist das Wichtigste, und es ergänzt sich perfekt. Florian Karger war Maurergeselle, hat dann umgeschult, jetzt ist er unter anderem auch unser Computer-Fachmann – gerade was CAD betrifft. Johannes Klose ist Schreinermeister, hat eine Schule für Raumgestaltung besucht. Als Projektleiter auf der Baustelle kann er sich durchsetzen, aber er hat auch ein großes gestalterisches Gespür und eine Liebe zum Detail. Übrigens in allen Materialien, nicht nur in Holz. Ralf Köferl und Uwe Gebhard – ersterer ist mein langjährigster Kollege – hatten beide eine Ausbildung zum Bauzeichner, Brigitte Schnurrer ist Bautechnikerin. Als größeres Team kann man größere Aufgaben bewältigen, wobei die Bognerschule, deren Sporthalle wir bauen durften, für die Entwicklung des Büros ein Meilenstein war: Da haben wir uns verdoppelt. Ich sehe unser Team wie eine Fußballmannschaft: Da können auch nicht alle im Sturm oder Torwart spielen, sondern jeder hat seine Aufgabe übers ganze Feld.

Und Peter Kuchenreuther ist der Trainer?

PK: Wir haben drei Säulen im Büro: die Planung, die Ausführung und den Städtebau. Die Mannschaft wächst – quantitativ, aber auch qualitativ. Manchmal muss man die Mitarbeiter mit einer zuvor unvertrauten Aufgabe betrauen. Und es ist toll zu sehen, wie großartig sie sich schlagen und weiterentwickeln. Wir haben so eine Mischung aus Allroundern, die in allen Leistungsphasen bewandert sind, und Spezialisten. Kathrin Horn und Franziska Grüner, die können alles, Uwe Gebhard sowieso. Brigitte Schnurrer macht Kostenabrechnungen, Marc Baltzer fühlt sich in der Planung am wohlsten. Florian Karger ist eher in der Ausführung gut.

> „Die Details müssen bautechnisch abgestimmt sein – und sie müssen natürlich auch gestalterisch passen. Das ist ein Teil meiner Handwerker-, aber auch meiner Architektenehre."

Und Ralph Köferl hat ein unheimliches Gespür für Städtebau und Gestaltung. Um im Bild zu bleiben: Uwe Gebhard ist der Kapitän, er vertritt die Mannschaft und er hat den Rückhalt der Mannschaft. Ich bin derzeit eher Spielertrainer, stehe noch zu oft auf dem Spielfeld als am Spielfeldrand. Manche meiner Mitarbeiter muss ich begleiten, andere weniger. Das Hauptregulativ ist die Werkplanung und die Details. Wenn hier alles stimmt, dann weiß ich, wie das Gebäude wird. Wenn es zu Abweichungen kommt, dann schauen wir im Büro drüber, skizzieren oder planen, wenn es notwendig ist, neu. Peter Zumthor, der Pritzker-Preisträger, sagte einmal, Architektur entsteht in der Werkplanung. Klar, im Entwurf ist die funktionale Ordnung und die Form des Baukörpers geregelt. Die Anmutung des Gebäudes. Aber erst im Detail spürt man das Gebäude – auch haptisch. Ich sage meinen Leuten immer, das Wichtigste sind die Details. Und gleichzeitig sind sie auch unsere beste Haftpflichtversicherung. Wenn die Details passen – konstruktiv, bauphysikalisch –, dann werden wir kein Problem bekommen. Die Details müssen bautechnisch abgestimmt sein – und sie müssen natürlich auch gestalterisch passen. Auch das ein Teil meiner Handwerker-, aber auch meiner Architektenehre.

Buchpräsentation „Aktuelle Architektur in Oberfranken 2.0" im Landrätesaal, Präsidialbau der Regierung von Oberfranken, 16.02.2016

Buchpräsentation „DenkMal Hochfranken", Königin-Luise-Saal, Kurhaus Bad Alexandersbad, 01.12.2022, Artikel in der Frankenpost

Das Team des Büro Kuchenreuther beim Sommerausflug vor der Hammerscheune, Niederlamitz, 2022

Ein Letztes: Zu dem Versuch, die Region zu stärken, gehören auch zahlreiche publizistische Aktivitäten?

PK: Eindeutig. Angefangen hat ja alles mit Willi Koch und seinen Architektur-in-der-Oberpfalz-Büchern, in denen ich auch meine Beiträge zeigen durfte. Dann gab es diesen schönen Baukulturführer zum Waldhaus Mehlmeisel. Das war 2006. Und er kam sehr gut an – zum Beispiel bei Hans Angerer, damaliger Regierungspräsident Oberfrankens. Durch diese Resonanz bestärkt, haben wir die Idee entwickelt, Willis Oberpfalz-Buch als Vorbild für Oberfranken zu nehmen – aber mit einem etwas veränderten Konzept. Hans Angerer war begeistert und machte uns mit Marion Resch-Heckel, damals Abteilungsdirektorin Bauen in der Regierung Oberfranken, bekannt. Mit ihr nahm das Buch- und Ausstellungsprojekt Fahrt auf, die Finanzierung wurde geklärt, eine Jury, die die Gebäude auswählte, eingesetzt. Das Buch „Aktuelle Architektur in Oberfranken" war ein voller Erfolg, die gleichnamige Ausstellung wurde in 20 Städten Oberfrankens und dann in Nürnberg, München und Würzburg gezeigt. Den zweiten Band – dann mit Regierungspräsident Wilhelm Wenning, der sogar Mitglied der Jury war – haben wir 2016 herausgebracht.

In diesem zweiten Band war ja auch die Gründung eines „Architekturtreffs Hochfranken" angekündigt.

PK: Ja, das haben wir dann mit der Bayerischen Architektenkammer auch so gemacht. Als eines der ersten Initiativen des Treffs entwickelten wir das Buch- und Ausstellungsprojekt „DenkMal Hochfranken" – mit dem Bayerischen Landesamt für Denkmalpflege, Seehof, und dem Porzellanikon in Selb als Kooperationspartner. Das Redaktionsteam bestand aus Marion Resch-Heckel, Ulrich Kahle, Kathrin Gentner und mir, dazu gesellte sich mit Enrico Santifaller ein kundiger Autor und mit Gerhard Schlötzer und Gerhard Hagen zwei feine Fotografen. Es gibt ja bei uns eine Fülle von denkmalgeschützten, herausragenden Gebäuden, die in den vergangenen 20 Jahren saniert wurden – bis hin zur Lutherkirche in Bad Steben, der ersten Beton-Kirche in Deutschland, und dem Rosenthal-Werk von Walter Gropius. Ein Haus zu sanieren und gegebenenfalls umzubauen und eben nicht abzureißen und neuzubauen ist ein aktiver Beitrag zum Klimaschutz – unabhängig ob das Gebäude unter Denkmalschutz steht oder nicht. Unser Buch dokumentiert über 60 exzellente und nachahmenswerte Beispiele, wie man das bauliche Erbe unserer Region für die Gegenwart und die Zukunft nutzen kann. Und so leistet es auch einen kleinen Beitrag zum Klimaschutz. Die Buchvorstellung am 1. Dezember 2022 war jedenfalls überragend: Trotz eines sehr wichtigen Spieles der deutschen Nationalelf bei der Fußball-Weltmeisterschaft in Katar war der Königin-Luise-Saal im Kurhaus von Bad Alexandersbad bis auf den letzten Platz gefüllt. Die Gespräche danach haben nochmals gezeigt, wie wichtig solche Projekte für unsere Region sind. Und wir werden weitermachen – mit Vorträgen, Diskussionen, Events. Die erste Station der Ausstellungsreihe „DenkMal Hochfranken" ist Mitte Juni 2023 das Porzellanikon in Selb.

ENTWICKLUNGSKONZEPTE

GRENZGÄNGERBEOBACHTUNGEN

Ralf Köferl und Peter Kuchenreuther über
Innenentwicklung, Städtebau und regionale Stärken

Enrico Santifaller: „Der Städtebau ist im Fokus", hieß es im Interview mit Peter Kuchenreuther. Diesen Aspekt gilt es zu vertiefen. Zunächst rein quantitativ: Wie viele Gestaltungsfibeln hat das Büro erarbeitet?

Ralf Köferl: Wie haben insgesamt ein Dutzend Gestaltungsfibeln erstellt. Auf der Grundlage dieser Fibeln haben wir über 600 Interessenten beraten, die Fassade, Dach oder Nebengebäude ihres Hauses sanieren wollten. Darüber hinaus haben wir neun sogenannte Vorbereitende Untersuchungen oder Stadtentwicklungskonzepte erarbeitet. Für die Dorferneuerung bzw. Dorfentwicklung – die läuft unter einem anderen Fördergeber – hat unser Büro 14 Vorbereitungsphasen durchgeführt.

Peter Kuchenreuther: Das ist aber nur ein Teil einer sehr erfolgreichen und vielversprechenden Bilanz. Wir haben für das Winterling-Areal in Röslau einen Masterplan und für das Benker-Areal in Marktredwitz einen städtebaulichen Entwurf erstellt. Unser Beitrag beim Wettbewerb zur Neugestaltung des Quartiers „Im Winkel", auch hier in Marktredwitz, der den zweiten Preis errang, wird ja in diesem Buch ausführlich dokumentiert. Und - das ist mir wichtig – viele architektonische Realisierungen stammen aus dieser städtebaulichen Arbeit. Das heißt, das sind Projekte aus der Region für die Region.

Ich nehme an, dass es Unterschiede in den lokalen Bautraditionen etwa zwischen den Gemeinden im Fichtelgebirge und den Kommunen der nördlichen Oberpfalz gibt. Schlägt sich dieser Unterschied auch in den Fibeln nieder?

RK: Wir bewegen uns ja meist in einem Umkreis von etwa 50 Kilometer. Da ist das Spektrum jetzt nicht so groß, die Grundelemente sind im Wesentlichen gleich – also Fenster, Dächer, Fassaden. Aber es gibt Detailunterschiede. In Fichtelberg beispielsweise gibt es viele Blechdächer – im Fichtelgebirge gab's ja schon früh Erzbergbau und Metallverhüttung. Und das hat sich dann auch beim Hausbau niedergeschlagen und man hat die Dächer mit Blech gedeckt. In der Oberpfalz dagegen haben wir mehr Biberschwanz auf den Dächern, während in Weißenstadt Naturschiefer das vorherrschende Material ist. Wobei das alles so ein „von bis" ist. Klare Grenzen gibt es nicht, aber vielfache Ausnahmen. In Windischeschenbach – da haben wir 2020 eine Gestaltungsfibel vorgestellt – habe ich vor kurzem ein Frackdachhaus, das ja eher in Hochfranken beheimatet ist, mit ebenfalls fränkischer Fachwerkkonstruktion gefunden. Wobei ja mitten durch unser Gebiet diese Linie verläuft, oberhalb derer Franken und unterhalb derer Altbayern, in unserem Fall die Oberpfalz liegt. Die Grenze zwischen Altbayern und Franken ist eine Sprach-, Religions-, auch Kulturgrenze, die sich nicht mit Verwaltungs- bzw. Bezirksgrenzen deckt. Die Übergänge sind natürlich fließend, da gibt es Mischformen, die sich aus der Geschichte ergeben – auch in den Bauweisen.

Wobei für uns eines der wichtigsten historischen Dokumente das Urkataster ist. Wenn wir eine Gestaltungssatzung erstellen, dann schauen wir in diese historischen Flurkarten, die uns detaillierte und wertvolle Einblicke zu den Grundstücken und deren

Dorferneuerung Arzberg,
Ortsteil Oschwitz, 2005
Bestand
Skizze Peter Kuchenreuther

Kontrollierte Bebauung
mit Ersatzbauten
Skizze Peter Kuchenreuther

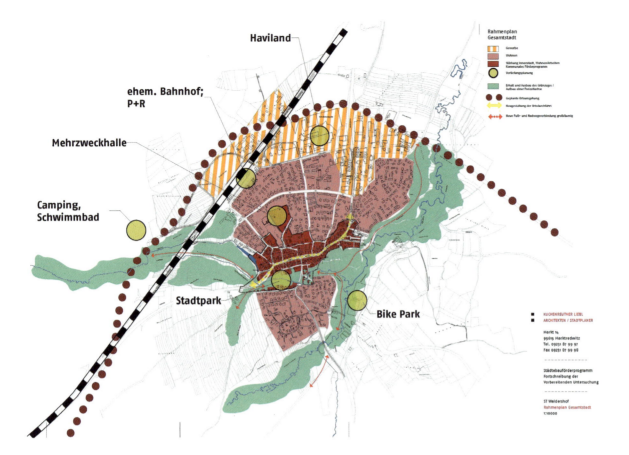

Waldershof
Stadtentwicklungskonzept,
Rahmenplan, 2011

früheren Bebauung liefern. Anhand des Urkatasters kann man die Siedlungs- und die Gebäudetypologie einer Gemeinde sehen.

Ein Beispiel?

PK: Wir haben ja 2013 eine Fibel für die vier Ochsenkopfgemeinden Bischofsgrün, Fichtelberg, Mehlmeisel und Warmensteinach erstellt. In Fichtelberg – im Ortsteil Grassemann springt das geradezu ins Auge – ist die „Einfirsthof-Typologie" vorherrschend. Das wird im Urkataster deutlich sichtbar, hier geht es wirklich nur um einzelne Objekte. Die Landschaft hat die Leute nur mühsam ernährt. Da hat keiner mit dem anderen was zu tun, da wird manchmal um jeden Grashalm gestritten. Die Lebensumstände waren so hart, da war für ein Siedeln in Gemeinschaft kein Platz. Ein sehr gut erhaltenes Gegenbeispiel ist zum Beispiel das Dorf Heidelheim bei Selb, wo der Anger radial von Hakenhöfen mit giebelständigen Wohnstallhäusern umfasst wird. Wobei die Landschaft da schon fruchtbarer ist als am Südosthang des Ochsenkopfes.

Die Gestaltungsfibeln mit ihren präzisen Aussagen zu Siedlungsentwicklung, prägenden Gebäuden und Dachlandschaften kommen ja eigentlich schon lokalhistorischen Arbeiten gleich. Werden diese Arbeiten von Bürgermeistern und Gemeinderäten geschätzt?

RK: Von den Verantwortlichen wird diese Arbeit nicht nur geschätzt, sie wird auch gefördert. Bei den Bürgern ist es nach meiner Erfahrung manchmal ein bisschen anders. Manche sind begeistert und freuen sich, schätzen auch die architektonische Hilfe, die man ihnen zu geben versucht und setzen diese konsequent um. Und andere wollen eigentlich nur das Fördergeld mitnehmen.

Wie kann man damit umgehen?

RK: Ich kann ja niemanden zwingen. Wenn ein Hausbesitzer sein altes Haus mit Kunststofffenstern ausstatten will, habe ich in der Regel keine Handhabe. Wobei es auch Unterschiede zwischen den Kommunen gibt. Die Gestaltungssatzung in Weißenstadt ist über den Ensembleschutz festgesetzt worden. Im Ensembleschutz gibt es die Veränderungssperre. Alles, was an den Denkmälern und an den Fassaden gemacht werden soll, muss genehmigt werden. In Wunsiedel beispielsweise ist die Fibel ein Anreiz. Man will mit Fördergeld die Motivation der Bürger erhöhen. Weißenstadt geht da einen ganz restriktiven Weg. Da muss alles – die Fenster, das Dach, die Fassaden – in einen ästhetischen Zusammenhang passen. Da kann man dann auch von der Übersummenwirkung sprechen – wie Rudolf Wienands.

„Die Bürger in Weißenstadt kümmern sich selbst um ihr Stadtbild."

Gestaltungsfibel für die vier Ochsenkopfgemeinden Bischofsgrün, Fichtelberg, Mehlmeisel, Warmensteinach, 2013

Gestaltungsfibel Wunsiedel, 2. Auflage 2019

Ich habe allerdings den Eindruck, dass in Weißenstadt der Tourismus eine größere Rolle spielt als in anderen Gemeinden des Fichtelgebirges. Und dankenswerterweise merken immer mehr Kommunalpolitiker und Tourismusmanager, dass ein intaktes Stadtbild sich auch monetär auswirkt. Das nicht nur im Fichtelgebirge; ich kenne auch andere Gegenden Deutschlands, zum Beispiel die Eifel, die Südpfalz, Rheinhessen, wo Bürgermeister und Landräte bewusst ins Stadtbild investieren und ihre Bürger beim Eigeninteresse packen. Denn eine Immobilie ist in einer auch ästhetisch funktionierenden Nachbarschaft wertvoller als in einer ohne.

RK: In Weißenstadt haben wir die Gestaltungssatzung, ein Altstadtensemble und ein kommunales Förderprogramm: Die Bürger sind inzwischen „geimpft". Die kümmern sich selbst um ihr Stadtbild. Alle Scheunen zum Beispiel wurden in Weißenstadt denkmalgerecht saniert. Mit viel Liebe, mit viel Eigenleistung und Engagement – und auch mit viel Geld. Da werden bis zu 100.000 Euro in eine Scheune gesteckt. Es gehört fast zum guten Ton, eine schöne Scheune zu haben.

PK: Es gibt diese Scheunen in vielen Orten unserer Region dies- und jenseits der Bezirksgrenze: in Marktleuthen, in Wunsiedel, in Marktredwitz, in Kemnath, in Windischeschenbach usw. Eigentlich sind sie ja ausgelagerte Vorratskammern, die man nach den Stadtbränden in der ersten Hälfte des 19. Jahrhunderts baute. Man hat die Brandlasten vor die Stadtmauern verbannt. Das Interessante an Weißenstadt ist ja nicht nur die Quantität, sondern dass die Scheunen in Reihen stadtbildprägend an den Ausfallstraßen in alle vier Himmelsrichtungen stehen. Es gab diesen Impuls, als in einer Scheune eine Informationsstelle zur Eger-Flusslandschaft eingerichtet wurde. Gleich daneben hat man noch mit dem Kurpark und den Ruinen des berühmten Granitbetriebes Grasyma einen sehr wertvoll gestalteten Freiraum geschaffen. Das war ein Impuls von übergeordneter Stelle, der bei vielen Weißenstädtern ein Bewusstsein dafür geschaffen hat, dass man diese Scheunenreihen erhält.

Gab es dann auch in Weißenstadt Beratungen nach der Gestaltungssatzung?

RK: Ja, so rund 135 Stück.

Wie läuft so eine Beratung eigentlich ab?

RK: Mit der Satzung wird ein kommunales Förderprogramm aufgelegt. Die Interessenten buchen einen Beratungstermin, wobei die Kommunen üblicherweise die Anfragen bündeln. Der Inhalt der Beratung hängt immer vom Förderprogramm ab. Bei der Förderoffensive Nordostbayern etwa, mit der Leerstände beseitigt werden sollten, ging es auch um Innenbereiche. Im Sinne der Frage, was man denn eigentlich mit dem Gebäude anstellen könne. Bei einem kommunalen Fassadenprogramm geht es, wie der Name schon sagt, um die äußere Erscheinung. Ich berate dann auf Grundlage der Fibel und rate je nach örtlicher Bautradition beispielsweise zum Biberschwanz oder zum Naturschiefer. In manchen Städten wie etwa in Windischeschenbach ist dann auch noch ein externer Sanierungsbeauftragter mit dabei, der sich um die bürokratische Abwicklung kümmert. Der entlastet auch die jeweilige Kommune, weil in vielen Fällen das Fachpersonal und eine Bauabteilung fehlt.

Wie funktioniert die Förderung?

RK: Es gibt einerseits einen Förderbetrag je nach Programm. Zusätzlich gibt es die steuerliche Abschreibung, bei der die Kosten für Modernisierungs- und Instandsetzungsmaßnahmen – so das Haus in einem Sanierungsgebiet oder in einem städtebaulichen Entwicklungsbereich liegt – herangezogen werden können. Der Förderbetrag wird dann bei der abzuschreibenden Gesamtsumme abgezogen. Es gibt Investoren, die leerstehende Objekte in Sanierungsgebieten gezielt suchen.

PK: Man kann jetzt einwenden, dass von der Abschreibung vor allem Gutverdiener profitieren. Das stimmt, aber es geht auch um die Erhaltung unseres baukulturellen Erbes. Und darüber hinaus: Vor dem Hintergrund des Strukturwandels in der Landwirtschaft ist die Innenentwicklung in den Gemeinden und die Beseitigung von Leerstand immer wichtiger geworden. Allein mit öffentlichen Mitteln wird man diese Probleme aber nicht lösen können, deswegen muss man privates Kapital aktivieren. Und für dieses braucht man dann auch Anreize wie die Steuerabschreibung.

Und wie reagieren dann die Leute auf die Beratung?

RK: Wenn eine Förderung in Anspruch genommen wird, müssen die baulichen Maßnahmen den städtebaulichen Zielen entsprechen. Wenn das der Fall ist, bekommen sie nach der Umsetzung von mir eine entsprechende städtebauliche Beurteilung.

PK: Es gibt immer wieder mal einen Unbelehrbaren und Beratungsresistenten. Wir sind ja da in der Mitte: zwischen den Behörden, den Zielen der Städtebauförderung oder der Dorferneuerung und den privaten Bauherren. Unsere eigentliche Aufgabe ist, Kompromisse zu finden. Das kommt manchmal einem Dilemma gleich. Es gibt die Förderung, den Anspruch an eine gute bauliche Gestaltung und den Bauherren, der häufig so wenig wie möglich machen will, um an den Betrag zu kommen.

RK: Es gibt Leute, die sehen vor allem das Förderprogramm und denken, sie bekämen mal 10.000 Euro und bräuchten dafür nicht viel zu tun. Aber so funktioniert das nicht. Mit dem Förderbetrag kann man sein Haus nicht sanieren. Aufgabe der Förderung ist, den Mehraufwand in Sinne der Gestaltungsfibel, der Dorferneuerung, der Denkmalpflege abzufedern: Dass man eben unterteilte Holz- und keine Kunststofffenster einbaut, dass man das Dach nicht mit irgendeinem Billigmaterial, sondern mit Biberschwanz oder Schiefer deckt.

Aber es gibt doch bestimmt auch positive Erfahrungen?

PK: Klar. Man muss die Bauherren zu den in der Fibel oder der Dorferneuerung genannten Zielen führen. Das habe ich ja bereits gesagt, wir bauen kein Haus, wir bauen eine Stadt. Und deshalb ist es ungeheuer wichtig, gerade die ersten Beratungen und Umsetzungen so gut wie möglich hinzubekommen. Man braucht gute Vorbilder, das macht Eindruck und verbreitet positive Stimmung. Man soll das nachahmenswerte Beispiel vor Ort sehen. Und wir machen ja nicht nur Fibeln und die Beratungen. Wir machen Informationsveranstaltungen. Wir sind mit der Sparkasse durch die Dörfer getingelt. Die Reihe hieß: „Besser und schöner Wohnen in ..." Wir waren damit beispielsweise in Wunsiedel, in Thiersheim, in Arzberg, in Röslau, in Rehau, in Schönwald und vielen weiteren Orten. Da war ein Energieberater dabei, ein Gutachter, die Sparkasse, die über die verschiedenen Kredite informierte, jeweils einer von der Stadt, der das Förderprogramm vorstellte. Wir tragen die Sanierungsziele vor, zeigen Bilder von Sanierungserfolgen, zeigen Fotos vom vorherigen und vom sanierten Zustand. Wir sprechen die Details an und zeigen gute Fassaden, passende Fenster, schöne Dachlandschaften. Wir machen auch Stadtspaziergänge. Wir waren mal zum Beispiel mit dem Waldershofer Bürgermeister Hubert Kellner und vielen Bürgern der Stadt in Wunsiedel. Eine Route durch die Stadt, bei der wir sanierte Häuser vorgestellt haben. Ich hatte Fotos dabei, wie die Gebäude vorher ausgesehen haben. Wir haben auf der Straße diskutiert, wie das eigentlich gewesen ist, welche Ziele es gab, wie diese umzusetzen waren. Wir wurden sogar in eines der sanierten Häuser hereingebeten und der Bauherr hat alle Besucher, nachdem er ihnen alle Aspekte der Sanierung erläuterte, auch noch komplett bewirtet. Das war schon eine tolle Geschichte.

RK: Also ich habe einige Bauherren in Windischeschenbach und in Weißenstadt beraten, die das Potential ihres Gebäudes gesehen haben oder mit mir entdecken wollten. Denen ging es nicht darum, schnell das Geld

Wunsiedel, Dorferneuerung, Ortsteil Hildenbach, 2005
Skizze Peter Kuchenreuther

Nordhalben, Vorbereitende Untersuchung, 2021

abzugreifen, sondern die konnte man mitnehmen, mit ihnen reden. Die wollten ihr Erbe – also auch das bauliche Erbe – erhalten. Die waren bereit, ihr Haus ortsgerecht oder sogar denkmalgerecht zu sanieren.

Was sind das eigentlich für Bauherren?

RK: Völlig unterschiedlich. Wir beobachten aber, dass es immer mehr Rückkehrer gibt. Die zur Ausbildung, Studium oder für die ersten Berufsjahre in der Großstadt waren, hier aber noch familiär und verwandtschaftlich verwurzelt sind. Und die hier in der Region nun ein Potential sehen. Während in der Großstadt das Leben und vor allem das Wohnen immer teurer wird. Das Häuschen, das man sich erträumt hatte, einfach unbezahlbar wird. Hier haben die Immobilienpreise auch angezogen, aber im Vergleich gibt es hier noch Handlungsspielraum. Und die nehmen dann auch die Förderungen mit.

PK: Wir haben ja hier einen Mitarbeiter, Marc Baltzer, der zwölf Jahre in London lebte. Aber die Kinder wollten seine Frau und er nicht in der Großstadt aufwachsen sehen. Also sind sie zurück nach Bad Berneck, wo er seine Wurzeln hatte. Der vielleicht prominenteste von den vielen Rückkehrern ist Stefan Frank, der dann sogar Bürgermeisterkandidat in Wunsiedel war. Gebürtig in Marktredwitz, aufgewachsen in Ebnath, war er in München Filmemacher. Dann ist er zurück nach Wunsiedel, hat für das Bürgerforum Wunsiedel einige der sogenannten „KULTnächte" kuratiert und kulturell viel bewegt. Er ist mit seiner Familie direkt neben das Koppetentor in ein leerstehendes Gebäude gezogen. Da habe ich ihn damals beraten. Inzwischen wurden auch die anderen Häuser am Koppetentor – auch alles Leerstände – von neuen Besitzern saniert und werden bewohnt.

Die prognostizierten Bevölkerungsverluste waren so um das Jahr 2000 hier in dieser Gegend geradezu dramatisch. Die Realität ist gottseidank anders als noch vor wenigen Jahren vorausgesagt. Zum wirtschaftlichen Aufschwung sind auch die Rückkehrer ein positives Zeichen. Aber um die Leute dauerhaft am Ort zu halten, brauchen sie entsprechenden Wohnraum. Wie schaut es damit aus?

PK: Es gab ja um 2005 diese Untersuchung von dem Geoinformatiker Professor Lothar Koppers, wonach die Leute eigentlich gerne hier bleiben würden, aber keinen adäquaten und modernen Wohnraum zum Mieten finden. Leider haben viele Kommunen es versäumt, modernen Wohnraum anzubieten. In den vorhandenen Wohnraum wurde teilweise über Jahrzehnte nichts investiert. Als wir im Jahre 2000 angefangen haben, gab es sehr geringe Bautätigkeit und schon gar keinen Mietwohnungsbau. Zum Beispiel für junge Leute, die zuhause aus- und mit Freundin oder Freund zusammenziehen wollen, für die gab es eigentlich überhaupt keine Wohnungen. Mit der Zeit haben einige Städte darauf reagiert. Karl-Willi Beck hat in Wunsiedel mit der WUN Immobilien KU eine Offensive gestartet und den Wohnungsmarkt in Gang gebracht – mit Sanierungen, aber auch mit Neubau. Wir haben ja in Wunsiedel den Kronprinzen neugebaut. In Selb hat Helmut Resch, ehemals Leiter des Bauamts in Selb und Geschäftsführer des Selbwerkes, einen wahren Kraftakt in Sachen Modernisierung und Qualifizierung des Wohnungsmarktes vollbracht. Wir waren ja auch in Selb unterwegs und verbesserten bei einigen Blöcken das Wohnumfeld. In Marktredwitz gibt es gleich zwei große Wohnungsbaugesellschaften – die „STEWOG" und die „Allgemeine Baugenossenschaft" – und die haben in jüngster Zeit doch erheblich gebaut.

RK: Marktredwitz kann mit einer sehr guten Verkehrsanbindung punkten. Man hat alle Schulformen, man hat durch eine vielfältige Wirtschaft gute und attraktive Arbeitsplätze. Und die werden durch die Behördenverlagerung auch noch mehr. Es gibt einen vergleichsweise großen Mietwohnungsmarkt, aber es gibt weiter einen ziemlich großen Druck auf diesen Markt. Es gibt noch großen Bedarf, und wenn etwas fertig gebaut ist, dann ist es auch sehr schnell verkauft oder vermietet. In fünf, sechs Jahren wird das Bauland hier knapp werden. Vielleicht gibt es dann noch Leerstände oder Baulücken, aber es wird knapp. Wobei man die Mieten hier nicht mit den Mieten in der Großstadt vergleichen kann.

PK: Wenn sich der wirtschaftliche Aufschwung, den wir seit ein paar Jahren in unserer Region erleben, verstetigen soll, dürfen die Kommunen auch nicht aufhören, sich am Wohnungsmarkt anzustrengen. Wobei die Priorität auf Sanierungen des Bestandes und eben nicht auf Neubau liegen sollte. Und schon gar nicht auf den Neubau von Einfamilienhäusern, weil die und die für ihre Versorgung nötige Infrastruktur – Verkehr, Kanal, Wasser, Strom – am meisten Fläche in Anspruch nimmt.

Von allen deutschen Bundesländern ist in Bayern der Flächenverbrauch am größten.

PK: Weil man Fläche nicht verbrauchen kann, heißt das seit 2013 „Flächenneuinanspruchnahme".

Ein wunderschönes deutsches Wort.

PK: Den Sarkasmus mal beiseitegeschoben: Flächenneuinanspruchnahme brauchen wir nicht – wenn wir vernünftig denken und mutig neue Wege gehen. Irgendwo am Ortsrand ein neues Baugebiet auszuweisen, das erscheint einfach und billig, löst aber unsere Probleme nicht. Und die neue Infrastruktur muss ja auch gebaut werden. Das ist die eigentliche Quintessenz aus nun über 20 Jahren städtebaulicher Tätigkeit: Wir beschäftigen uns mit Innenentwicklung, Leerständen, Neunutzung von untergenutzten Häusern, Schließung von Baulücken, Ersatzbauten, wo wir in der Fläche bleiben. Es gibt da noch riesige Potentiale. Und dahin gehend beraten wir auch die Leute. Wenn die Leute unbedingt neu bauen wollen, können sie ja auch der bestehenden Bausubstanz eine neue Ausrichtung geben. Also beispielsweise einen Bauernhof zu einem Mehrgenerationenwohnhaus weiterentwickeln. Vielleicht in einem Ersatzbau im Obergeschoss die eigenen vier Wände für den schon großen Jungen, im Erdgeschoss die barrierefreie Wohnung für die Großeltern. Und das Stammhaus baut man zu einem tollen Wohnhaus um. Da wird das Haus zum Generationenvertrag: Die Alten passen auf die Kinder auf, die Jungen helfen den Alten bei Tätigkeiten, bei denen sie allein nur noch schwer zurechtkommen. Beratungen in dieser Hinsicht finden inzwischen ein Publikum.

RK: Und man kann solche Häuser durch eine kleine Gewerbeeinheit zusätzlich aufwerten. In der Corona-Pandemie haben ja sehr viele Leute im Homeoffice gearbeitet. Das könnte auch eine Chance für den ländlichen Raum sein. Hochqualifizierte Arbeitsplätze sind nicht exklusiv mit der Großstadt verbunden, die finden sich – eine entsprechend schnelle Internetverbindung vorausgesetzt – auch bei uns. Einen richtigen Großstädter kann man damit wahrscheinlich nicht aufs Land locken, aber Leute, die von hier stammen und dann in die Großstadt abwanderten, schon. Die Arbeitswelten ändern sich, und es muss ja auch nicht immer Homeoffice sein. Es gibt doch Leute, die nicht unbedingt zu Hause arbeiten, aber auch nicht zu ihrer Firma pendeln wollen. Und dafür keine langen Wege in Kauf nehmen wollen. Die vielleicht einen Coworking-Space suchen. Also Büroräume, in denen mehrere Leute – zum Beispiel Freiberufler - unabhängig voneinander konzentriert arbeiten können. Mit Drucker, Kopierer und der digitalen Infrastruktur. Wo es aber auch Räume zum kreativen Austausch gibt, wo man Gemeinschaft erleben kann. Und man vielleicht auch noch einen Raum für Videokonferenzen hat. Sowas könnte auch mit einem Café zusammen betrieben werden.

PK: Innenentwicklung heißt Veränderung, und Veränderung zulassen heißt Nach- und Neunutzung von bestehender Bausubstanz. Das zeigt uns die Geschichte des Städtebaus. Städte haben sich immer wieder neu erfunden, um sich wirtschaftlichen, sozialen und kulturellen Veränderungen anzupassen. Und das nicht nur positiv: Der Strukturwandel in der Landwirtschaft hat für die Dorfkerne negative Auswirkungen, weil die

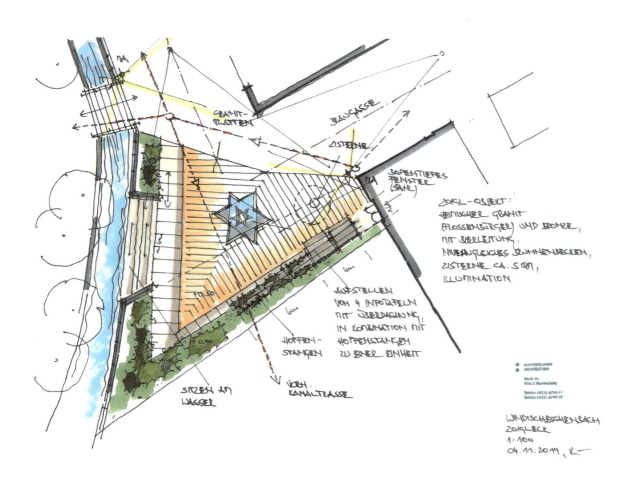

Windischeschenbach, Zoigleck, 2019, Skizze Ralf Köferl

Thierstein, Umbau einer alten Schmiede zum Bürgertreff (EG) und barrierefreie Wohnungen (OG), 2020, Skizze Lisa Kuchenreuther

Höfe untergenutzt und die ganzen Anbauten, Scheunen usw. überflüssig werden. Wenn wir wollen, dass die Dörfer erhalten bleiben, brauchen wir für die Ortszentren neue Funktionen. Also ich kann mir schon vorstellen, dass so ein Coworking-Space mit Café und vielleicht noch Wohnen in den oberen Geschossen ein richtig angesagter Ort werden kann. Für die Innenstädte und Ortskerne braucht man Erlebnis- und Identifikationsorte. Deswegen denke ich, dass wir mit dem Stadtpark in Waldershof, der ja bis in die Abendstunden eine belebte Ortsmitte darstellt, einen guten Job gemacht haben. Auch in Marktredwitz kann man sehen, wie die neu entstandenen gastronomischen Betriebe in jüngster Zeit die Innenstadt aufgewertet haben.

Gastronomie als Motor der Stadtentwicklung?

PK: Da muss ich etwas weiter ausholen. Wir schielen ja immer auf die Oberpfalz, und es gibt auch diese Hassliebe zwischen den Oberfranken und den Oberpfälzern.

Siehe Altneihauser Feierwehrkapell'n und deren Chef Norbert Neugirg!

PK: Mit dem haben wir auch zu tun – dazu aber später. Allgemein haben die Kommunen in der nördlichen Oberpfalz – gerade in unserem Nachbarlandkreis Tirschenreuth – einen bemerkenswerten Stadtumbauprozess erlebt. Tirschenreuth – angefangen mit dem Umbau des neuen großartigen Marktplatzes und der Landesgartenschau – ist sogar Hochschulstandort geworden. Waldsassen ist kulturell eine Bank und legt bei jedem Um- oder Neubau eine hohe gestalterische Qualität an den Tag. Wir durften ja eine Dorferneuerung im Ortsteil Kondrau organisieren. Mitterteich hat seit 2000 einen kontinuierlichen Umbauprozess betrieben – auch mit guten Förderprogrammen für Privatleute. Falkenberg hat die Burg umgebaut und die Firma IGZ tolle Gebäude geschaffen. Windischeschenbach hat Geld in die Hand genommen. Wie sich dieses Städtegeflecht entwickelt hat, ist herausragend und könnte schon auch ein Vorbild für uns sein.

RK: Das Tolle ist, dass die Leute da mitmachen. Die Gestaltungsfibel in Windischeschenbach war noch nicht mal genehmigt, da hatte ich schon 50 Beratungstermine auf dem Tisch gehabt.

PK: Zum Zoigl: Der Zoigl und seine Tradition hat in den vergangenen 20 Jahren – eigentlich parallel zu den Stadtumbauprozessen – einen großen Aufschwung erlebt. 2018 wurde die Oberpfälzer Zoiglkultur sogar als Immaterielles Kulturerbe nach der UNSECO anerkannt. Früher gab es den Zoigl fast in der gesamten Oberpfalz, auch bei uns in Waldershof, in Marktredwitz, sogar in Selb, wo er „Kirgl" hieß. Die fünf Kommunen Eslarn, Falkenberg, Mitterteich, Windischeschenbach und Neuhaus, in denen es auch noch aktive Kommunbrauer gibt, haben sich zu einem Verbund zusammengeschlossen, um sich und den Zoigl noch besser zu vermarkten. In jeder der fünf Kommunen soll ein Brunnen mit einem Zoigldenkmal entstehen. Wir gestalten den für Windischeschenbach. Und da ist auch der Norbert Neugirg dabei.

> „Der Zoigl hat als Entwicklungshelfer in Oberfranken funktioniert."

Kaiserhammer,
Vision Ortsmitte, 2012,
Skizze Peter Kuchen-
reuther

Neustadt an der
Waldnaab, Vorberei-
tende Untersuchung,
Erweiterung des
Sanierungsgebiets, 2022

ENTWICKLUNGSKONZEPTE

„Die Oberpfalz hat Zoiglbier, und wer es trinkt, wird schön wie wir", hat Neugirg gereimt.

RK: Der Zoigl funktioniert als gesellschaftliche Klammer. Das finde ich großartig. In den Zoiglwirtschaften treffen sich die Leute von 18 bis 70 und drüber hinaus. Der Zoigl führt die Leute zusammen. In den Zoiglstuben wird nicht reserviert, das ist ein ungeschriebenes Gesetz. Man fragt bei einem Tisch, ob man sich dazusetzen dürfe und kommt automatisch ins Gespräch. Im Ursprung war das so, dass die, die nach einem verbrieften Hausrecht ihren Zoigl brauten, die Wohnstube freiräumten und die Gäste hereingebeten haben. Da gab es auch Essen, später dann Bierbänke, und die Gäste wurde hingesetzt. Ich glaube, dass die Leute mit dem Zoigl offener werden. Man trifft sich, man tauscht sich aus, man hört zu, man lernt mehr Leute kennen, es ist ein Miteinander.

PK: Der Zoigl ist schon ein bisschen Kult geworden. Aber er hat auch, man kann das schon sagen, auch als Entwicklungshelfer in Oberfranken funktioniert. Das Wirtshaus am Rathaus in Marktredwitz wurde eine Zoiglwirtschaft. Und plötzlich war auch abends richtig Leben hier am Markt. Das haben auch die Geschäftsleute gemerkt und neue gastronomische Betriebe aufgemacht. Es ist jetzt eine ganz andere Stimmung im Zentrum von Marktredwitz, die Leute kommen gern hierher. Auch in Wunsiedel hat eine Zoiglwirtschaft aufgemacht, das Zoiglmoos neben der Kirche, mit Biergarten und leckeren Brotzeiten. Und diese Wirtshäuser laufen richtig gut. Das meine ich mit Erlebnis- und Identifikationsorten: Wir brauchen Orte, in denen sich die Leute wohlfühlen, sich treffen können, in denen sie einfach gerne leben. Wo sie sich auch als Teil einer größeren Gemeinschaft erleben, wo sie sich engagieren und etwas bewegen können. Und die Region, die Kommunen, die solche Orte bieten, werden damit krisenfester, weil die Leute dann nicht so leicht aufgeben, auch wenn's mal nicht so gut läuft. Man hat noch vor zehn Jahren die Gastronomie in unserer Region kritisiert. Aber ich muss sagen, wir haben enorm aufgeholt, wir haben jetzt einen attraktiven Mix aus tollen Restaurants, schönen Wirtschaften, Biergärten, Kneipen mit Mittagsangeboten usw. in allen Kategorien zu bieten.

Das klingt, als hätte die Region die Chance, sich am eigenen Schopf aus dem Sumpf zu ziehen?

PK: Ja, absolut. Wenn man Bayern auf der Karte betrachtet, dann haben vor allem die Randregionen wirtschaftliche Schwierigkeiten. Wir haben gerade eine Gestaltungsfibel für Nordhalben erarbeitet. Da sieht man es wie im Brennglas, es gibt sogar einen Fachbegriff dafür: „Tot-Winkel-Lage". Deshalb brauchen wir derzeit noch weitere Förderung. Die „Förderoffensive Nordostbayern" braucht einen Nachfolger. Auch kulturelle Institutionen wie die Luisenburg-Festspiele in Wunsiedel oder der Kurbetrieb in Bad Alexandersbad benötigen permanente staatliche Zuschüsse – wie ähnliche Institutionen in anderen Städten auch. Und die Behördenverlagerung in unsere Region muss auch weitergehen. Andererseits muss sich die Region auf ihre Stärken besinnen und diese weiter ausbauen. Der sogenannte Wunsiedler Weg mit erneuerbaren Energien und grünem Wasserstoff macht sogar bundesweit Schlagzeilen. Die Designhochschule Selb und der Designcampus ist ein tolles Projekt, das weitere, dringend benötigte Kreative in die Region ziehen kann. Der geplante Vier-Bäder-Verbund – Bad Berneck, Bad Alexandersbad, „Bad" Weißenstadt und „Bad" Bischofsgrün – könnte ein attraktives Gegenüber zu den böhmischen Bädern darstellen. Die Region kann es schaffen. Unter diesem Aspekt sehe ich seit 20 Jahren auch die Arbeit unseres Büros. Ob das jetzt eine einfache Beratung für eine sanierte Fassade ist, ob das die großen städtebaulichen Konzepte oder ob das architektonische Projekte sind: Wir stärken die Region. Wir schaffen Orte, an denen sich die Menschen wohlfühlen und treffen können. Wo sie gut wohnen und wo sie gut arbeiten können. Wir schaffen Orte, die das touristische Angebot der Region erweitern. Und wir erhalten oder schaffen neue Orte in der Bildungslandschaft – weil auch das zu einer attraktiven Region gehört. Deswegen bin ich mit der Arbeit unseres Büros auch äußerst zufrieden.

„Wir schaffen Orte, die das touristische Angebot der Region erweitern. Und wir erhalten oder schaffen neue Orte in der Bildungslandschaft – weil auch das zu einer attraktiven Region gehört."

DEN ORT LESEN LERNEN
Dorferneuerung, Bad Alexandersbad

Rahmenplan, Bad Alexandersbad 2015

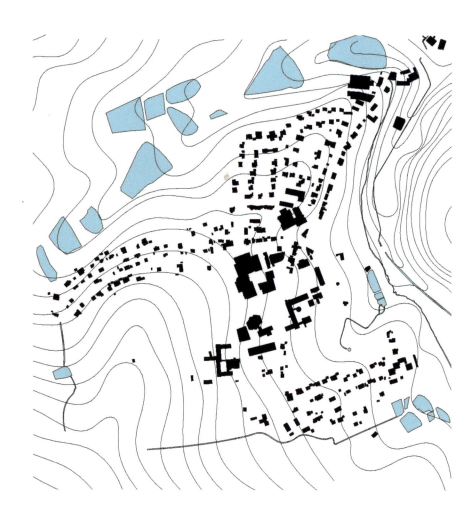

Schwarzplan
Bad Alexandersbad,
2009

DORFERNEUERUNGSKONZEPT BAD ALEXANDERSBAD, 2010 (AUSZÜGE)

Die Region Oberfranken-Ost ist seit Jahrzehnten einem erheblichen Veränderungsprozess ausgesetzt. Der „Eiserne Vorhang" im Osten und die innerdeutsche Grenze im Norden prägte die Region und die Menschen im Fichtelgebirge über viele Jahrzehnte.

Die Grenzöffnung vor nunmehr 20 Jahren und die EU-Osterweiterung im Mai 2004 stellen große Herausforderungen für die Kommunen und für die Bevölkerung dieses Landstrichs dar. In diesen letzten Jahrzehnten haben sich drängende funktionale und auch gestalterische Defizite entwickelt, welche sich nicht positiv auf das Image der Region und das Selbstbewusstsein der Menschen ausgewirkt haben.

Diese Defizite zu bewältigen und in eine positive Umkehr zu bringen, haben die Gemeinde Alexandersbad bewogen, die Aufnahme in das Bayerische Dorferneuerungsprogramm zu beantragen.

Zwischen Oktober 2005 und Juni 2007 wurde im Bereich der drei Gemeinden Bad Alexandersbad, Tröstau und Nagel, die in der VG Tröstau politisch zusammengeschlossen sind, ein Integriertes Ländliches Entwicklungskonzept (ILEK) erarbeitet. Dieses soll allgemein als Grundlage einer umfassenden und nachhaltigen Entwicklung der definierten ländlichen Teilregion auf der Grundlage eines leitbildbezogenen Planungsprozesses mit einer langfristigen Gesamtstrategie dienen. Die Erarbeitung eines ILEK hat auch die Zielsetzung, die erarbeiteten Erkenntnisse in eine planerische Form zu bringen, die zu einer Umsetzung führt.

Das Ziel einer jeden Dorferneuerung ist die „Verbesserung der Lebens-, Wohn- und Arbeitsverhältnisse auf dem Lande".

Es sollen die Bedingungen für die heimische Wirtschaft verbessert, der heimatliche Lebensraum gestärkt, das Bewusstsein für die ländliche Lebenskultur vertieft und der eigenständige Charakter ländlicher Siedlungen und der Kulturlandschaft erhalten werden.

Diese Punkte, die in den Dorferneuerungsrichtlinien (DorfR) festgeschrieben wurden, sind gerade für eine seit Jahrzehnten benachteiligte Region wie dem Fichtelgebirge richtungsweisend und existenziell wichtig.

ZUSAMMENFASSUNG

Im Jahr 2005 wurde mit den in der VG Tröstau zusammengeschlossenen Gemeinden Bad Alexandersbad, Nagel und Tröstau unter der Leitung des Amts für ländliche Entwicklung Oberfranken eine umfassende integrierte ländliche Entwicklung durchgeführt und zwischen Oktober 2005 und Juni 2007 das entsprechendes Integrierte Ländliche Entwicklungskonzept (ILEK) erarbeitet. Bad Alexandersbad wurde ausgewählt, dieses

Alexandersbad, farbige Zeichnung, undatiert, Archiv Marrama, Wunsiedel

Konzept und die daraus erarbeiteten Erkenntnisse in eine planerische Form zu bringen, die zu einer Umsetzung führt. Dies soll durch ein Dorferneuerungsverfahren geschehen.

Bereits ein Jahr später konnte an der Schule für Dorf- und Flurentwicklung in Klosterlangheim mit dem Grundseminar der Start für die einjährige Vorbereitungsphase gegeben werden. In den drei Arbeitskreisen AK ORT (Lage, Ortsbild, Infrastruktur, Verkehrsanbindung), AK MENSCH (Kommunikation, Zusammenleben und Wohnen der Generationen), AK TOURISMUS (Tourismus, Kurwesen, Bildungseinrichtungen, Tagungshäuser) mit den für alle AK geltenden übergeordneten Themen Natur/Lage im Raum und Image/Öffentlichkeitsarbeit wurde die gesamte Vorbereitungsphase strukturiert und aus Visionen konkrete Maßnahmen entwickelt.

Im Vorfeld der Vorbereitungsphase war ein Denkmalpflegerischer Erhebungsbogen erstellt worden, aus dem wieder einmal mehr die herausragende Bedeutung der Historie für Bad Alexandersbad klar herausgestellt wurde. Ebenso war klar, dass zum Kernthema Kur und Tourismus ein Expertengutachten zwingend erforderlich ist. Nach der ersten AK-Sitzung wurde deutlich, dass sich das Thema Energie nicht mehr von Laien alleine bearbeiten lässt. Heute besteht eine Planungsgemeinschaft unter der Federführung des Lehrstuhls für Klimadesign der TU München, heute besteht die Bioenergieheilbad GmbH mit einem neuen Logo, heute ist der Begriff Bad Alexandersbad, erstes Bio-Energie-Heilbad Deutschlands bereits in allen Köpfen und die Ergebnisse einer Energie- Machbarkeitsstudie zu einem Nahwärmenetz konnte bereits dem Gemeinderat vorgelegt worden.

In der anstehenden Projektphase werden im Bereich Ort „städtebauliche Fehlentwicklungen" bereinigt. Das Kernthema wird hier nicht das Schaffen einer neuen Ortsmitte, sondern das Entstehen eines neuen zentralen Kurbereichs sein, der alle „Großen" mit hereinnimmt. Es sollen nicht mehr einzelne bedeutende Einrichtungen, von denen es in Bad Alexandersbad eine stattliche Anzahl gibt, nebeneinander stehen, sondern alle in und an der neuen Mitte stehen. Ebenso wichtig ist, dass die Menschen an der neuen Gemeinsamkeit teilnehmen und an „einem Strick in die gleiche Richtung" ziehen. Das ist wichtiger als ein neues Pflaster in der Dorferneuerung. Im Bereich Tourismus und Bäderwesen werden neue Wege und Strategien aufgezeigt, welche die Infrastruktur für den Gast und damit auch für die Einheimischen verbessern können.

Bei all den geplanten Maßnahmen in den Bereichen ORT und MENSCH und TOURISMUS geht es am Ende darum, die eigenen Potentiale, die ja in Bad Alexandersbad geradezu üppig vorhanden sind, als die Quellen des Handelns zu erkennen und darauf aufzubauen.

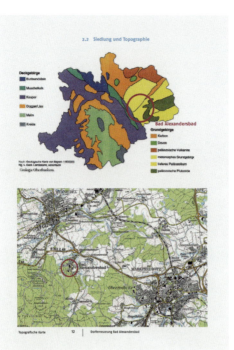
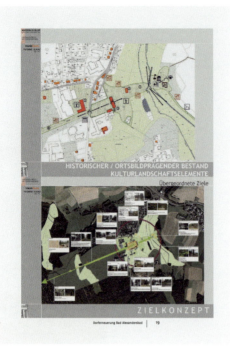

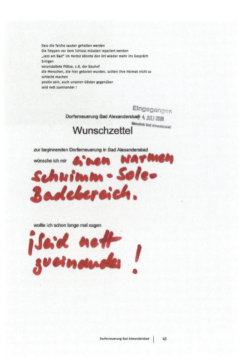

Auszüge aus dem Dorferneuerungskonzept
Bad Alexandersbad, 2010

ENTWICKLUNGSKONZEPTE

4.3 AK Ort und AK Mensch Bestandsaufnahme

4.3.1 Siedlungsgeschichte

Ein Blick in das Urkataster von 1856 lässt unschwer erkennen, dass es sich bei Bad Alexandersbad nicht um eine klassische Siedlung im ländlichen Raum handelt, sondern dass die Ortschaft künstlich angelegt wurde. Neben der Vierseitanlage der Roglermühle im Norden sind zu dieser Zeit keine weiteren landwirtschaftlichen Anwesen vorhanden.

Es lässt sich die Quelle mit dem Brunnenhaus ausmachen und die prägende Achse mit der Abfolge, Quelle, Kurpark, Schloss, Schlossplatz, altes Kurhaus, Allee double. Zusätzlich sind bereits einige Bauten am Kurpark sowie an der Hainlaite zu erkennen. Die undatierte historische Ansicht zeigt die prächtige Anlage mit der axialen Verbindung in die Landschaft.

Der derzeitige Stand der Entwicklung im Jahr 2009 präsentiert umfangreiche Wohnbaugebiete sowohl im Norden als auch im Süden des Ortes. Die inhaltliche Entwicklung von Bad Alexandersbad ist in der Ortsmitte gut zu erkennen, hier haben sich umfangreiche Neubautätigkeiten mit Großstrukturen eingestellt. Eine räumliche Ausprägung oder ein Zusammenspiel dieser Baumassen ist jedoch nicht zu erkennen.

Urkataster 1856
Quelle: DEB, S. 70

Farbige Zeichnung, undatiert, Archiv
Marrama, Wunsiedel
Quelle: DEB, S.18

4.3.11 Historische Bauten / Freiräume

An dieser Stelle sei auf den DEB, Denkmalpflegerischen Erhebungsbogen, April 2008 der Planungsgemeinschaft Dubler – Stanz hingewiesen. Hier ist in vorbildlicher Weise die Geschichte des Ortes dargestellt worden. Weiter- und tiefer führende Fragen können hier umfassend nachgelesen werden.

Als Quintessenz für den Ort lässt sich folgendes erkennen: Als schützenswerten historischen Freiraum ist eindeutig die künstlich geschlagene Achse zu erkennen, die von der Quelle ausgehend den Schlosspark, den Schlossplatz und die Weiterführung der Allee double bis zur Luisenburg führt. Flankierend sind noch die Freibereiche rund um das alte Kurhaus zu sehen. Als historische Straßenzüge lassen sich die drei Richtungen erkennen, die sich im Bereich der Markgrafenstraße Mitte treffen. In diesem Kernbereich ist auch eine Vielzahl von ortsbildprägenden Gebäuden zu finden. Es ist hier die Abstufung der einzelnen Gebäude zu beobachten. Als wichtigste unter Denkmalschutz stehende Gebäude sind das Schloss und das Kurhaus zu erwähnen. Als weiteres ist die historische Bausubstanz wieder entdeckt worden, anhand derer die Entwicklung des Ortes gut nachzuvollziehen ist.

Aufgabe wird es sein, die historischen Spuren wieder in das Bewusstsein des Ortes zu bringen und Antworten darauf zu geben, in welcher Form die Geschichte für die Gegenwart wieder sichtbar gemacht werden kann.

Historische Achse
Quelle: DEB, S. 17

Legende: Denkmalschutz

4.6.1 SWOT-Analyse

4.8 Maßnahmenlisten
AK ORT

Schlossplatz
(26 Punkte)
Verkehrsführung im oberen Bereich regeln, Belagswechsel Oberer Bereich mit Brunnen
Raumkanten + Achse spürbar machen,
Entfernung der Stufenanlagen, barrierefreier Ausbau, Aufenthaltsqualitäten schaffen, Sitzmöglichkeiten, Bepflanzungen, Lichtkonzept,
Platzbenutzung für Großveranstaltungen (z.B. Lichterfest) sowie ständige Veranstaltungen (Kurkonzerte) auslegen, zusätzliche, wiederkehrende Einrichtungen wie Weihnachtsmarkt oder Wochenmarkt veranstalten, im unteren Bereich beim Schloss und Haus des Gastes,
Infrastruktur für Feste schaffen (Strom / Wasser).

Umfeld Haus des Gastes

(25 Punkte)
Belagswechsel zur Kennzeichnung der Ortsmitte,
Achse Markgrafenstraße fortführen bis zum Schlossplatz,
Ausgangspunkt der touristischen Erschließung,
Angebot Parkplätze verbessern und neu ordnen,
fußläufige Vernetzung Markgrafenstraße– Busrondell– Schlossterrassen– Kurpark,
Wandelgänge einführen, "ohne Regenschirm durch den Ort",
Pflege, Ergänzung der Allee zur Quelle,
Umfeldverbesserung der Straße „Am Kurpark".

Markgrafenstraße Mitte + Busrondell

(21 Punkte)
Neugestaltung Platzfläche,
Flächenzusammenhänge schaffen,
Anbindung zum Parkplatz am alten Kurhaus schaffen,
Neustrukturierung Platzmöblierung: Buswartehaus, Telefonhäuschen, Informationstafeln, Anschlagtafeln,
altes Wirtshaus, Wiederbelebung des zentralen Dorftreffs, Schaffen eines Biergartens, (Privatmaßnahme- Gemeinschaftshaus?)
Durchlässige Anbindung an den Parkplatz am Haus des Gastes.

Umsetzung Lichtkonzept

(4 Punkte)
Um die Defizite in der Ortsbeleuchtung zu begleichen, wird eine dorfgerechte und auch energieeffiziente Beleuchtung aufgestellt.
Weitere Elemente sollen lichttechnisch herausgearbeitet werden:
Ortseingänge, Elemente der Platzbeleuchtung in der Ortsmitte, die Schlossachse, Kurpark, Gebäudeillumination, Lichtspiele, ggf. Lichterschau als Attraktion für den Tourismus.

ENTWICKLUNGSKONZEPTE

BAUEN IM BESTAND

VOM VERGNÜGEN, EINE ZUKUNFTSFÄHIGE NUTZUNG ZU FINDEN

Gespräch mit Dr. Ulrich Kahle, ehemaliger Hauptkonservator am Bayerischen Landesamt für Denkmalpflege, Bamberg

Enrico Santifaller: Denkmalschutz, Herr Doktor Kahle, bedeutet einen Eingriff in das Eigentumsrecht – zugunsten des Erhalts von baulichem Erbe. Besagter Eingriff wird als Eingriff in die Freiheit empfunden, deshalb sind wahrscheinlich Denkmalpfleger nicht sonderlich beliebt. Andererseits höre ich auch in Hochfranken, dass wegen der Denkmalabschreibung bei der Einkommensteuer Objekte durchaus gesucht sind. Wie arbeitet es sich in so einer ambivalenten Situation?

Dr. Ulrich Kahle: Das mit der Unbeliebtheit von Denkmalpflegern ist ein Ammenmärchen aus der Vergangenheit, denn ich glaube fest daran, dass wir immer besser werden. Grundlage für alles ist das Bayerische Denkmalschutzgesetz von 1973 mit der klaren Aussage, dass die Erhaltung von Denkmälern wegen ihrer geschichtlichen, künstlerischen, städtebaulichen, wissenschaftlichen oder volkskundlichen Bedeutung im Interesse der Allgemeinheit liegt. Und gewisse Beschränkungen für den Umgang mit Eigentum sind mit der Sozialpflichtigkeit von Eigentum schon im Grundgesetz geregelt. Damit erfolgreich zu operieren, war – trotz der einen oder anderen blutigen Nase – für mich immer unterhaltsam und kreativ. Allerdings verbunden mit tagtäglicher, manchmal ziemlich anstrengender, bisweilen nerviger Diskussion. Doch wir können heute auch in Hochfranken, am Rande des bayerischen Universums, wo wir nicht diese paradiesischen wirtschaftlichen Verhältnisse wie im südlichen Bayern haben, eine ganze Reihe von Beispielen aus den vergangenen 20 Jahren vorweisen, die zeigen, dass und wie man mit Denkmälern gut umgehen kann. Wir haben in Nordostoberfranken glückliche Denkmaleigentümer, die mit guten Architekten und Handwerkern gute bis herausragende Objekte geschaffen haben. Das heißt darüber hinaus: Man muss nicht immer neu bauen, man kann mit dem Bestand arbeiten und positive Ergebnisse im historischen Objekt erzielen – wenn man sich darauf einlässt. Und ja, das Steuerprivileg hat das seinige sicherlich beigetragen.

Ich kenne genug Architekten, die über den Denkmalschutz stöhnen.

UK: In Wahrheit ist der ganze Baubereich seit jeher ein regelungsdichter Bereich: Auflagen, die einschränken, Verordnungen, die sich teilweise gegenseitig behindern, DIN-Normen usw. usf. An Baubürokratie sind wir in der Bundesrepublik Deutschland reich gesegnet – vermutlich reicher als anderswo in Europa. Die Baurechtsnovellen der vergangenen Jahre haben neben manchen Erleichterungen unter dem Strich eigentlich nur zu vermehrten Unklarheiten und Auslegungsstreitigkeiten geführt. Keine Frage, natürlich bringt auch der Denkmalschutz ein paar einengende Vorschriften. Ich glaube allerdings, dass man hierzulande durch andere Bauvorschriften weitaus mehr gegängelt wird als durch das Denkmalschutzgesetz. Bisweilen sorgt der Denkmalschutz sogar für eine Befreiung von Vorschriften – etwa bei der Wärmeschutzverordnung. Ein vernünftig gehandhabter Denkmalschutz verlangt von Bauherr und Planer eigentlich nur, dass man frühzeitig miteinander redet, dass man unsere Belange – also das Interesse am Erhalt – anerkennt und den Dialog über Durchführbarkeit und mögliche Alternativen sorgsam pflegt. Bauen im Bestand ist immer eine Herausforderung für Architekten, die nicht nur einschränkend, sondern bisweilen sogar sehr kreativ sein kann – und es gibt Architekten, die diesen Reiz suchen.

Mit Peter Kuchenreuther haben Sie mehrmals in der Vergangenheit zu tun gehabt. Als Architekt, aber auch als Bauherr.

UK: Der Architekt Peter Kuchenreuther hat bei den Gebäuden Markt 12 und 14 in Marktredwitz genau das gemacht, was wir als Konservatoren von guten Planern fordern: Einen Bauherrn – hier die Familie Kuchenreuther – richtig beraten, wie er sein unter Denkmalschutz stehendes Gebäude vernünftig umbauen kann. Das heißt, zunächst die richtigen Fragen stellen: Was kann man überhaupt aus diesem Haus machen? Wie kann man arge Eingriffe aus der meist jüngeren Vergangenheit mildern oder überarbeiten? Wie kann ich eine neue Nutzung baulich verträglich, möglichst substanzschonend in das bestehende Gebäude integrieren? Und er hat gute Antworten gegeben. Er hat etwa auf dem Klavier der Fassadensanierung erfolgreich gespielt. Er hat auf verträgliche Fensterkonstruktion Wert gelegt, er hat farb- und oberflächen-ästhetisch eine Menge Gutes gemacht. Natürlich haben wir auch gestritten, so um die Zahl der Durchbrüche zwischen beiden Häusern. Die Durchbrüche waren ja funktional vernünftig, um eine gewisse Durchlässigkeit für die neue Nutzung als großes Architekturbüro zu erzielen. Also haben wir uns mit jedem einzelnen Durchbruch auseinandergesetzt. Und uns einigen können, weil beide Treppenhäuser geblieben sind und eine mögliche Nutzung beider Häuser unabhängig voneinander stets wiederhergestellt werden kann – die berühmte Reversibilität.

In der Straße „Markt" in Marktredwitz, die letztlich das Zentrum dieses Städtchens ist, gibt es Leerstand. Keinen beträchtlichen, aber doch nennenswerten. Umso wichtiger finde ich persönlich einen Impuls wie Markt 12 bis 14, weil die sorgfältige Fassadensanierung auch die neue Nutzung symbolisiert.

UK: Richtig, denn als Denkmalpfleger wollen wir nicht verhindern. Wir wollen versuchen, dem Denkmal eine Zukunft zu geben – und dazu müssen wir kompromissfähig sein. Wir können nicht ständig mit schönen Traditionssprüchen von Alois Riegel und Heinrich Wölfflin operieren, wir müssen in der Gegenwart agieren. Wenn ich einer „alten Kiste" eine Zukunft geben will, muss ich ihr Lebensfähigkeit zubilligen. Und diese Lebensfähigkeit ist im 21. Jahrhundert meist eine andere als im 19. Jahrhundert. Die Zeit dreht sich weiter, und ich muss schauen, dass ich das Bedürfnis der aktuellen Generation mit den Rahmenbedingungen des Alten und des Erhaltenswerten zusammenbringen

> „Man wird hierzulande durch andere Bauvorschriften weitaus mehr gegängelt als durch das Denkmalschutzgesetz."

Goldener Löwe Weißenstadt im Juni 2008 vor Sanierung und Umbau

kann. So trägt jede gute Sanierung auch dazu bei aufzuzeigen, wie städtebauliche Missstände – hier vor allem Leerstand oder Verfall – zu überwinden sind.

Wie etwa beim Goldenen Löwen in Weißenstadt?

UK: Ja, ein gutes Beispiel. Ursprünglich war das eine ziemlich traurige Geschichte: Ein historischer, leider heruntergekommener Gasthof ging komplett in Flammen auf und blieb beinahe zwei Jahrzehnte eine Ruine – gleich hinter dem Rathaus. Keiner wusste etwas mit dem Gebäude anzufangen. Irgendwann habe ich mit dem Bürgermeister, dem der Missstand zunehmend unbehaglich wurde, beratschlagt, ob es nicht doch eine Nutzung dafür gäbe. Eine leise Idee entwickelte sich – die fehlende Tourismusinformation samt größerem Veranstaltungssaal, wofür neue Fördermöglichkeiten gerade erschließbar wurden. Wir verabredeten uns, Peter Kuchenreuther dazu zu holen. Der sollte sich mal anschauen, was man daraus machen kann. Da Weißenstadt eine Konsolidierungsgemeinde ist, kamen die Mittel für die Voruntersuchung vom Landesamt für Denkmalpflege. Die Tourismusinfo erwies sich dann als technisch machbar; mit Hilfe der Regierung von Oberfranken war sie auch finanziell denkbar. Der Denkmalschutz musste Federn lassen: Leider waren die Gewölbe im Keller und im Erdgeschoss in Teilen nicht mehr zu halten. Wegen der hohen Flächenlast des neuen Bürger- und Veranstaltungssaals im 1. Obergeschoss mussten zusätzlich noch Verstärkungen gebaut werden. Bei Versammlungsstätten gibt es ja viele technische Notwendigkeiten wegen Brand- und Personenschutz. Dennoch: Es war mir und auch dem Landesamt ein Vergnügen, ein gut 15-jähriges Ruinendasein eines wichtigen Gebäudes zu beenden und eine zukunftsfähige Nutzung zu finden. Und dass Bürgermeister Frank Dreyer dies mit nämlichem Vergnügen mit durchgezogen hat, hat mir noch mehr Vergnügen bereitet.

War es auch ein Vergnügen, für das Torhaus von Schloss Leupoldsdorf, das dem Verfall preisgegeben war, eine funktionsfähige Nutzung zu finden?

UK: Erfolgserlebnisse in meiner Zeit als Denkmalpfleger waren immer: Hinzugehen, eine mehr oder minder schwierige Ausgangssituation sehen und mit dem Verantwortlichen, sei dies der Bürgermeister oder sonst wer, zu reden. In Oberfranken bei einer Tasse Kaffee, in Unterfranken bei einem Schoppen Wein. Es galt, gemeinsam nach Lösungen zu suchen. Wenn es mehrere waren: Welche ist wie tragfähig? Was will man haben? Bei den prekären Haushaltslagen der meisten hochfränkischen Kommunen begann im Lösungsfall mein zweiter Job – die Nutzung erworbener Netzwerke. Oder: Welche und wie viele Fördermöglichkeiten haben wir? Ein rascher Kontakt zur Bezirksregierung, ein erstes Telefonat mit der Oberfrankenstiftung: Es galt, die Verantwortlichen für das jeweilige Objekt zu begeistern. Oft hat das auch geklappt. Und dann braucht man natürlich auch einen guten Planer, der nicht so krankhaft von sich selbst überzeugt ist, dass man mit ihm nicht reden kann. Mit Peter Kuchenreuther hingegen kann man auf jeden Fall reden und mit ihm einen guten Kompromiss erzielen. Er hört zu, er erhebt nie theatralisch laut irgendwelche Einwendungen. Er sagt aber auch, wenn er ein Problem sieht. Für mich hat er sich in den langen Jahren gemeinsamer Arbeit als ein begabter Umbauer und Weiterbauer erwiesen. Und im eben angesprochenen Weißenstadt hat er das Projekt überhaupt erst baubar gemacht.

Beim Schloss Leupoldsdorf war es doch eine insgesamt schwierigere Situation?

UK: Das Torhaus ist ja nur der Annex des eigentlichen Schlosses, das im Privatbesitz ist. Unser Traum war, den gesamten Komplex zu revitalisieren. Wir bekamen aber lange Zeit keinen Fuß in die Tür. Bei unterschiedlichen Eigentümern wird es fast immer kompliziert. Die Regierung konnte uns nicht helfen – wegen der Fördervorschriften, die in einer solchen Situation nicht greifen konnten. Es gab damals noch keine Förderoffensive Nordostbayern mit einem genau definierten Kriterienkatalog. Sonst hätte man in dem ganzen Komplex gezielter vorgehen und investieren können. Das Schloss Leupoldsdorf ist ein Überbleibsel einer vor Jahrhunderten inszenierten Teichlandschaft mit Hammerwerken. Es gibt leider nur wenige Zeugnisse von diesen Hammermühlen, die einmal diese Landschaft, das Fichtelgebirge bis runter in die Oberpfalz, über mehrere Jahrhunderte geprägt haben. Wir haben einiges Geld in die Hand genommen, um im Obergeschoss ein kleines Museum über die Geschichte der Hammerschlösser zu installieren. Mit dem erhaltenen, nicht überbauten Wasserumfeld, mit dem Freiflächenkonzept von Marion Schlichtiger, ist jetzt dem Torhaus die Ehre zuteil geworden, ein Erinnerungsmal für diese vorindustrielle Eisengewinnung und -verarbeitung zu werden.

Lassen Sie uns zum Schluss unseres Gesprächs nach Marktredwitz zurückkehren. Die Sanierung der Stadthalle war sehr erfolgreich. Auch für die „Glasschleif" gibt es jetzt ein scheinbar zukunftsfähiges Konzept.

UK: Die Stadthalle ist ja die ehemalige Turnhalle von der gegenüberliegenden städtischen Volksschule. Sie stammt aus dem Jahre 1924 und ist eine Melange aus Heimat- und Holzarchitektur. Seit den 1950er-Jahren ist die Halle der einzige Raum in der Stadt, der für größere Festivitäten geeignet ist. Für einen moderneren Sportunterricht war sie eigentlich kaum mehr zumutbar, weshalb über einen Wettbewerb eine benachbarte neue Sporthallenlösung zu suchen war. Das Ergebnis ist eine gute städtebauliche Einfügung und Anbindung an den Bestand. Die überkommene, um ein wenig Infrastruktur für die Musikschule aufgewertete Halle ist jetzt als Stadthalle zukunftsfähig verankert. Dieses Projekt war in der Rückschau ein Selbstläufer. Alle waren sich einig, man hat im Konsens gearbeitet, und die Halle war ja als Raum für öffentliche Nutzungen wie etwa städtische Empfänge, Fasching oder Theater seit Jahrzehnten fest etabliert.

Die Glasschleif ist ein anderes Kaliber. Sie ist für die Marktredwitzer neben dem Benker-Areal mit seiner leider weitgehend untergegangenen Textilfabrik etwas Besonderes. Auf die sind sie stolz. Und das zu Recht, die Halle haut einen echt um! Das Faszinierende ist neben der Größe die gestalterische Qualität ihrer Fassade, die an die Turbinenhalle von Peter Behrens in Berlin erinnert. Und diese tolle Hallenkonstruktion mit noch original erhaltenem Stahltragwerk, das laut einer Untersuchung eines renommierten Statikbüros noch immer lehrbuchmäßig funktioniert und nur an ganz wenigen Stellen repariert oder verstärkt werden muss! Was die Denkmalpflege elektrisiert hat, ist das beachtliche Volumen der Halle, ihre relative Unversehrtheit und die Möglichkeit aufgrund des Volumens, sie auch für größere Events wie beispielsweise Kongresse zu nutzen. In den Keller, wo ja noch die riesengroßen Fundamente für die Glasschleiftische zu sehen, nein: eher zu ahnen, sind, wird mal das Stadtarchiv einziehen. Wenn das alles hinhauen würde, könnte Hochfranken wieder beweisen, dass man den Erhalt des baulichen Erbes und Zukunftsfähigkeit verbinden kann. Schade ist eigentlich nur, dass ich dies in meiner Dienstzeit nicht mehr habe abschließen können. So bleibt die Glasschleif eine tolle Aufgabe für meine Nachfolgerin.

„Jede gute Sanierung zeigt, wie städtebauliche Missstände zu überwinden sind."

Sorgfältige Sanierung der Details, Markt 12, Marktredwitz

LEBENDIGE DENKMALPFLEGE
Sanierung und Umbau Wohn- und Geschäftshaus, Markt 12, Marktredwitz

„Gerade in stagnierenden Klein- und Mittelstädten bluten die Ortszentren aus. Deswegen ist die Sanierung eines leerstehenden Stadthauses in der traditionellen Haupteinkaufsstraße von Marktredwitz höchst lobenswert. In zwei Bauabschnitten wurde ein Nutzungsmix aus Wohnen, Büro und erdgeschossigem Laden geschaffen, der zur Vitalisierung der Marktstraße beiträgt. Die historische Fassade mit ihren kräftigen Farben wurde denkmalgerecht sorgsam ausgeführt, zusammen mit dem modernisierten Gebäudeinneren ergibt sich ein stimmiges Bild von Alt und Neu. Diese Art lebendiger Denkmalpflege schließt die liebevolle Bewahrung der Bestandsdetails mit ein und könnte Modell für ähnliche Sanierungen sein."

Juryurteil, Auszeichnung Guter Bauten, Franken 2018

SANIERUNG UND UMBAU WOHN- UND GESCHÄFTSHAUS, MARKTREDWITZ

STANDORT:
Markt 12, 14
95615 Marktredwitz

BAUHERRIN:
Birgit Kuchenreuther
Markt 12–14
95615 Marktredwitz

PROJEKTLEITUNG:
Peter Kuchenreuther

AUSZEICHNUNGEN:
Das Goldene Haus 2006,
Architektouren 2018,
Auszeichnung Guter Bauten Franken 2018,
lobende Erwähnung German Design Award 2020

BAUEN IM BESTAND

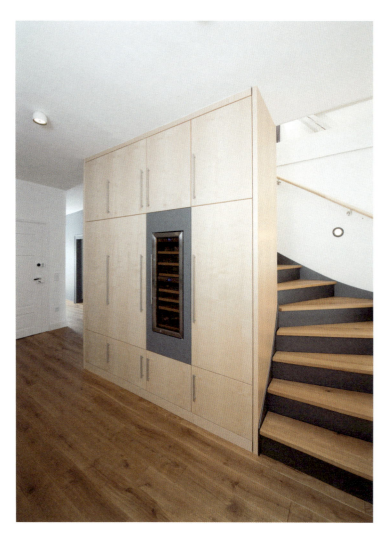

„Peter Kuchenreuther ist ein engagierter Vor- und Mitdenker zur Stadtentwicklung in Marktredwitz. Das Büro Kuchenreuther hat sich für seinen verantwortungsvollen Umgang mit qualitätvoller, regionaler Architektur in ganz Oberfranken einen Namen gemacht.

Wir sind stolz darauf, dass Peter Kuchenreuther sein Architekturbüro mitten in Marktredwitz hat – in einem denkmalgeschützten Stadthaus, das er fantastisch saniert hat. Dieses Gebäude bereichert nicht nur den zentralen Marktbereich, sondern ist zugleich Visitenkarte für die exquisite Arbeit des Büros Kuchenreuther."

Oliver Weigel,
Oberbürgermeister Marktredwitz

ERBE, DENKMALGESCHÜTZT
Umbau und Sanierung eines Vierseithofes, Unterweißenbach-Selb

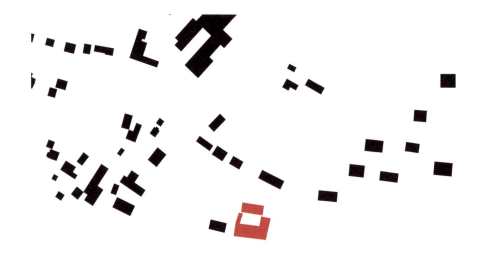

Im Süden unmittelbar anschließend eine Pferdekoppel, im Norden das Tal des Bernsteinbaches, eine kleine Brücke, ein im Sommer mit Seerosen bedeckter Teich, hochkronige Bäume: Der idyllische Anblick dieses Vierseithofes im Selber Ortsteil Unterweißenbach könnte Kalenderblätter zieren. Er besteht aus vier, jeweils einzeln denkmalgeschützten Gebäuden: einem massiven, zweigeschossigen Wohnstallhaus, zwei Scheunen und einer Holzlege mit Brunnen. Ihr Errichtungsdatum – zwischen 1861 und 1887 – ist auf Granitsäulen und Türrahmen aus gleichem Material geritzt. Das fast burgartig anmutende, von außen nicht einsehbare Geviert ist das Elternhaus der Bauherrin, die es seit 2011 schrittweise saniert und zu einer Wohnoase umbaut. Der Großteil der bisherigen Arbeiten fand unter der Oberfläche statt, er war vor allem der statisch-konstruktiven Sicherung geschuldet: Die Dächer, teilweise eingefallen, mussten stabilisiert, Balken und Auflager ausgewechselt und anschließend neu gedeckt werden. Natürlich mit ortsüblichem Schiefer. Eine eingestürzte Bruchsteinmauer wurde durch eine Betonmauer ersetzt und mit Bruchsteinen verblendet. Auch Feuchtigkeit stellte ein Problem dar, das inzwischen mittels Verrohren eines Wasserlaufes und einer Sockelheizung gelöst ist.

Den optischen Höhepunkt der Sanierung stellt sicherlich das wunderbare Gewölbe aus böhmischen Kappen im zum Wohnzimmer umgebauten ehemaligen Stall dar. Nachdem – ursprünglich nur zur Prüfung des Bauzustandes – der Putz abgeschlagen wurde, entschieden sich Bauherrin und Planer spontan, das gut erhaltene Ziegelmauerwerk der Kappen sichtbar zu lassen. Nach dem Auskratzen der Fugen, dem Aufbereiten der filigranen Spannglieder und dem Sandstrahlen des Mauerwerks schafft das Gewölbe zusammen mit den wuchtigen Natursteinmauern eine einzigartige Atmosphäre. Auch die restaurierten Schablonenmalereien im Nordwest-Zimmer, die rekonstruierte viertelgewendete Eichentreppe vom Ober- ins Dachgeschoss und der renovierte Granitboden in der Diele zeugen von handwerklicher Sorgfalt und Liebe zum Detail. Einzig die noch unsanierte Fassade des Hauptgebäudes signalisiert, dass der Umbauprozess nicht abgeschlossen ist – wie eine unvollendete Bildhauerarbeit.

UMBAU UND SANIERUNG EINES VIERSEITHOFES, UNTERWEISSENBACH (SELB)

STANDORT:
Hans-Köhler-Straße 15
95100 Selb-Unterweissenbach

BAUHERRIN:
Dr. Rita Wellhöfer
Selb

PROJEKTLEITUNG:
Florian Karger

58 BAUEN IM BESTAND

„Besonders gefallen hat mir die unkomplizierte Zusammenarbeit
an der Baustelle mit der Bauherrin und den Firmen."

Florian Karger, Projektleitung Kuchenreuther Architekten / Stadtplaner

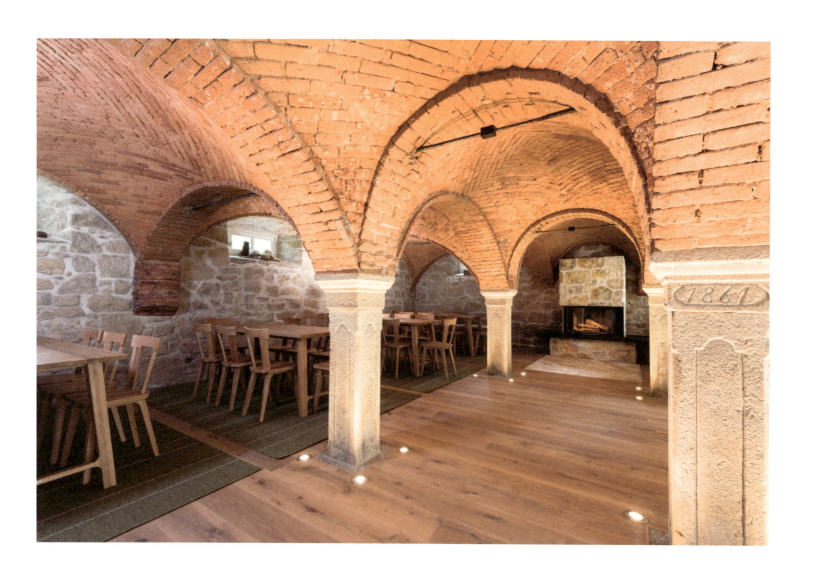

BAUEN IM BESTAND

HAMMER-GESCHICHTE
Umbau und Sanierung Torhaus Schloss Leupoldsdorf, Tröstau

Als im August 2020 Heinz Martini nach vier Amtsperioden als Bürgermeister der Gemeinde Tröstau in den Ruhestand verabschiedet wurde, würdigten die Festredner seine zahlreichen Verdienste und Erfolge. So war er Ideengeber einer gemeinsamen Petition aller Bürgermeister des Landkreises Wunsiedel, um Stabilisierungshilfe für die klammen kommunalen Haushalte zu bekommen. Auch die Idee, eine Justizvollzugsanstalt im Landkreis zu bauen, kam von Martini. Und auch die Sanierung des Hammerherrenschlosses Leupoldsdorf ging, betonte die von München ins Fichtelgebirge geeilte Landtagsvizepräsidentin Inge Aures, auf sein Konto. Die Gemeinde erhielt dafür die bayerische Denkmalschutzmedaille. Dass die kleine Feier im Torhaus des Schlosses stattfand, unterstrich das Engagement des frisch gebackenen Altbürgermeisters für das Gebäude, das bereits im Jahre 1994 – zu seinem ersten Amtsantritt – begann.

Nun erinnert an Erzbergbau und Metallbearbeitung, zwei seit dem späten Mittelalter für das Fichtelgebirge prägende Wirtschaftszweige, heutzutage nur noch Weniges. Was sich einst in einem dichten Netz an Stollen, Gruben, Mühlen, Hochöfen, Hämmern und Meilern bis ins beginnende 20. Jahrhundert über die gesamte Region zog, ist dieser Tage nur noch in einer Handvoll Standorten sichtbar. Dass seit einigen Jahren dazu auch das Schloss in einem Ortsteil Tröstaus gehört, ist sicherlich die Leistung Martinis – mit der Hilfe des Landesamtes für Denkmalpflege, einer Handvoll hervorragender Planer und mannigfacher Geldgeber bzw. Fördertöpfe. Dass eine ganze Reihe an Widerständen zu überwinden war, ist bei dieser Art von Projekten gleichsam selbstverständlich. Die größte Schwierigkeit:

Das aus dem 17. Jahrhundert stammende Hammerschloss selbst war und ist in Privatbesitz, allein das im gleichen Jahrhundert errichtete Torhaus konnte die Gemeinde erwerben. Wobei dieser Annex des Hauptgebäudes – ein einfaches, zweigeschossiges Satteldachhaus und ein Torbogen – über Jahre leer stand und dem Verfall preisgegeben war. Erst als die öffentlichen Arbeiten fortschritten und sichtbare Erfolge zeitigten, wurde durch die privaten Eigentümer auch das Schloss saniert.

Auf 1432 datiert die erste Urkunde, die einen Hammer in Leupoldsdorf erwähnte. Zu seiner Blütezeit im frühen 18. Jahrhundert umfasste er das repräsentative Herrenhaus mit Torhaus, einen größeren Stab- und kleineren Zainhammer, ein Schleifwerk, diverse Wohnhäuser für Schichtmeister, Köhler und Frischer, eine Ziegelhütte, einen Kalkofen und eine Mühle. Der Grundbesitz der Hammerherren umfasste Staugewässer, Gärten, Wiesen, Äcker, Waldwiesen und Wald. Die Industrialisierung dann machte die Hammerschmieden überflüssig, den Betrieb im Leupoldsdorfer Hammer gab man 1865 wegen Unrentabilität auf. Ab 1895 wurden die zu ihm gehörenden Gebäude und Grundstücke verkauft. Als sich die Gemeinde für das Anwesen zu interessieren begann, bot sich ein trauriger Anblick: Das Torhaus war in einem trostlos heruntergekommenen, ja beklagenswerten Zustand. Der Dachstuhl eingestürzt und zum Biotop für Fledermäuse geworden. (Für die Sanierung musste man sich mit der Unteren Naturschutzbehörde ins Benehmen setzen.) Der ehemalige Mühlgraben war verrohrt, die Teichanlage überwuchert. Und ein Teil des Geländes von leerstehenden Funktionsbauten einer aufgegebenen Schreinerei überformt.

UMBAU UND SANIERUNG TORHAUS SCHLOSS LEUPOLDSDORF, TRÖSTAU

STANDORT:
Schlossweg 14
95709 Tröstau

BAUHERR:
Gemeinde Tröstau
Hauptstraße 6
95709 Tröstau

PROJEKTTEAM:
LandschaftsArchitektur Marion Schlichtiger, Wunsiedel
Kuchenreuther Architekten / Stadtplaner, Marktredwitz
Architekturbüro Kerstin Holl, Marktredwitz

PROJEKTLEITUNG:
Uwe Gebhard

Zustand vor der Sanierung

Sich Schloss Leupoldsdorf als attraktives touristisches Angebot vorzustellen, dazu benötigte man Mut und visionäre Kraft. Doch schon 2007 im Integrierten Ländlichen Entwicklungskonzept für die Verwaltungsgemeinschaft Tröstau – Nagel, Bad Alexandersbad und eben Tröstau – ist die Rede davon, die vorhandenen Potentiale zu nutzen und durch Synergieeffekte den Tourismus zu stärken. Bad Alexandersbad sollte seine Kuranlagen aufwerten, Nagel das schon diskutierte Kräuterdorf-Konzept voranbringen und Tröstau das Hammerschloss entwickeln. Übrigens: Der damalige Geschäftsleiter der Verwaltungsgemeinschaft, Peter Berek, wurde 2008 Bürgermeister von Bad Alexandersbad und 2020 Landrat.

Nun ist „entwickeln" ein ziemlich diffuses Wort. Wer heute jedoch die Schlossanlage besucht – sich im Torhaus die Ausstellung über die Hammer(werke) im Fichtelgebirge anschaut, sich im Kurgarten an duftenden Blüten und Kräutern erfreut oder dem Murmeln der Wasserläufe lauscht –, der wird den Verantwortlichen vermutlich bescheinigen, einen guten Job gemacht zu haben. Auch einen intellektuell überzeugenden. Denn es wurde nicht einfach ein alter Kasten hergerichtet, ein bisschen schick und dann ein Pressefoto gemacht. Das Konzept war viel umfassender, ganzheitlicher, vielfältiger. Einfach klüger. Es reicht von Geschichte und Ausstellungen über die Anlage eines ebenso attraktiven wie lehrreichen grünen Freiraums und mit der sanierten Teichlandschaft bis zur Gewässerwirtschaft. Ein Beispiel: Damit für Eisenhammer auch in trockenen Zeiten kontinuierliche Energie zur Verfügung stand, musste eine Anlage aus Zu- und Abflüssen und gestauten Gewässern erdacht, Bäche umgeleitet, Wehre, Gräben und Weiher geschaffen werden. Das ist jetzt in einem „Mühlenerlebnisweg" in Leupoldsdorf sinnlich erfahrbar. Die Besucher können sogar, freilich eher als Spielerei, einen kleinen Bach anstauen und damit ein Wasserrad betreiben.

Manchmal hilft der Zufall: Beim Abbruch der nicht weiter bemerkenswerten Werkhalle besagter Schreinerei wurden einigermaßen gut konservierte Mauerreste des ehemaligen Frischerhauses entdeckt. Das Frischen war ein notwendiger Vorgang in der Veredelung oder Vergütung von Roheisen. Die Frischer reinigten das nochmal geschmolzene Roheisen mit riesigen Blasebälgen – also mit der Zufuhr von Sauerstoff – und anschließendem Schmieden mit dem Frischhammer von Kohlenstoff, Phosphor und Schwefel. Das Gebäude-Fundstück – die Mauern sind nun frisch verputzt und mit Wetterschutz versehen – spielt in der neuen Anlage eine wichtige Rolle. Während Schloss und Torhaus andere Zwecke hatten, kann man mit dem Frischerhaus und dem, was in ihm stattfand, anhand der erhaltenen Reste eines Originalgebäudes die Arbeitsprozesse eines Eisenhammers sinnlich erfahrbar nacherzählen. Quadratische Sitz-Steinblöcke markieren den Umfang des ursprünglichen Hauses. Eine kleine, mit Cortenstahl konstruierte Bühne, auf der beispielsweise Konzerte stattfinden, verhilft dem Frischerhaus zu größerer Aufmerksamkeit.

Ein zweites Fundstück spielte für den heute „Kurpark Hammerschloss Leupoldsdorf" benannten Garten eine wichtige Rolle. Im Urkatasterplan von 1860 gab es einen Hinweis auf eine historische Nutz- und Ziergartenanlage. Eine klassische Gartenform mit Wegekreuz, Brunnen und symmetrischen Beeten. Schon der Leupoldsdorfer Hammerherr Johann Christoph von Müller hatte 1811 einen Artikel über die Kultivierung von Hutflächen verfasst. Er hat wahrscheinlich den Garten angelegt – einerseits zur Versorgung des Hammergutes mit Gemüse, Obst und Kräutern, andererseits zum Vergnügen für die Herrenfamilie. Praktischen Nutzen und Ästhetik konnte man auch vor 200 Jahren miteinander verknüpfen. Für den Kurpark wurde der alte Gartengrundriss zur Vorlage: Vier quadratische Beete um einen Brunnen, zwei rechteckige Beete mit einem Pavillon und die charakteristische Rundung im Nordosten. Der als strenger Kubus gestaltete Pavillon – schon Hammerherr Müller baute einen – dient als point de vue der geometrischen Anlage und besteht wie der Brunnen und die um ihn gruppierten laubenartigen Sitzgelegenheiten aus Cortenstahl. Dieser betont die Verbindung zum Ort. Bepflanzt wurde der Garten mit allen möglichen, vielfach vergessenen Apfel- und Birnen-, Pflaumen- und Kirschsorten. Es gibt Hecken mit Wildobstgehölzen, Beerensträucher, historische Rosenbäume, Würz- und Heilkräuter. Ein Schmaus für Auge, Nase und, wenn man Glück hat und eine reife Frucht pflücken kann, auch für die Geschmacksknospen.

Wurde die Teichlandschaft zusammen mit der zum Schloss führenden Kastanienallee in einem dritten Bauabschnitt in den Jahren 2010 und 2011 saniert, die Schreinerei abgebrochen und anschließend der Kurpark auf Grundlage der historischen Geometrie im zweiten Bauabschnitt zwischen 2009 und 2010 angelegt, so bildete die Sanierung und Umwidmung des Torhauses den ersten Bauabschnitt. Der Zustand, in dem sich der Bau zu Anfang der Arbeiten präsentierte, lässt darauf schließen, dass er auch als Lager und Wohnung diente. Auch heute dient das Torhaus vielerlei Zwecken: Tourist-Info, Raum für Dauer- und Wechselausstellungen, Vortragsraum, kleiner Festsaal, selbst als Exponat, natürlich ist ein Lager dabei und ein mit Infotafeln ausgestattetes Foyer, in dem zum Beispiel Fremdenführer Reisegruppen in die Geschichte dieses Ortes einführen können. Kam man früher in das Obergeschoss des Torhauses über das Hauptgebäude, musste im Zuge der Umwidmung eine eigene vertikale Erschließung hergestellt werden. Dazu mussten im nördlichen Teil des Gebäudes zwei der ansonsten sehr eindrucksvollen Gewölbekappen entfernt werden. Stattdessen fertigte ein Schreiner nach den Plänen von Peter Kuchenreuther eine „Raumtreppe" – ein in seiner Architektur häufig wiederkehrendes Element: Während im Erdgeschoss die Treppenkonstruktion auch einen zusätzlichen Stauraum enthält, verwandelt sie sich im Obergeschoss, fast übergangslos, zu einer Vitrine und Treppengeländer.

Ansonsten hält sich die Gestaltung vor allem des Obergeschosses zugunsten der noch erhaltenen Substanz des historischen Gebäudes angenehm zurück. Die dicken Wände – sichtbar an den Fensterlaibungen – sind mit einer dicken Schlämme in gebrochenem Weiß versehen. Die Gewände von Türen und Fenster – ob aus Naturstein oder bemalt – wurden so erhalten, nur leicht gesäubert. Im Erdgeschoss kam als Bodenbelag ein heimischer Granit zum Einsatz, im Obergeschoss geschliffenes Holz. Holz auch bei Fenstern und Fensterbänken. Die Beleuchtung erfolgt durch ein dezentes Deckenschienensystem. Auch die Videowand und die Vitrinen, in denen verschieden große, in der Nähe gefundene Brocken von Eisenerz oder Eisenschlacke gezeigt werden, sind eher bescheiden und unaufdringlich ausgeführt. Die Dauerausstellung behandelt vor allem die Geschichte der Eisenhammer im Fichtelgebirge, wobei die Infotafeln das gleiche Design haben wie die im Freien. Den Bereich der Wechselausstellungen – Fotos etwa oder Gemälde – bespielt der sehr rührige Kunst- und Kulturverein Tröstau. Es war Konzept, dass eine dienende Architektur mit möglichst wenig Eingriffen der Aura des Ortes den Vortritt lässt. Ein Konzept, das aufgegangen ist. Ganz allgemein ist vieles aufgegangen bei diesem in sich sehr stimmigen Projekt, das die Grenzen zwischen Sanierung, Rekonstruktion und Umbau hinter sich lässt. Man hat einen Unort in einen sehr attraktiven öffentlichen Ort verwandelt, der von der Vergangenheit des Fichtelgebirges sehr viel Interessantes zu erzählen weiß. Das Engagement Martinis – und der vielen anderen – hat sich gelohnt. Und wer dann von aller Geschichte, Garten- und Gewässerpracht müde geworden ist, der kann sich im sanierten Herrenhaus mit Gaststätte und Biergarten erholen.

„Der desolate Zustand der vorhandenen Substanz stellte uns vor eine große Aufgabe. So hatte der Bachlauf das Fundament einer Außenwand so weit unterspült, dass sich die Wand nach außen neigte. Zwischen der Wand und dem Gewölbe war deshalb eine bis zu ca. 12 cm breite Fuge entstanden. Die durchdachten Maßnahmen, die der Tragwerksplaner Jörg Wittmann erarbeitete, stabilisierten den Bau, ohne seine Erscheinung zu stören."

Uwe Gebhard, Projektleitung
Kuchenreuther Architekten / Stadtplaner

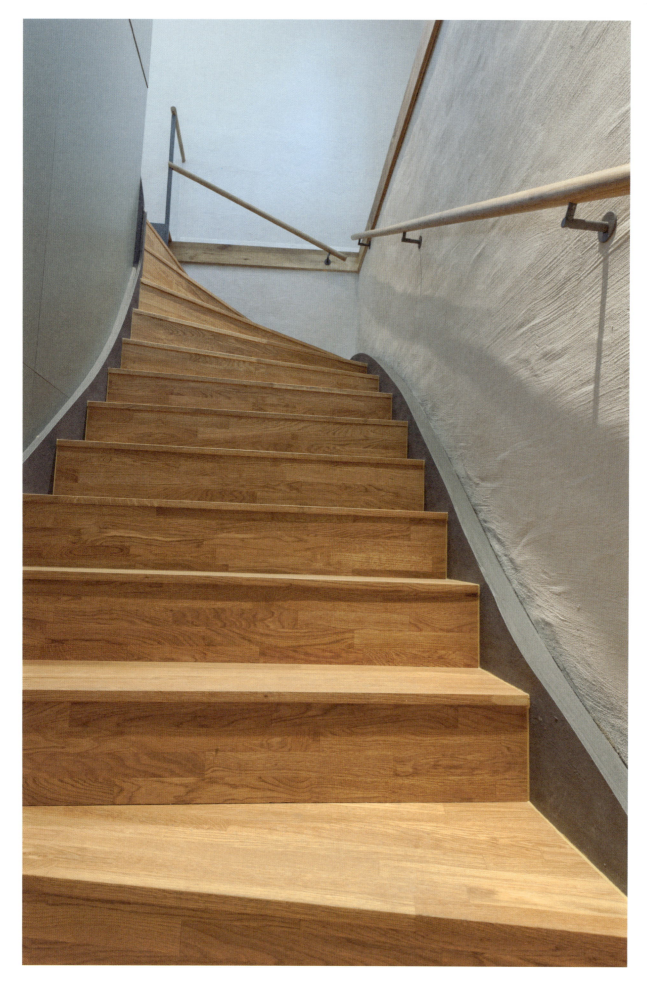

GESCHICHTSTRÄCHTIGE KLETTERWAND
Umbau und Sanierung „Alte Zuckerfabrik", Wunsiedel

Die ehemalige Zuckerfabrik ist heute Teil eines ausgedehnten Komplexes, der beidseits der Röslauufer Arztpraxen, Wellness- und Reha-Bereiche, ein Fitnessstudio und eine Kletterhalle umfasst. Im bayerischen Denkmalatlas ist zum Gebäude folgender Eintrag , zu finden: „Katharinenstraße 14; Katharinenstraße 16. Ehem. Zuckerfabrik, dann Amtsgericht, viergeschossiger, zweiflügeliger Bau mit Halbwalmdächern auf den freien Seiten, 1811/12, erweitert 1828." Doch mit diesen dürren Worten ist die spannende Geschichte, die hinter der Entstehung des Gebäudes steckt, in keiner Weise erfasst. Bauherr war der in Wunsiedel geborene, später in Hamburg zu Erfolg, Einfluss und Wohlstand gekommene Florentin Theodor Schmidt. Während Napoleons Handelssperre gegen England schmuggelte Schmidt Rohrzucker von der britischen Insel über Helgoland und Dänemark in das damals preußische Oberfranken, um als größter Arbeitgeber der Stadt mit Hilfe der Wunsiedler den in Kontinentaleuropa knappen und entsprechend teuren Weißzucker zu sieden. Und verdiente ein Vermögen, von dem er etwas seiner Heimatstadt zurückgab: In der zweiten Ausbauphase ist Schmidt der Hauptförderer jenes bürgerlichen Landschaftsgartens, der heute „Felsenlabyrinth" bezeichnet wird. Namen von Felsformationen wie „Insel Helgoland", „Zuckerhut" oder „Napoleonshut" erinnern an die Geschichte seines Schöpfers. Nach dem großen Stadtbrand 1834 verlegte Schmidt die Zuckerproduktion nach Bayreuth, das zurückgelassene Gebäude erwies sich als sehr flexibel und diente unter anderem als Amtsgericht und Lazarett. 2019 wurde die Geschichte der Wunsiedler Zuckerfabrik und ihres Erbauers von Birgit Simmler und Paul Graham Brown als Musical vertont und als Weltpremiere bei den Luisenburg-Festspielen gezeigt.

UMBAU UND
SANIERUNG ALTE
ZUCKERFABRIK,
WUNSIEDEL

STANDORT:
Katharinenstraße 14-16
95632 Wunsiedel

PROJEKTLEITUNG:
Uwe Gebhard

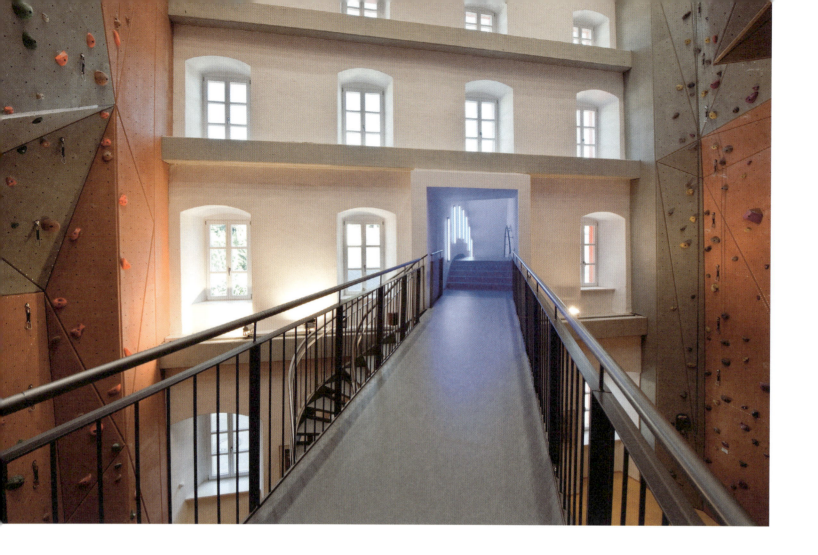

„Man muss Chancen erkennen, man muss zupacken. Wenn ein privater Investor genau das tut, wenn er sich traut, in ein leerstehendes Gebäude zu investieren, dann ist das auch ein Glücksfall für die Stadt. Mit dem Zuckerhut kann Wunsiedel im Wettbewerb einen weiteren Vorteil aufweisen."

Karl-Willi Beck bei der Eröffnungsfeier des umgebauten Zuckerhut-Gebäudes, 21. Mai 2011

„Der Umbau der 1811 erbauten ehemaligen Zuckerfabrik in Oberfrankens höchste Kletterhalle ist beispielhaft für die intelligente Neunutzung eines brachgefallenen Industrieareals. Während die venezianisch-rote Bogenbrücke aus Leimholz – sie verbindet den denkmalgeschützten Altbau des „Zuckerhuts" mit den Garagengebäuden des bestehenden Fitness-Studios – an der Außenfassade einen kräftigen Akzent setzt, dominieren im Inneren des ehemaligen Fabrikgebäudes die Logik des Wegnehmens und der Gegensatz von historischer Substanz und modernen Applikationen."

Juryurteil, Auszeichnung Guter Bauten Franken 2012, Lobende Erwähnung

RAUM FÜR VASARELY
Sanierung des Hallenbades im Rosenthal-Park, Selb

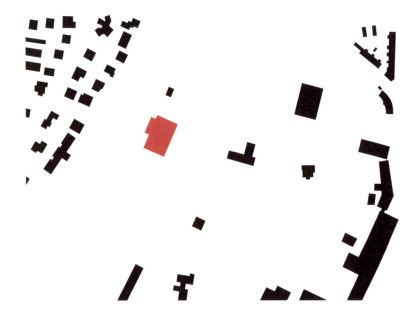

Das 1969 fertiggestellte Hallenbad im Rosenthal-Park der Stadt Selb kündet von der goldenen Epoche der gleichnamigen Firma. Philip Rosenthal beschenkte seine Heimatstadt unter anderem mit einigen spektakulären Fabrikgebäuden, einem nach ihm benannten Theater und eben dem Park mit dem tollen Hallenbad. Berühmt wurde das Schwimmbad freilich nicht wegen seiner Architektur, sondern wegen seines Sprungturmes: Diesen verkleidete Victor Vasarely mit einem Keramikrelief aus wenigen Farben und einer reduzierten Geometrie. Freilich, der Glanz Rosenthals ist über die Zeit etwas verblasst. Auch das Bad kam in die Jahre und bedurfte einer grundlegenden Sanierung. So musste etwa für die Heizung, die einst von der Abwärme eines Rosenthal-Werks gespeist wurde, ein Ersatz gefunden werden.

Peter Kuchenreuther und seinem Team gelang das Kunststück, mit der banal scheinenden energetischen Ertüchtigung des Bades dessen ursprünglichen, kirchenartig überhöhten Raumeindruck nicht nur zu erhalten, sondern ihn sogar noch zu steigern. Sie konzentrierten ihre zurückhaltenden und äußerst präzisen Eingriffe auf den Raum des Schwimmbeckens. Eingang, Umkleidekabinen und Restaurant – in einer für die 1960er- und 70er-Jahre typischen, streng rationalen Waschbetonoptik – blieben unbehelligt. Die sichtbarste Veränderung ist die neue Dachhaube: Nun mit dunklem Trapezblech verkleidet, wurde das ursprünglich wenig energieeffiziente Profilitglas durch Drei-Scheiben-Klarglas ersetzt. Die darunterliegenden Sandwich-Betonträger ersetzte man durch Brettschichtholz, das außen mit einem weiß beschichteten Wärmedämmverbundsystem aus Mineralwolle versehen wurde.

Auch die Transparenz konnte mit einer neuen Pfosten-Riegel-Fassade und thermisch getrennten Profilen gesteigert werden: Mit energieeffizientem Glas und unauffälligen Zuluft-Rohren konnten die vorher umlaufenden, brüstungsartigen Heizkörper auf ganze zwei, noch dazu sehr filigrane Konvektoren reduziert werden. Badegäste und Schwimmer haben nun freien Blick auf den grünen Park. Die zuvor sehr bunt gestrichenen Stützen, die Innenverkleidung und Deckenuntersichten tragen jetzt ein einheitliches, sehr elegantes Grau. Auch das vorher recht massive Holzgeländer, das die in drei Meter Höhe liegende Sonnenplattform sicherte, wurde durch ein filigranes Metallgeländer ersetzt. Nach dieser gelungenen Sanierung und Fortschreibung des ursprünglichen Entwurfsgedankens erstrahlt der Vasarely-Turm wieder als optischer Mittelpunkt einer außerordentlich attraktiven Badelandschaft.

SANIERUNG DES HALLENBADES IM ROSENTHAL-PARK, SELB

STANDORT:
Hofer Straße 10
95100 Selb

BAUHERR:
Große Kreisstadt Selb
Ludwigstraße 6
95100 Selb

PROJEKTLEITUNG:
Uwe Gebhard

„Bei der Sanierung des Hallenbades wurde großer Wert darauf gelegt, dass sich der ursprüngliche Entwurfsgedanke wieder zeigt. Bunte Farbflächen, die im Lauf der Zeit entstanden und die ebenmäßige Raumgestaltung störten, wurden zurückgenommen, sodass jetzt das zentrale Element, der von Viktor Vasarely gestaltete Sprungturm mit seinen farbigen Kacheln wieder in voller Pracht erstrahlt. Die Konstruktionen der thermischen Hülle entsprechen dem heutigen Standard, unter Berücksichtigung der Proportionen, die der damalige Entwurf vorgab."

Uwe Gebhard, Projektleitung
Kuchenreuther Architekten / Stadtplaner

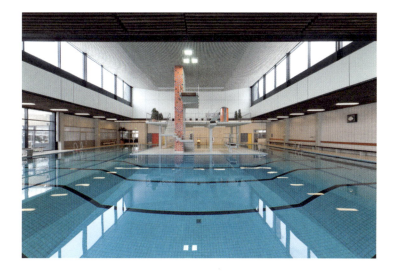

ALTER GLANZ, NEUE NUTZUNG
Ausblick: Goldner Löwe Mühlbühl, Nagel

Schon eine kurze Besichtigung zeigt, dass das Gebäude des Goldnen Löwen in Mühlbühl ein „gewachsenes Haus" ist. Gewachsen über die Zeit: Der Ursprung liegt in einem eingeschossigen Bau mit gedrungenen Fenstern und einem flachen Gewölbe, der – Urkunden fehlen leider – etwa 1875 errichtet wurde. Später hat man, erkennbar an dem flachen Segmentbogen der Fenster, ein Geschoss draufgesetzt. Die endgültige Form erhielt das Gebäude etwa 1919/20, als der Leipziger Gastronom Max von der Heyde die Tochter des ersten Goldnen-Löwen-Wirtes, Anna Zemsch, heiratete, den Gasthof übernahm und ihn mit einem zweigeschossigen Baukörper und einem Mittelrisaliten erweiterte. Im überhöhten Erdgeschoss des Neubaus ließ von der Heyde einen prächtigen Saal mit Art-déco-Elementen, mit Kassettendecken, Säulen und einer Bühne bauen. Bis Ende des 20. Jahrhunderts wurde der Goldne Löwe als Familienbetrieb geführt und galt als angesehenes Lokal. Dann wurde die Gaststätte verkauft, und sie ereilte ein ähnlich trauriges Schicksal wie andere Wirtshäuser gleichen Namens. Alle Versuche an die früheren Erfolge des Gasthofs anzuknüpfen scheiterten, schließlich lohnte sich der Betrieb nicht mehr, das Gebäude verfiel innerhalb weniger Jahre. Ein Schandfleck, nur zwei Häuser vom Nagler Rathaus entfernt. Als die Gemeinde Nagel mit Mitteln des Amtes für ländliche Entwicklung den Bau erwarb, befand der sich in einem erbarmungswürdigen Zustand.

Das Dorferneuerungsprogramm des bayerischen Landwirtschaftsministeriums hat zum Ziel, die „Lebens- und Arbeitsbedingungen in Dörfern und Gemeinden" zu verbessern. In den Nullerjahren widmete sich die Gemeinde Nagel der Entwicklung des Freizeitbereiches um den Nagler See. Danach, so ein Rückblick des Nagler Bürgermeisters Helmut Voit, „münzten wir den vermeintlichen Nachteil des hohen Anteils an FFH-/Biotopflächen in einen Vorteil um und entwickelten unser ‚Kräuterdorfkonzept'". Seit 2017 stehen nun die Ortsteile Mühlbühl und Wurmloh im Fokus. Eine ganze Reihe von Bürgerversammlungen fand bis Juli 2018 statt, auf denen u.a. Themen wie Altenpflege oder die Verbesserung der Nahversorgung diskutiert wurden. Auch eine Dorfmitte sollte geschaffen werden, wozu, was den Mühlbühlern besonders wichtig war, der Goldne Löwe reaktiviert werden sollte. Man schrieb ein Verfahren für Planer aus, bei dem sich Peter Kuchenreuther durchsetzen konnte. Er erarbeitete zwei Vorentwürfe: Einer sah eine Zoiglstube im Erdgeschoss und kleinteiligen Wohnraum im Obergeschoss vor. Der zweite integrierte den Pflegedienst der Nagler Caritas und schlug eine Tagespflege im Erdgeschoss mit einem ambulanten Pflegedienst im Obergeschoss vor. Sowohl die Dorfgemeinschaft als auch der Gemeinderat als auch das Amt für ländliche Entwicklung favorisierten den zweiten Entwurf, der im Austausch mit der Referatsleitung der Caritas Regensburg noch optimiert wurde. Die Bauarbeiten für den neuen Goldnen Löwen begannen im Sommer 2022. Das Gebäude wird generalsaniert und energetisch sowie brandschutztechnisch ertüchtigt. So bekommt es z. B. eine neue Bodenplatte, eine neue Treppenanlage, auch die Haustechnik wird komplett erneuert. Spätere Anbauten werden entfernt, neue Holzfenster unter Berücksichtigung der historischen Aufteilung eingebaut, die historische Dachkonstruktion bleibt erhalten, wird, wo nötig, ausgebessert, und neu gedeckt. Der eingangs erwähnte Saal bleibt ebenfalls erhalten und soll als Multifunktions- und Gemeinschaftsraum für die Tagespflege genutzt werden. Er soll aber auch für Kulturveranstaltungen wie etwa Film- oder Theateraufführungen für die Mühlbühler Bürger zur Verfügung stehen. Zum Jahreswechsel 2023/2024 soll das glanzvolle Wirtshaus von einst mit seiner neuen Nutzung eröffnet werden.

STANDORT:
Wunsiedler Str. 27
95697 Nagel

BAUHERR:
Gemeinde Nagel
Wunsiedler Str. 25
95697 Nagel

PROJEKTLEITUNG:
Thomas Wellenhöfer

„Um die Menschen und die Architektur zusammen zu führen, bedarf es oft der Kommunikation verschiedener Kräfte. Alle Leerstände in der Region bieten auch gleichzeitig die Möglichkeit wertvoller Entwicklungen. Für eine aussichtsreiche Zukunft muss der Entwurf mit der Herkunft in Bezug gesetzt werden. Durch den direkten Austausch mit den Menschen kann die Sanierung des ‚Goldnen Löwen' in Mühlbühl zu einem gewinnbringenden Initialprojekt werden, das nicht nur dem Ort Nagel eine Verbesserung bringt."

Thomas Wellenhöfer, Projektleitung
Kuchenreuther Architekten / Stadtplaner

TOURISMUS

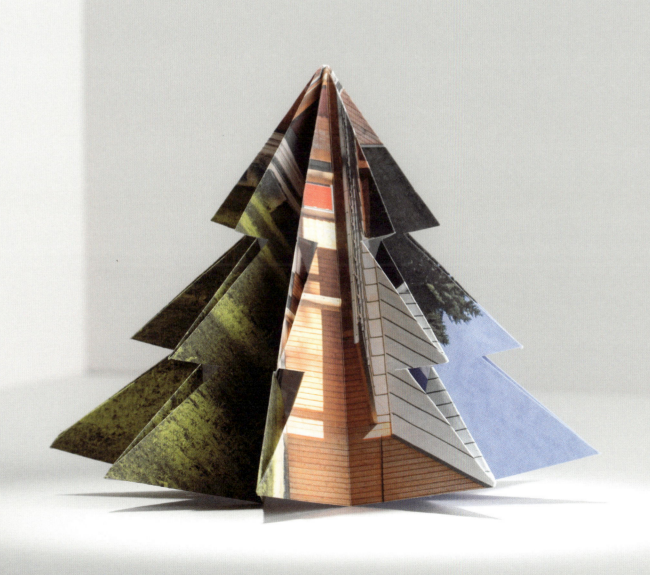

„ICH KANN IHNEN HEUTE NUR ERFOLGE MELDEN"

Gespräch mit Thomas Schwarz (SPD),
Altbürgermeister der Stadt Kirchenlamitz

Enrico Santifaller: Als wir vor mehr als fünf Jahren letztmals miteinander sprachen, haben Sie sehr eindrücklich die Depression geschildert, die nach dem Niedergang der Porzellanindustrie viele Leute in der Region erfasst hatte. Wie ist heute die Stimmungslage?

Thomas Schwarz: Die Stimmung hat sich deutlich, deutlich verändert. Sie ist mittlerweile wieder positiv. Man spürt es auf der Straße. Die jungen Leute engagieren sich wieder. Man schaut jetzt gemeinsam nach vorne und sagt, dass es hier lebenswert ist, dass wir tolle Sachen haben. Es wird auch wieder gebaut. Selbst die Nachfrage nach Wohnungen und Häusern hat angezogen.

Auf welche Faktoren ist diese Stimmungsverbesserung zurückzuführen?

TS: Wir haben in Kirchenlamitz verschiedene Maßnahmen ergriffen: Es gab – mit staatlicher Unterstützung – ein Sanierungsprogramm und ein Fassadenprogramm. Wir haben ein touristisches Leitkonzept entwickelt. Dazu haben wir alle Akteure mit ins Boot genommen. Wir haben eine Initiative Zukunft Kirchenlamitz gegründet, wo sich Bürger in verschiedenen Arbeitsgruppen einbringen. Seit dem Corona-Lockdown läuft das alles leider recht schleppend. Ich hoffe, dass wir danach da wieder Schwung reinkriegen und weitermachen. Darüber hinaus haben wir eine ganze Reihe von Maßnahmen mit dem Landkreis ergriffen – und die wirken. Beispielsweise haben wir mit der erfolgreichen Kampagne „Freiraum für Macher" sowohl am Innen- als auch am Außenimage gearbeitet.

Allgemein erscheint mir die Zusammenarbeit zwischen den Kommunen bzw. deren Bürgermeistern jenseits der Parteigrenzen recht groß.

TS: Die Not hat uns zusammengeschweißt. Diese Entwicklung geht schon seit rund zehn Jahren. Den Luxus, über jedes Detail in Parteienstreit zu geraten, diesen Luxus können wir uns hier nicht leisten. Wir haben gemeinsam – also die Bürgermeister der 17 Kommunen im Landkreis – eine Resolution verfasst und alle dafür gestimmt, dass die Justizvollzugsanstalt in Marktredwitz gebaut werden soll. Vorher bereits waren alle 17 Bürgermeister bei dem damaligen Finanz- und Heimatminister Söder und haben Stabilisierungshilfen erhalten. Ich muss das schon sagen: Die staatlichen Unterstützungsmaßnahmen haben wirklich ihr Ziel erreicht. Wir haben sehr lange darum gekämpft, dass wir in der Region solche besonderen Unterstützungen erhalten. „Wir" heißt die Bürgermeister, der Landrat, die Wirtschaft, die Abgeordneten im Landtag, auch die Bezirksregierung in Bayreuth. Es gab dann ja die Förderoffensive Nordostbayern, die sich zur Aufgabe gemacht hatte, innerstädtische Leerstände zu beseitigen. Auch private Maßnahmen wurden diesbezüglich gefördert. In Selb zum Beispiel gibt es noch viel Leerstand, aber diese negative Stimmung, die ist weg. Das hat mir Uli Pötzsch, mein ehemaliger Amtskollege aus Selb, berichtet. Es ist ein deutlicher Stimmungswandel erkennbar. Die Menschen, die in der Porzellanindustrie gearbeitet und ihren Arbeitsplatz verloren haben, viele davon sind mittlerweile in Rente. Und die jüngeren haben einen anderen Arbeitsplatz gefunden.

Es gibt aber auch eine Kooperation zwischen den Kommunen in Sachen Mobilität und ökologische Energieerzeugung? Landrat Peter Berek spricht vom „Landkreis als Versuchslabor für den ÖPNV 2030".

TS: Wenn man den Landkreis Wunsiedel betrachtet, dann sind wir Randlage. Wir brauchen eine bessere Anbindung. Ich war in diesen Arbeitskreisen, die Peter Berek anspricht. Wir hatten die tollsten Überlegungen, wie man was verbessern kann. Und wir hatten die notwendigen Untersuchungen dazu. Aber am Ende des Tages steht immer die Frage: Wer bezahlt es? Und dann wird das Eis ganz dünn. Wir brauchen jedenfalls auf dem Land andere Systeme als in der Stadt. Wir sind da jetzt dran als Landkreis. Und es soll der Anschluss an den Verkehrsverbund Nürnberg stattfinden. Also, dass man mit einer Fahrkarte alle Orte der großen Region durchgängig erreichen kann.

Das klingt nicht sehr euphorisch.

TS: Die Gefahr bei Erhöhung der Taktfrequenz im ÖPNV ist ja, dass dann viele Busse leer und nur mit wenigen Fahrgästen fahren. Wenn wir bereit sind, das zu bezahlen, dann kriegen wir den besten öffentlichen Nahverkehr. Wir müssen hier Verbesserungen durchführen – ob man sich das leisten will oder nicht. Wenn man nichts für den ländlichen Raum macht, wird es schwierig. Bei uns in Kirchenlamitz fährt innerörtlich seit einigen Jahren schon ein Bürgerbus – zweimal in der Woche. Der ist behindertengerecht, automatisch geht die Tür auf, und es gibt die Möglichkeit auch mit Rollator oder mit dem Rollstuhl einzusteigen. Der Bus fährt die Einkaufsstationen – Metzger, Bäcker, Supermarkt –, aber auch die Ärzte ab. Da haben wir in der Woche zwischen 20 und 30 Mitfahrer.

Auch beim Thema „ökologischer Umbau" macht Ihr Landkreis Schlagzeilen?

TS: Marco Krasser, der Geschäftsführer der SWW Wunsiedel, und Karl-Willi Beck, der Altbürgermeister von Wunsiedel, sind da mit wehenden Fahnen weit voraus. Bei der „Zukunftsenergie Fichtelgebirge", die 2011 als

„Die staatlichen Unterstützungsmaßnahmen haben wirklich ihr Ziel erreicht. Wir haben sehr lange darum gekämpft, dass wir in der Region solche besonderen Unterstützungen erhalten. ‚Wir' heißt die Bürgermeister, der Landrat, die Wirtschaft, die Abgeordneten im Landtag, auch die Bezirksregierung in Bayreuth."

regionales Gemeinschaftsprojekt gegründet wurde und zum Ziel hat, eine regionale und regenerative Energieversorgung zu etablieren, gehörte die Stadt Kirchenlamitz zu den vier Gründungsgesellschaftern. Die drei anderen waren die Städte Arzberg und Wunsiedel sowie die SWW Wunsiedel. Inzwischen sind auch noch die Kommunen Tröstau, Nagel und Marktleuthen dabei, die Licht- und Kraftwerke Helmbrechts sowie das Kommunalunternehmen Marktredwitz. Derzeit bin ich der Vorstandsvorsitzende der ZEF, der jährlich wechselt. In Kirchenlamitz haben wir seit drei Jahren die Straßenbeleuchtung auf LED umgestellt, daneben haben wir eine Reihe von Photovoltaik-Anlagen auf den Dächern. In Weißenstadt und Röslau gibt es auch ein gemeinsames Kommunalunternehmen, die Windräder betreiben. Dass man die alternativen Energien nach vorne bringt, da ist schon viel Bewegung drin in der Region.

Stichwort „gemeinsames Kommunalunternehmen": Sie haben 2013 zusammen mit drei weiteren, von der Insolvenz des Porzellanherstellers Winterling betroffenen Kommunen das gKU Winterling gegründet. Zu jedem der vier Standorte – Arzberg, Röslau, Schwarzenbach a.d. Saale und Kirchenlamitz – wurde ein Masterplan erstellt. Wie sieht die Situation jetzt aus – allgemein und in Kirchenlamitz im Besonderen?

TS: Insgesamt haben sich die Standorte der gKU Winterling gut entwickelt – alle vier Standorte. In Arzberg zum Beispiel ist die Situation auf einem sehr guten Stand. Da sind viele Flächen ausgebucht, etwa als Lager vermietet. Aber da haben wir weniger verkauft, wir möchten noch die Flächen halten. In Kirchenlamitz ist der Standort voll belegt. Die größten Teile sind verkauft – beispielsweise an eine Industrieschreinerei, einen Biogetreidehändler und einen großen Logistiker. Darüber hinaus betreibt das „RadQuartier" dort eine Extremsporthalle. Die Anlage wurde vor wenigen Monaten modernisiert und mit neuen Rampen ausgestattet. Wir überlegen derzeit, einen Teil des Gebäudes als kleines Jugendhotel für die Biker umzubauen. Wie im Masterplan beschrieben, haben wir auch ein paar Gebäudeteile abgebrochen, um die Grundstücke besser aufteilen zu können. Wir müssen noch eine kleine Altlasten-Sanierung machen, dafür brauchen wir noch eine entsprechende Zuwegung, und dann ist der Standort wirklich gut erschlossen. Dann verbleibt noch ein Bereich, der gehört dem gKU, wo früher das Musterzimmer, die Kantine und die Büros waren.

Haben Sie nicht in diesem Musterzimmer geheiratet?

TS: Ja, das stimmt. Das Musterzimmer ist ein großer Saal. An den Wänden sind bis hoch zur Decke Glasregale, in denen Porzellan ausgestellt war. Wenn Kunden kamen, konnten sie sich dort die neuesten Porzellankreationen anschauen. Diese Räumlichkeiten wollen wir auf jeden Fall erhalten. Wir brauchen einen großen Saal, sowas haben wir bislang nicht in unsrer Stadt. Deswegen prüfen wir derzeit, ob wir das Musterzimmer und die Kantine nicht als Veranstaltungssaal für die Öffentlichkeit nutzen können. Das ist schon im Masterplan mit angedacht. Derzeit finden – coronabedingt – zum Beispiel die Sitzungen des Stadtrats im Musterzimmer statt.

Ich denke, dass dieses Musterzimmer auch die Erinnerung an die glorreichen Zeiten der „Porzelliner" in sich trägt. Aber was ist mit den verlorenen Arbeitsplätzen?

TS: In der Industrieschreinerei sind etwa 30 Beschäftigte. Der Logistiker, je nachdem ob er Hochkonjunktur hat oder nicht, beschäftigt zwischen 5 und 15 Leute. Das Problem bei der Logistik ist halt, dass sie viel Fläche brauchen – aber wenig Mitarbeiter. Insgesamt ist der Verlust an Arbeitsplätzen im Vergleich zur Großindustrie vorher ziemlich groß. Und diese Arbeitsplätze werden wir so schnell auch nicht mehr bekommen. Aber derzeit ist im Landkreis die Situation bei den Arbeitsplätzen gut. Viele Kirchenlamitzer arbeiten jetzt in Marktredwitz, in Wunsiedel oder in Selb.

Der wirtschaftliche Niedergang erfasste ja nicht nur die Porzellanindustrie. Auch den Tourismus im Fichtelgebirge erfasste ein grundlegender Wandel. Welche Rolle spielt der Tourismus – für die Stadt, für das Fichtelgebirge insgesamt?

TS: Früher, also vor der Wende 1989/90, kamen ja vor allem Berliner zu uns. Diesen Schwerpunkt, den gibt es so nicht mehr. Jetzt kommen viele Gäste aus Leipzig, aus den neuen Bundesländern. Ansonsten verteilt sich das, es geht querbeet durch die BRD. Es gibt jetzt schon seit einigen Jahren die Zusammenarbeit „Tourismus Nördliches Fichtelgebirge". Das sind insgesamt sieben Kommunen aus den Landkreisen Wunsiedel und Hof – unter anderen Schwarzenbach, Röslau, Weißenstadt, Marktleuthen und natürlich Kirchenlamitz.

In Kirchenlamitz haben Sie doch einiges unternommen – zusammen mit Peter Kuchenreuther?

TS: Wir haben mit ihm das Informationszentrum am Granitlabyrinth gebaut. Das wird prima angenommen – von Wanderern zum Beispiel oder Fahrradfahrern. Da finden kulturelle Veranstaltungen statt. Da spielen Musikgruppen; es gibt Gottesdienste; es gibt Wandergruppen mit Vorträgen. Der Naturpark Fichtelgebirge hält im Infozentrum seine Ausstellungen ab. Da ist

Granitlabyrinth Epprechtstein, Kirchenlamitz

Infozentrum Epprechtstein, Kirchenlamitz

„Wir haben mit Peter Kuchenreuther das Informationszentrum am Granitlabyrinth gebaut. Das wird prima angenommen – von Wanderern zum Beispiel oder Fahrradfahrern. Da finden kulturelle Veranstaltungen statt. Da spielen Musikgruppen; es gibt Gottesdienste; es gibt Wandergruppen mit Vorträgen. Der Naturpark Fichtelgebirge hält im Infozentrum seine Ausstellungen ab. Dort oben ist richtiges Leben."

richtiges Leben, dort oben am Buchhaus. Im Moment läuft wegen Corona leider nichts. Aber wir haben am Epprechtstein den Steinbruch-Rundwanderweg modernisiert. Wir haben uns jetzt nochmal eine Nachbesserung mit modernen Geschichten vorgenommen: QR-Codes beispielsweise und was man heute so alles braucht. Und, was ich nicht vergessen will, es führt der Sechsämterradweg und im Winter eine Loipe – klassisch und Skating – am Labyrinth vorbei.

Schön, dass Ihr Engagement auch fachliche Anerkennung erfährt. Was sagen Sie zu der Auszeichnung mit dem German Design Award?

TS: Auf diese Auszeichnung bin ich stolz und freue mich sehr. Die Anerkennung gehört natürlich dem Architekturbüro. Die Stadt Kirchenlamitz konnte gemeinsam mit Peter Kuchenreuther und seinem Architektenteam den Standort am Granitlabyrinth gut entwickeln. Die Preisverleihung wird sicherlich ein tolles gemeinsames Erlebnis werden.

Und wer bespielt das Infozentrum?

TS: Das machen die Ranger vom Naturpark Fichtelgebirge. Die betreuen die Nutzung und den Terminkalender für das Gebäude. Die organisieren die Vorträge usw. Die technische Betreuung, also etwa die Sauberkeit, das macht die Stadt.

Kommen wir nochmal nach Kirchenlamitz: Im Zentrum hatten Sie viele Jahre eine Brache, den Goldnen Löwen. Jetzt tut sich da was.

TS: Ich kann Ihnen heute nur Erfolge melden. Also: Am Goldnen Löwen bin ich jetzt seit über zehn Jahren dran. Seit wenigen Jahren sind wir Eigentümer des ganzen Areals. Wir haben Abbrüche durchgeführt, so dass das denkmalgeschützte Gebäude jetzt freisteht. Und wir haben das Gebäude entkernt und ertüchtigt, wobei die Planung vom Büro Kuchenreuther stammt. Im Erdgeschoss kommt die Bücherei rein. Dann gibt's Veranstaltungsräume und ein Büro für unsere „Zukunftsinitiative Kirchenlamitz". Dazu eine öffentliche Toilette. Im Obergeschoss bauen wir fünf moderne, barrierearme Wohnungen. Insgesamt investieren wir sechs Millionen Euro. Ein erheblicher Teil davon ist Zuschuss – Städtebauförderung, Wohnungsbauförderung, Denkmalschutz. Und natürlich aus der Förderoffensive Nordostbayern, über die wir schon sprachen, die leider Ende des Jahres 2020 ausgelaufen ist. Aber wir hatten das Glück, dass wir einige Projekte in der Pipeline hatten, die wir in der Förderoffensive platzieren konnten.

ZUR FEIER DER EINHEIMISCHEN FLORA UND FAUNA
Waldhaus und Wildpark, Mehlmeisel

Wenn frühmorgens Tau verdunstet, spätnachmittags vielleicht Nebel aufkommt, sich durch dichte Baumkronen nur noch Zwielicht wagt, erscheinen die dunklen Wälder des Fichtelgebirges noch düsterer, bizarre Felsformationen noch extravaganter. Und der Wanderer fühlt sich von Kobolden, Faunen und anderen Waldgeistern begleitet. In solch mystisch-unwirklicher Stimmung wird das Waldhaus Mehlmeisel zum Refugium. Obwohl nicht aus Stein, sondern ganz aus Holz gebaut, als ob es dem vieltausendstämmigen Fichtenwald entnommen wäre, ist das Gebäude gleichzeitig Burg und Tempel, letzte Zufluchtsstätte und himmelwärts gerichtete Inszenierung. Diesseitsfestigkeit und Entrückung zugleich. Eine Kathedrale zur Feier des Waldes, seiner Flora und Fauna. Eine Kathedrale aber auch zur Verherrlichung der Geschichte und der Geologie der Region, die nicht ganz zufällig und eingedenk großer Poeten wie Jean Paul oder Joseph Freiherr von Eichendorff, die in ihren Gedichten die hiesigen Höhenrücken besangen, auch „Zauberwelt Fichtelgebirge" genannt wird.

Das „Waldinformationszentrum Waldhaus Mehlmeisel", so seine offizielle Bezeichnung, liegt mit dem dazugehörigen Wildpark im Naherholungsgebiet „Bayreuther Haus". Auf einer Anhöhe südwestlich der 1300-Seelen-Gemeinde Mehlmeisel, gut 810 Meter hoch, wird winters wie sommers vieles offeriert, was das Urlauberherz begehrt: Skilift, Langlaufloipen, Rodelbahn, Rad- und Wanderwege, ein großer Spielplatz, Kneippanlage und Teiche sowie mit dem 40 Meter hohen Klausenturm eine Aussichtsplattform, die einen beeindruckenden Blick zu den höchsten Gipfeln des Fichtelgebirges, aber auch in den Oberpfälzer und Steinwald bietet.

Mit kontinuierlich 80.000 Besuchern pro Jahr tragen Waldhaus und Wildpark als Teil des Naturparks Fichtelgebirge zur Attraktivität dieser Region als Reise- und Urlaubsziel – neudeutsch: Destination – erheblich bei. Mit dem Granitlabyrinth Kirchenlamitz, der Infostelle Torhaus Schloss Leupoldsdorf, beide vom Architekturbüro Peter Kuchenreuther geplant, und weiteren sechs Einrichtungen ist das Waldinformationszentrum Mehlmeisel seit 2009 überdies zu einem Netzwerk von Umweltbildungseinrichtungen verbunden, das nicht nur Schulklassen, sondern auch Touristengruppen die beeindruckende Kulturlandschaft des Fichtelgebirges bunt und vielgestaltig nahebringt.

Was heute Publikumsmagnet ist, hat knapp und bescheiden angefangen. 1981 hatten die Bürger von Mehlmeisel auf einer Waldlichtung – direkt im Anschluss an ein Freigehege – ein kleines „Waldmuseum" fertiggestellt. Ebenfalls eine Holzkonstruktion, in horizontaler Blockbauweise. Für den großen Besucheransturm und auch für neue technisch-didaktische Möglichkeiten zu beengt, entschloss man sich zur Jahrtausendwende ein neues Waldhaus zu bauen. Im Rahmen der grenzüberschreitenden Initiative Euregio Egrensis konnte ein Spiegelprojekt im tschechischen Wintersportzentrum Bozi Dar verwirklicht werden. In Mehlmeisel, der Partnerstadt von Bozi Dar, entstand nach einem kleinen Architektenwettbewerb neben dem alten Waldmuseum, das nun als Archiv dient, ein Waldinformationszentrum. Der Grundstein wurde am 17. Mai 2004 gelegt, bereits ein halbes Jahr später das Richtfest gefeiert. Am 22. Juli 2005 konnte das neue Waldhaus Mehlmeisel – als erster Baustein einer später erweiterten Anlage – eröffnet werden.

WALDHAUS UND WILDPARK, MEHLMEISEL

STANDORT:
Waldhausstraße 100
95694 Mehlmeisel

BAUHERR:
Gemeinde Mehlmeisel
Rathausplatz 1
95694 Mehlmeisel

PROJEKTTEAM WALDHAUS:
Martin Schinner, Nürnberg
Kuchenreuther Architekten / Stadtplaner, Marktredwitz

PROJEKTLEITUNG WILDPARK:
Beatrice Busch

Peter Kuchenreuther und sein Nürnberger Kollege Martin Schinner lieferten die Pläne für das Gebäude. Beide legten großen Wert darauf, das Waldhaus in seine Umgebung einzubinden – sowohl in Sachen Material als auch in Konstruktion und Anmutung. „Ein Haus im Wald – ein Haus für den Wald – ein Haus aus dem Wald", brachten die Architekten ihr Konzept auf eine eingängige Formel. Den Auftakt für den Komplex bildet ein gestalteter Freiraum mit Weiher, gestapelten Holzscheiten und phantastisch geformten Granitbrocken, der Waldkante und Gebäude in Beziehung setzt. Zwischen altem und neuem Waldhaus wurde ein weiterer Freiraum geschaffen, der zunächst für die Wildbeobachtung genutzt wurde, seit einigen Jahren aber als Streichelzoo dient.

Der insgesamt 55 Meter lange Neubau ist dreigeteilt: Er besteht aus dem Hauptgebäude, einem Werkhof mit Terrasse sowie einem gedeckten Unterstand. In Letzterem können witterungsbeständige Gegenstände gelagert werden. Der Querschnitt offenbart eine weitere Dreiteilung, eine moderne Variation des Basilika-Grundrisses: Das Waldhaus ist in ein aufwärts strebendes Hauptschiff und zwei niedrige Nebenschiffe gegliedert. Östlich des Hauptschiffes befindet sich ein Laubengang, durch den das Gebäude mit behindertengerechten Rampen erschlossen wird. Um eine Analogie zum Wald herzustellen, verwendeten die Architekten für den Laubengang kräftige Holzstämme. Im westlichen Nebenschiff liegen die Nebenräume: Stuhllager, Sanitärräume, Medien- und Haustechnikraum sowie, von außen durch eine Glastür sichtbar, der Raum für die Heizung. Geheizt wird im Waldhaus mit Holzpellets, wie eine große Schautafel näher erläutert.

Im bis zu 8,50 Meter hohen Hauptschiff befindet sich der große Ausstellungsraum. Dieser steht wie die gesamte Anlage in der im Fichtelgebirge weit verbreiteten Tradition des Einfirsthofes. Das Dach hat die ortstypische Neigung von 53 Grad, die vom nahen, inzwischen denkmalgeschützten Einfirsthof in Grassemann abgeleitet wurde, der heute ebenfalls als Museum dient. Während für das Hauptschiff eine vertikale Verschalung aus unbehandelten, sägerauen Douglasienbrettern verwendet wurde, zeigen die Nebenräume einen Witterungsschutz aus Holzschindeln mit Nut und Feder. Mit solchen Schindeln wurden im Mittelalter in der Region die Dächer gedeckt, dann aber – der Beginn des Erzbergbaus im Fichtelgebirge reicht bis in die frühe Neuzeit – verwendete man Blechdeckungen. So stellt die Titanzinkblech-Deckung im neuen Waldhaus nicht nur eine ruhige homogene Fläche her und verbindet so die Baukörper optisch, sondern erinnert auch an eine frühe(re) Bauweise in dieser Landschaft. Die Verschalung, zur Eröffnung noch im gelb-orangen Farbton des frischen Holzes leuchtend, setzte binnen kurzem Patina an. Heute schimmert sie silbrig und näherte sich der Farbe der Dacheindeckung an. So dauerte es nicht lange, bis das Waldhaus in seiner Anmutung den traditionellen Häusern in der Region ähnelte.

Im Fichtelgebirge herrschen strenge Winter. Auch wenn man den Klimawandel inzwischen deutlich spürt, ist selbst noch in den ersten Maitagen Schnee auf den Höhen des Schneeberges oder des Ochsenkopfes nichts Besonderes. Das Tragwerk für das Waldhaus wurde so berechnet, dass es auch den statischen Erfordernissen großer Schneelasten entspricht. Die primäre Tragstruktur, aufgebaut auf eine als Fundament dienende Betonplatte, bildet eine Konstruktion aus Dreigelenk-Trägern, die aus Brettschichtholz bestehen. Für das sekundäre Tragwerk der Wände dagegen verwendeten die Architekten eine moderne Holzständerbauweise, die auch nötige Freiräume für Vitrinen und Schautafeln schafft. Regionaltypisch sollte das Waldhaus nicht nur in den erwähnten Kriterien sein, es sollte auch von regionalen Handwerkern gebaut werden können. Auf Präzision, dennoch unprätentiöse Einfachheit in der Ausführung und in den Details wurde deshalb großer Wert gelegt. Der eingestellte Raum mit Büro und Teeküche zum Beispiel ist ein Musterbeispiel an robuster Einfach- und Bescheidenheit, seine Funktion erfüllt er dennoch exzellent. Über zwei Tresen können bei Bedarf Ausstellungsraum und Freiraum gastronomisch versorgt werden. Weil dieser eingestellte Raum darüber hinaus auch eine Einschnürung bewirkt, teilt er optisch das Hauptschiff in Ausstellungs- und Seminar- bzw. Vortragsraum. Belichtet wird er, wie das ganze Gebäude, durch den glasgedeckten First mit natürlichem Licht.

Die Holzbinder wurden hell lasiert. Zusammen mit den weiß gestrichenen Wänden bilden sie einen neutralhomogenen Hintergrund für die Exponate. Um seiner Aufgabe als Umweltbildungszentrum erwachsener Besuchergruppen, aber auch Schulen und Kindergärten gerecht zu werden, wurde für das Waldhaus ein Multimediakonzept entwickelt. Der geologische Aufbau und die Gesteinsarten, die Stoffkreisläufe und Lebewesen im Wald, die Holzwirtschaft und teilweise schon ausgestorbene Berufe – eine Reihe von Themen und Aspekten der einzigartigen Landschaft Fichtelgebirge werden berührt und erläutert. Damit die dargebotenen Informationen kein staubtrockenes, bald wieder vergessenes Buchwissen bleiben, vermitteln Schaumikroskope, Akustikglocken, Duftorgeln, Tastmulden, Filme und ein putziges, aber sorgfältig ausgestattetes Walddiorama vielfältige sinnliche Eindrücke. Der Wald lebt – auch und gerade im Waldhaus Mehlmeisel. Austritte, mal raumhohe, mal querformatige Fenster zwischen Vitrinen und Exponaten bieten immer wieder Gelegenheit, die gewonnenen Erkenntnisse mittels eines gerahmten Blickes in den Wald zu überprüfen.

Die Architektur des Waldhauses mit ihren abwechslungsreichen Verknüpfungen und Verschränkungen zwischen Innen und Außen, zwischen Natur und Kultur ist selbst Ausstellungsstück. Wie sich heimisches Holz ver- und mit Raffinesse aufwerten lässt, demonstriert das Gebäude in Form und Inhalt, der sich nicht nur auf die Exponate beschränken lässt. Sei es das elegante Mobiliar aus MDF-Platten, sei es der Bodenbelag aus Eichenlamellenparkett, sei es der riesige Kamin aus blauem Kösseine-Granit, der das Waldhaus bei Bedarf mit einem offenen Feuer zusätzlich erwärmt. Das Konzept und die Ausführung des Waldhauses sind überzeugend, das Gebäude ist der Aufgabe angemessen, ansprechend und originell.

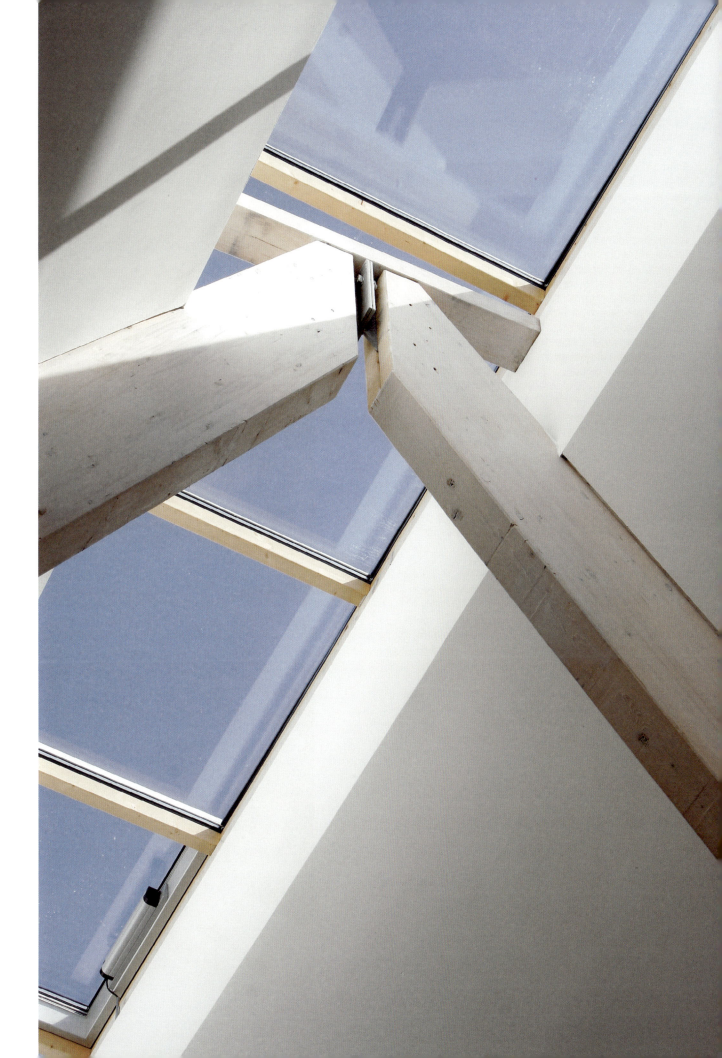

Das Waldhaus wurde sehr gut angenommen. Auch die Kritiken waren erfreulich. Tageszeitungen, Funk und Fernsehen berichteten regelmäßig. Bereits kurz nach der Eröffnung wurde ein Förderverein mit dem Ziel ins Leben gerufen, „dieses architektonische Schmuckstück als Plattform für mannigfaltige Aktivitäten im gesamten Gebiet der Euregio Egrensis zu entwickeln und zu nutzen". Die Besucherzahlen blieben allerdings im Rahmen. 3.000 zahlende Gäste im Jahr konnte das anfangs von der Gemeinde Mehlmeisel betriebene Umweltinfozentrum verzeichnen. Wobei sich die Besucher trotz aller Multimediatechnik und museumspädagogischer Anstrengungen mehr für die Freilichtgehege interessierten als für die Ausstellung im Waldhaus. Bis Ronald Ledermüller eine zündende Idee hatte. Ledermüller ist Förster und führte immer wieder Schulklassen durch die Ausstellung im Waldhaus. Heute Leiter des Rangerteams im Naturpark Fichtelgebirge, hörte er von seinen tschechischen Kollegen der Karlsbader Kurwälder (Lazenske Lesy Karlovy vary), dem kommunalen Forstbetrieb des bekannten Kurortes, dass diese ein Wildgehege mit einer Beobachtungsbrücke errichten wollen. Die ehemalige Waldgaststätte „Hl. Linhart" sollte zu einem Naturinformationszentrum umgebaut werden. Ledermüller erkannte die Chance, holte die Gemeinde Mehlmeisel mit ins Boot und arbeitete mit dem Geoökologen Franz Moder, Eckard Mickisch, dem Betreiber des nahen Greifvogelparks Katharinenberg, und eben Peter Kuchenreuther die Pläne für einen Wildpark Mehlmeisel aus. Wie schon das Waldhaus, so entstand der Wildpark im Fichtelgebirge als Spiegelprojekt zu dem in den Kurwäldern von Karlsbad und wurde im Rahmen von Euregio Egrensis unter anderem auch von der Europäischen Union gefördert.

Am 12. April 2014 eröffnete der neu gestaltete, nun eine Fläche von 8 Hektar umfassende Wildpark Waldhaus Mehlmeisel mit einer kleinen Feier. Drei großzügige Gehege – für Schwarzwild, für Rot- und Rehwild sowie für eine Luchsfamilie – entstanden, weitere kleinere Gehege für Auer- und Birkwild, Waschbären, Baum- und Steinmarder, Schneehasen und Wildkatzen wurden gebaut. Und natürlich auch ein Streichelzoo. Das Besondere an dem Wildpark ist der etwa 350 Meter lange Holzsteg, der über 3,50 Metern Höhe über die Gehege führt. Die Besucher sind nicht auf Augenhöhe mit Hirsch und Wildschwein, sondern haben wie ein Jäger auf seinem Hochsitz eine größere Übersicht und können die Tiere leichter entdecken. Zumal die Planer versuchten, verschiedene Waldsituationen – Dickicht, Lichtung, Windbruch, Jungwald, Waldrand – mittels Pflanzungen bzw. Abschlag zu schaffen. Die Gehege wurden dabei als natürliche, den Bedürfnissen und Gewohnheiten der dort gehaltenen Tiere entsprechenden Lebensräume gestaltet. Dass Eckard Mickisch nicht nur über langjährige Erfahrungen als Wildhüter verfügte, sondern, nach einer Ausschreibung, auch als Pächter von Waldhaus und Wildpark gewonnen werden konnte, brachte dem Projekt einen enormen Aufschwung. Beispielsweise ist ein nahe dem Steg angelegter Teich für das Schwarzwild auf Mickischs Bemühungen zurückzuführen, seriöses Engagement für einheimische Tierarten mit attraktiven Showelementen zu verknüpfen. Zweimal täglich veranstaltet das

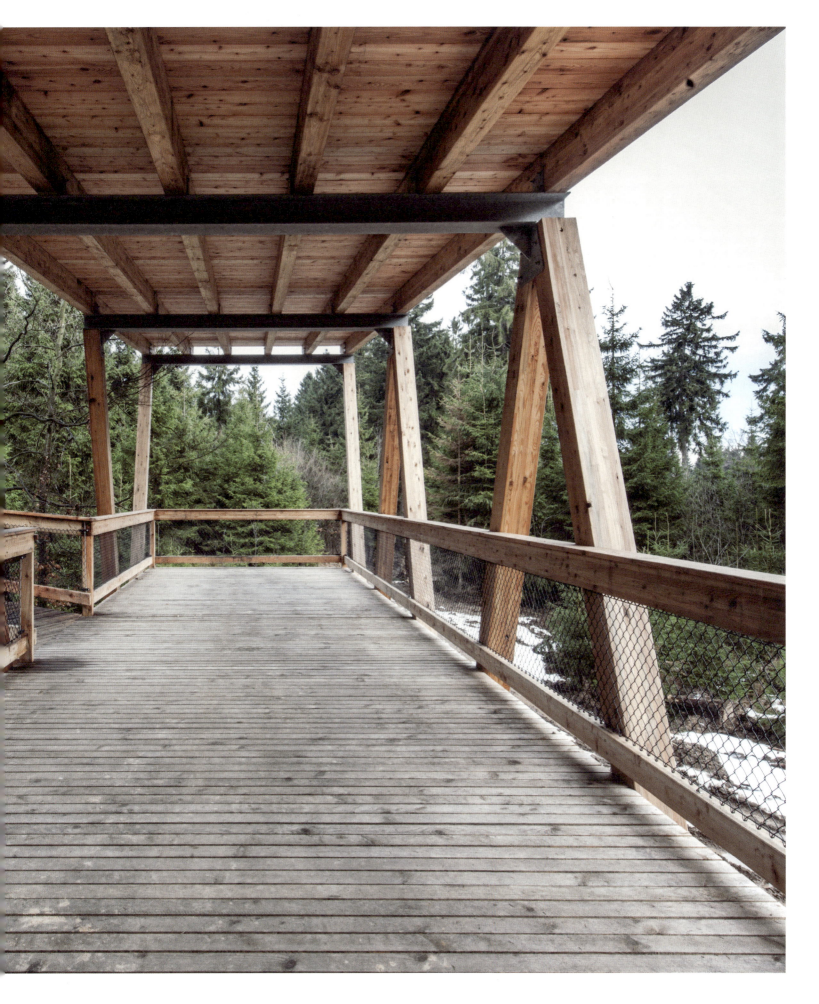

Wildpark-Personal Führungen mit Fütterung, die jeweils eine Stunde dauern. Da können dann die Besucher bis zu drei Meter hoch springende oder geschwind auf Bäume kletternde Luchse erleben, eine sich im besagten Teich suhlende Wildschweinrotte, die dort Leckerbissen ergattert, und Maiskörner knabbernde, sonst eher scheue Hirschkühe und -kälber, zu denen sich immer mal wieder ein stolzer Vierzehnender gesellt. Die Führungen finden übrigens auch in englischer und in tschechischer Sprache statt.

Umfassende Aufklärung und positives Erlebnis, multimedial dargebrachte Theorie und lebendige Praxis, Bildung und Unterhaltung: Die Übergänge sind in Mehlmeisel fließend, Waldhaus und Wildpark ergänzen sich perfekt. Der Wildpark führt das fort, was im Waldhaus begonnen wurde. Wobei das Waldhaus auch den Eingang zum Wildpark darstellt. An dem insgesamt etwa einen Kilometer langen, behindertengerechten und barrierefreien Besucherweg durch das Gelände sind auch Informationen zu finden, zu den einheimischen Pilzarten wie zu den Gesteinsarten des Fichtelgebirges. Der Hochpfad, der etwa ein Drittel des ansonsten wassergebundenen Besucherweges ausmacht, quert das Schwarzwildgehege und trennt das Rotwild- vom Luchsgehege. Für den Bau des Steges wurde der Baumabschlag so gering wie möglich gehalten. Zur Einfriedung des Luchsgeheges war ein besonderer Zaun gesetzlich vorgeschrieben. Die eher robuste Architektur des Steges hat eine dienende Funktion. Seine Konstruktion aus unbehandeltem, binnen kurzem ergrauten Lärchenholz hat sich auch optisch unterzuordnen. Der von einem heimischen Zimmerer ausgeführte Hochpfad lagert auf Einzelfundamenten. Für aufwändigere, aber auch unauffälligere Fundamente konnte bautechnisch leider keine Genehmigung erreicht werden. Die charakteristischen V-Stützen reichen bis zur Absturzsicherung des Geländers, bei den Unterständen bis zur Dachunterkante. Diese überdachten Plattformen dienen zum Witterungsschutz für Gruppen, das Erdgeschoss beherbergt Lagerräume für Futter und Geräte. Die Zapfenverbindungen der Holzkonstruktion sind CNC-gefräst, die Bohlen sind mit aller Handwerkskunst gefügt – so, dass kein Wasser eindringen kann. Die Verbindungsmittel selbst bestehen aus verzinktem Stahl, die Geländerfüllung aus Drahtgeflecht, die Dacheindeckung ist in Metall ausgeführt.

So wie sich Waldhaus und Wildpark ergänzen, so ergänzen sich die nüchtern-dienende Gestaltung des Steges und die zelebrierende Architektur der Waldkathedrale zu einem ebenso differenzierten wie stimmigen Ganzen. Der Wildpark Waldhaus Mehlmeisel ist zu einem Aushängeschild der Region Fichtelgebirge geworden. Die etwas trocken klingende „Umweltbildungsstätte" hat sich zu einer Attraktion für Einheimische und Besucher gewandelt. Und sie wird sich weiter wandeln. Zu vermuten ist, dass in nicht allzu ferner Zukunft Wölfe ins Fichtelgebirge zurückkehren werden. Dies wäre ein Erfolg für den Naturschutz, sorgt aber bei vielen für Skepsis, stößt auf Verunsicherung. Eine Erweiterung des Wildparks um Tierarten wie Wölfe, Wisente, aber auch Bären – Überlegungen hierzu sind bereits angestellt – könnte das Verständnis in der Bevölkerung für deren Rückkehr wecken.

„Für diese außergewöhnliche Baustelle mussten viele Arbeitsschritte anders gedacht werden. Um die Atmosphäre des Waldes nicht zu zerstören, war die Bauphase von viel Handarbeit und Fingerspitzengefühl geprägt. Denn eben jener Wald macht den Wildpark heute zu dem was er ist – eine artgerechte Umgebung für die Tiere und ein Stück erlebbare Natur für Jedermann."

Beatrice Busch, Projektleitung
Kuchenreuther Architekten / Stadtplaner

KLEINES SCHMUCKSTÜCK
Haus der Kräuter, Nagel

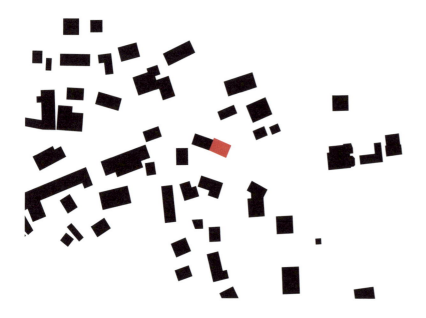

Nun, auf der Liste der Baudenkmäler in Nagel steht es noch nicht – das Haus der Kräuter, obwohl es ein kleines Schmuckstück ist. An sehr prominenter Stelle in der 1500-Einwohner-Gemeinde gelegen, stand das Haus lange leer. Zwar gab es in der Kommune die Idee eines „Kräuterdorfes Nagel". Zwar wurde diese in einem Integrierten ländlichen Entwicklungskonzept (IIEK) weitergedacht, zwar fertigten Studenten der TU Berlin Entwürfe dazu an, aber es mussten noch zwei Bürgerentscheide durchgefochten werden, bis man die Idee auch umsetzen wollte. Und just in jenen Moment erinnerte man sich an dieses 1871 errichtete, mittlerweile halb verfallene Haus – und baute es zum „Haus der Kräuter" um. Jetzt finden in dem Gebäude Seminare statt, Kräuterkochkurse, Vorträge, Ausstellungen.

Mit wenigen, aber sehr kalkulierten und durchdachten Eingriffen verwandelten Peter Kuchenreuther und Projektpartnerin Kerstin Holl, Architektin aus Marktredwitz, das enge, dunkle, ja düstere Wohnhaus in ein lichtdurchflutetes und ungemein großzügiges Seminarhaus. Zwei Decken wurden teilweise entfernt, die Dachpfetten mit Stahlträgern verstärkt, zwei neue, äußerst elegante Treppen eingebaut. Wiedergefundene Wand- und Deckenbemalungen wurden sorgsam restauriert und schmücken jetzt den Seminarraum. Das leuchtende und die Fassade prägende Farbspiel grün-weiß findet sich in vielen Details auch im Inneren des Hauses wieder. Im Innen- wie aber auch im Außenbereich wurde die regionale Künstlerin Annette Hähnlein mit eingebunden. Ihre Interpretation der Blumen aus Birkensperrholz steigert nochmals die Raumentfaltung im Bereich der Galerie.

Zum Kräuterdorf, dessen Gesamtkonzeption von der Landschaftsarchitektin Marion Schlichtiger stammt, gehören noch drei Gärten: der Duft- und Schmetterlingsgarten auf einen mit Trockenmauern terrassierten Hang, der den bis zu jährlich 8000 Besuchern des Nageler Sees zusätzliche Attraktionen wie eine Thymianliege, eine Kräuterspirale und Infotafeln zu verschiedenen Pflanzthemen bietet. Ob zum Färben von Textilien, ob zum Würzen von Speisen oder ob zum Heilen von Krankheiten, wozu Kräuter über die Jahrhunderte verwendet wurden, erfährt man dagegen im Zeit- und Erlebniskräutergarten gegenüber der Schule. Ein kleiner Pavillon bildet die Krönung der Anlage. Auf dem Dach bietet sich eine gigantische Sicht über das Fichtelgebirge. Didaktisch einfühlsam aufbereitet und baulich subtil unterstützt, bietet dieses Areal eine kleine Zeitreise durch die Kräuterwelt. Der kleine Bauerngarten im Ortsteil Reichenbach, der ein selbstverständliches Nebeneinander von vielerlei Nutz- und Zierpflanzen demonstriert, entstand 2015. Ein Jahr später war das Kräuterdorf Außenstelle der Landesgartenschau in Bayreuth. Im März 2018 wurde das Kräuterdorf Nagel als einer von 100 Genussorten in Bayern ausgezeichnet und darf sich jetzt offiziell „Genussort Nagel" nennen.

HAUS DER KRÄUTER, NAGEL

STANDORT:
Haus der Kräuter:
Kemnather Straße 3

BAUHERR:
Gemeinde Nagel
Wunsiedler Straße 25
95697 Nagel

PROJEKTTEAM:
Arbeitsgemeinschaft
Kerstin Holl,
Marktredwitz
Kuchenreuther
Architekten / Stadtplaner,
Marktredwitz

GESAMTKONZEPTION, FREIANLAGEN:
LandschaftsArchitektur
Marion Schlichtiger,
Wunsiedel

PROJEKTLEITUNG:
Maja Ruesch

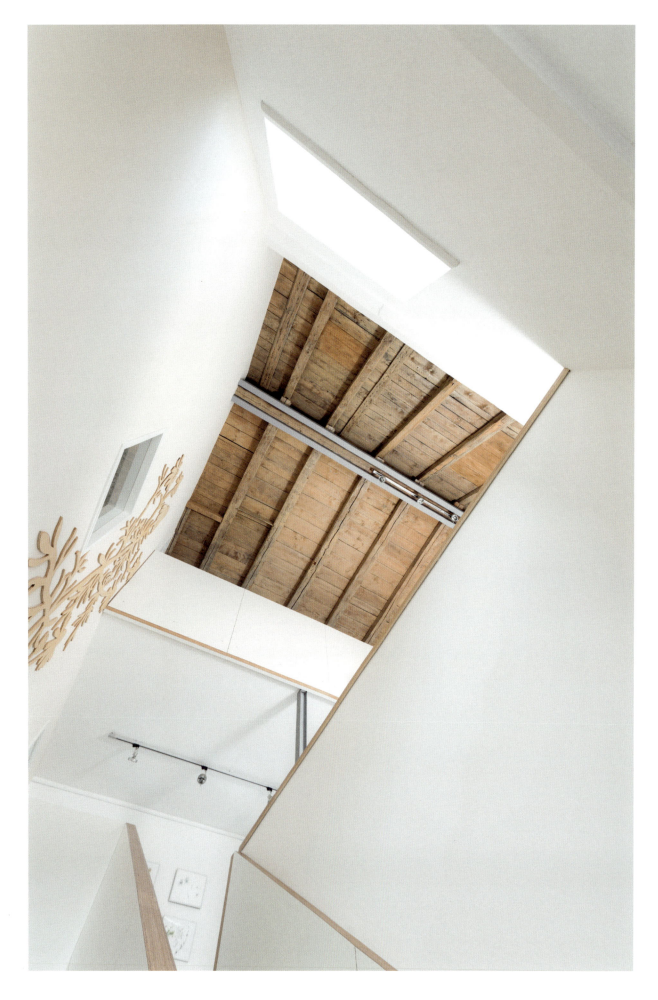

„Die Aufgabe für die Architekten war, in das Häuschen mit den kleinen Räumchen Licht und Luft reinzubringen. Das ist ihnen bestens gelungen."

Theo Bauer, Bürgermeister
der Gemeinde Nagel 1994 bis 2020

LEIB- UND SEELENTANKSTELLE
Granitlabyrinth Epprechtstein, Kirchenlamitz

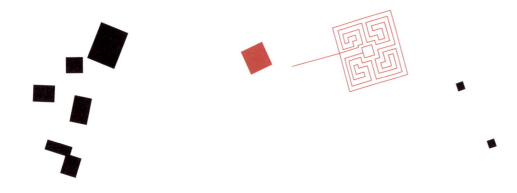

Goethe widmete dieser „merkwürdigen Steinart" sogar eine kurze kulturwissenschaftliche Abhandlung. Dreimal wanderte der Meister durchs Fichtelgebirge, an Charlotte von Stein schrieb er: „Der Granit lässt mich nicht mehr los." Auch Kirchenlamitz wird den Granit nicht los. Zwei Natursteinbetriebe arbeiten noch in der Gemarkung der 3300-Einwohner-Gemeinde. Über die reiche Geschichte der Granitgewinnung und -bearbeitung am Epprechtstein berichtet sehr eindrucksvoll der „Steinbruch-Rundwanderweg", der vorbei an alten Mauern und Abraumhalden zu sechs aufgelassenen, von der Natur längst wieder zurückeroberten Steinbrüchen führt. Eine Pulverkammer, ein Schutzunterstand und eine Verladerampe liegen am teilweise wild gewundenen Weg, der oben auf der befestigten Burgruine einen fantastischen Rundblick über das östliche Fichtelgebirge bietet. Höhepunkt und krönender Abschluss ist das 2009 errichtete Granitlabyrinth, dessen Idee von Willi Seiler, langjähriger Lehrer an der Wunsiedler Steinmetzschule, stammt und vom Büro Kuchenreuther geplant wurde.

Schon der Standort ist traditionsreich: ein ehemaliger Werkplatz einer Natursteinfirma, wovon Relikte wie verwitterte Grabsteine, handtellergroße Ösen, angerostete Transportschienen und halbfertige Türgewände zeugen. Das Labyrinth selbst nimmt eine Grundfläche von 34 x 34 m ein, besteht aus 130 unbearbeiteten Granitblöcken, die jeweils 3 m lang und 1,20 bzw. 0,60 m (die inneren Blöcke) hoch und bis zu 10 Tonnen schwer sind. Es wird durch ein erkennbares Achsenkreuz in vier Quartiere aufgeteilt, die auf dem Weg zur Mitte zu durchschreiten sind. Diese Achsen weisen in die vier Himmelsrichtungen, womit der ganze Kosmos in die Anlage einbezogen wird. Im Zentrum steht ein 5 Meter hoher Obelisk aus Epprechtsteingranit. 400 Meter muss man gehen, um am Ende eines vielfach verschlungenen Pfades in dieses Zentrum zu kommen. Seiler und Kuchenreuther sprechen von „begehbarer Land-Art". Neben dem Felsenlabyrinth an der Luisenburg, dem winterlichen Schneelabyrinth in Gefrees gibt es nun ein Granitlabyrinth bei Kirchenlamitz, das unter dem Motto „Eine Tankstelle für Leib und Seele" steht und zur Besinnung einlädt.

GRANITLABYRINTH EPPRECHTSTEIN, KIRCHENLAMITZ

STANDORT:
Vorderes Buchhaus 9
(gegenüber Gasthaus zur Waldschmiede)
95158 Kirchenlamitz

BAUHERR:
Stadt Kirchenlamitz
Marktplatz 3
95158 Kirchenlamitz

KÜNSTLERISCHE IDEE:
Willi Seiler, Wunsiedel

PROJEKTLEITUNG:
Peter Kuchenreuther

FILIGRANER TEMPEL
Infozentrum Epprechtstein, Kirchenlamitz

Der Epprechtstein mit seinen insgesamt 20 noch betriebenen, stillgelegten oder schon renaturierten Steinbrüchen ist ein eindrucksvolles Beispiel von Natursteingewinnung im Fichtelgebirge. Zwei Rundwanderwege, der „Steinbruchweg" und der „Burgruine Epprechtstein", führen durch das als Naturdenkmal geführte Geotop südwestlich der Stadt Kirchenlamitz. Ausgangs- und Schnittpunkt weiterer Wanderwege ist im Ortsteil Buchhaus ein eindrucksvolles Duo aus Landschafts- und Baukunst: Das begehbare Kunstwerk, ein aus groben Blöcken gefügtes „Granitlabyrinth", und ein kleines, im Kontrast dazu fast filigranes, großformatig geöffnetes Gebäude. Eine bei bestimmten Lichtverhältnissen geradezu flirrende Erscheinung, die den quadratischen Grundriss des Labyrinthes verkleinert aufnimmt. Beide spielen mit dem Thema „Granit zwischen Bäumen"; der prosaisch „Infozentrum Epprechtstein" genannte, fast tempelartige Pavillon tut das weniger plakativ, sondern feinsinnig und abstrakt. Im Zentrum des in Holzständerbauweise errichteten Gebäudes steht eine Wand, auf der in Streifen unterschiedlichen Formates verschiedene Granite des Fichtelgebirges aufgebracht wurden. Hochglänzend poliert, faszinieren die Formationen unterschiedlicher Farben, Mineralien und Körnungen. Fast vergisst man darüber, dass das 2018 fertiggestellte Multifunktionsgebäude hinter dem geschlossenen Fassadenteil Sanitärräume für Wanderer sowie eine Aufbereitungsküche und ein Stuhllager für Veranstaltungen bereithält. Ein kunstvoll in sich und mit der Umgebung verschränktes Gebäude mit praktischem Nutzen, in dem Kirchenlamitz dem Fichtelgebirge und der die Stadt prägenden Natursteingewinnung Ehre erweist.

INFOZENTRUM EPPRECHTSTEIN, KIRCHENLAMITZ

STANDORT:
Vorderes Buchhaus 9
(gegenüber Gasthaus zur Waldschmiede)
95158 Kirchenlamitz

BAUHERR:
Stadt Kirchenlamitz
Marktplatz 3
95158 Kirchenlamitz

PROJEKTLEITUNG:
Susann Schäfer

AUSZEICHNUNG:
German Design Award 2021

„Mit seiner Fassade aus Holz und Glas wirkt der Pavillon modern und einladend. Er fügt sich zugleich harmonisch in die Landschaft ein. Das an die hintere Innenwand platzierte Mosaik aus verschiedenen Natursteinplatten ist ein dekorativer Hingucker, der auf diese Weise elegant den Bezug zur Region als eines der großen Zentren der deutschen Natursteinindustrie herstellt."

Jurybegründung,
German Design Award 2021

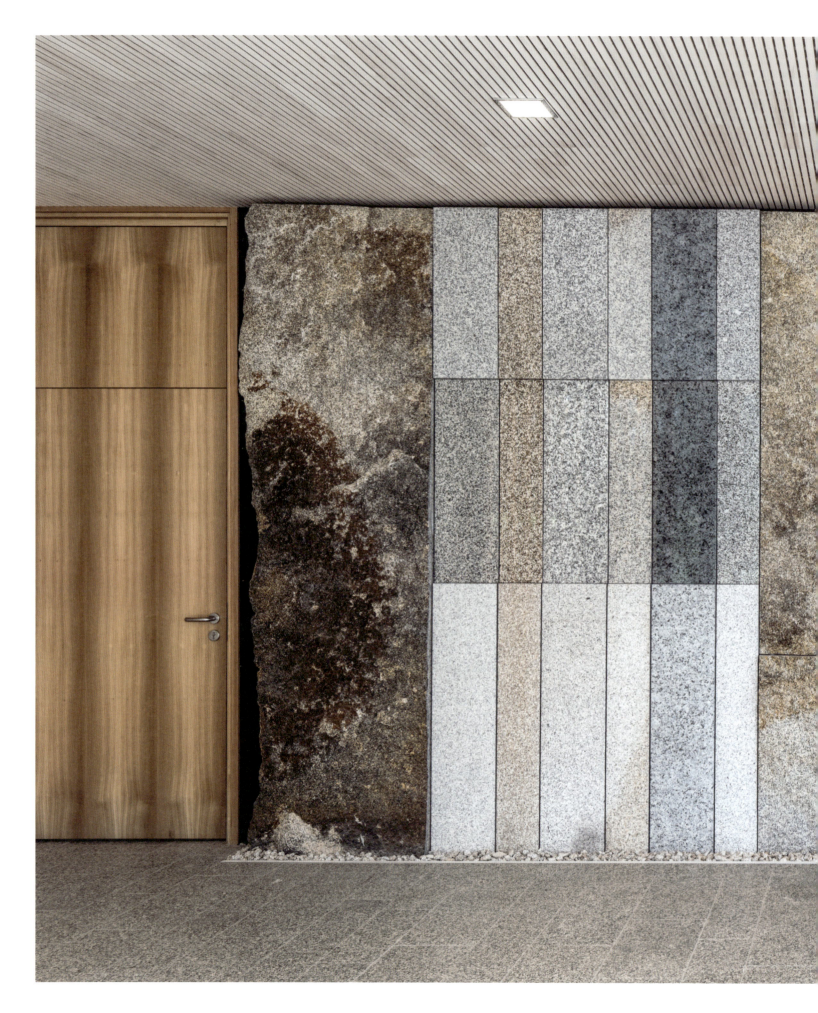

NATURNAH
Kornberghaus Martinlamitzer Forst-Süd, Selb

Der Große Kornberg mit seinem 827 Meter hohen Gipfel ist laut der Online-Enzyklopädie Wikipedia der nordöstliche „Eckpfeiler" des Fichtelgebirges. Vor allem das kleine Skizentrum mit zwei Pisten, einem Übungshang und entsprechenden Liften, dessen Anfänge in die 1960er-Jahre zurückreichen, ist bei den Bewohnern der Region beliebt. Die Bürger der Kommunen am Fuße dieses Bergrückens – Selb, Schönwald, Rehau, Schwarzenbach an der Saale, Kirchenlamitz, Marktleuthen und Spielberg – betrachten ihn deshalb auch als ihren Hausberg. Doch der Klimawandel macht auch vor dem Fichtelgebirge nicht halt, die Anzahl der Skitage pro Saison wird geringer. Und so kreisen die Gedanken der politisch Verantwortlichen der Region schon länger darum, wie man die bestehende Infrastruktur auch in schneefreien Monaten ausnutzen und damit den Tourismus stärker beleben kann. Schließlich kam man auf die Idee, eine „Basecamp" genannte Station für Mountainbiker sowie einen pädagogischen Bewegungspark für Kinder und Senioren anzulegen. Die Landratsämter Hof und Wunsiedel gründeten 2018 mit Unterstützung besagter Kommunen einen „Zweckverband Naherholungs- und Tourismusgebiet Großer Kornberg", der auch den dazu notwendigen technischen Ausbau – Verkehrserschließung, Wasserleitungen, Breitbandausbau etc. – übernimmt.

Freilich stießen die Pläne auf Widerspruch von Naturschützern und Bürgerinitiativen. Vor allem die erwarteten 10.000 Besucher pro Jahr und die Anlage der „Trails" genannten Radfahrstrecken – zehn Kilometer sind geplant – werden kritisch gesehen. Der Zweckverband hatte eine Umweltverträglichkeitsprüfung und eine spezielle Artenschutzprüfung in Auftrag gegeben, deren Ergebnisse im Oktober 2020 vorgestellt wurden. Beide Gutachten sehen „unter Berücksichtigung der Vermeidungs-, Gestaltungs-, Ausgleichs- und Ersatzmaßnahmen" keine Bedenken, dennoch sollen, betonen der Wunsiedler Landrat und Zweckverbandsvorsitzende Peter Berek wie sein Hofer Kollege Oliver Bär, die Anregungen der Umweltschützer aufgenommen und ihre Bedenken berücksichtigt werden. Auch soll ein Dialog zwischen Naturschutz- und Bikerverbänden stattfinden. Ende Juni 2020 sagte der Zweckverbandsvorsitzende: „Wir bauen ganz sanft ein Aushängeschild für das Fichtelgebirge." Dies tat Berek anlässlich des Richtfestes des neuen Kornberghauses, dessen Planung das Büro Kuchenreuther verantwortet. An der Talstation des Skilifts, der künftig im Sommer Radfahrer in die Höhe bringen soll, wurde der Ende des Jahres 2020 fertiggestellte Neubau an Stelle der Kornberghütte errichtet.

KORNBERGHAUS
MARTINLAMITZER
FORST-SÜD, SELB

STANDORT:
Martinlamitzer Forst-Süd

BAUHERR:
Zweckverband
Naherholungs- und
Tourismusgebiet
Großer Kornberg
Schaumbergstraße 14
95032 Hof

PROJEKTLEITUNG:
Susann Schäfer,
Johannes Klose

Er ist ein Multifunktionsgebäude und sieht Flächen für Gastronomie inklusive Nebenräumen, Radverleih mit Werkstatt und Shop, öffentliche Toiletten und Räume für erste Hilfe vor. Der Vergleich mit dem Waldhaus Mehlmeisel liegt nahe und hilft den Blick zu schärfen: Denn im Gegensatz zur Waldkathedrale in Mehlmeisel, die in die Höhe strebend den Wald feierte, duckt sich das Kornberghaus in den Bergrücken. So als hätte es die Kritik der Naturschützer schon vorweggenommen. Viel breiter und niedriger als hoch, mit einer äußerst geringen Satteldachneigung, kommt eine gedämmte Holzständerkonstruktion zum Einsatz, die außen wie innen eine Boden-Decken-Beplankung mit Holz erfährt. Um alle neuen Funktionen unterzubringen, ist der Neubau etwa ein Drittel größer als der Altbau. Er übernimmt aber in seiner Gestaltung bewusst einige Elemente des Altbaus, um, wie Peter Kuchenreuther beim Richtfest erläuterte, „die Stimmung von früher rüber(zu)bringen". Eine markante Übereck-Verglasung und eine wettergeschützte Terrasse, von der man das sportliche Treiben im Umfeld beobachten kann, ein robuster Estrich-Bodenbelag und auffallend silbrig schimmernde Kacheln auf dem nämlichen Ofen zeugen aber von der Zeitgenossenschaft des Gebäudes.

Laut Frankenpost waren die Bürgermeister der umliegenden Kommunen begeistert. Für Schönwalds Bürgermeister Klaus Jaschke ist das Haus ein „Meilenstein in der Entwicklung des Kornbergs". Sein Schwarzenbacher Kollege Hans-Peter Baumann berichtet von Investitionen, die in seiner Kommune aufgrund der Aktivitäten am Kornberg getätigt wurden. Und Thomas Schwarz, Altbürgermeister von Kirchenlamitz, sieht im Kornberghaus eine „Abrundung für unsere Investitionen wie Infozentrum Epprechtstein und Hammerscheune Niederlamitz."

„Anspruchsvolle Architektur mitten im Wald"

Schlagzeile der Frankenpost, 23.06.2022

TOURISMUS

BAUTEN FÜR DIE GEMEINSCHAFT

BAUEN HEISST WEITERBAUEN

Gespräch mit Stefan Büttner,
Maria-Magdalena Stöckert und
Alexander Rieß

Enrico Santifaller: Alle meine Gesprächspartner erzählen mir, Marktredwitz sei die Boomtown im Landkreis Fichtelgebirge. Dennoch soll ausgerechnet in dieser Stadt und nicht in einer anderen Kommune im Kreis eine Justizvollzugsanstalt gebaut werden. Warum?

Stefan Büttner: Kurz gesagt: Wir haben die baureifen Flächen dazu. Um Ihnen den geschichtlichen Hintergrund zu erläutern: Die Region lebt wieder auf, Marktredwitz lebt wieder auf. Aber Marktredwitz ist nicht der einzige Stern am Himmel. Und man hat Gott sei Dank begriffen, dass man hier nicht als Einzelkämpfer überleben kann. Man muss dieses Fichtelgebirge als Region definieren und mal über den Tellerrand hinausgucken. Das haben die Bürgermeister verstanden, was ja nicht zuletzt dazu geführt hat, dass man jetzt auch plötzlich Fördermittel akquirieren und Projekte realisieren kann, die für einen alleine nicht stemmbar wären. Ein Beispiel ist die Behördenverlagerung, also die Verlagerungen von Behörden und staatlichen Einrichtungen in den ländlichen Raum, die der damalige Finanz- und Heimatminister und heutige Ministerpräsident Markus Söder 2015 startete. Alle 17 Bürgermeister vom Landkreis Wunsiedel im Fichtelgebirge haben sich in den Bus gesetzt, sind nach München gefahren und haben gesagt, falls die Region Behörden bekommt, dann solle man die am besten in Marktredwitz ansiedeln. Das war ein tolles Signal. Und sowas haben die in München auch noch nicht erlebt. Das hat Eindruck gemacht, und wir bekommen jetzt sogar neben der JVA noch zwei weitere Behörden. Insgesamt 300 langfristige und sichere Arbeitsplätze mit einem ganzen Füllhorn an nachgelagerter wirtschaftlicher Wertschöpfung.

Was in Marktredwitz bestimmt auf Wohlwollen gestoßen ist?

SB: Sehen Sie: In den vergangenen 90 Jahren sind in Bayern nur die ohnehin vorhandenen Standorte mit einer Justizvollzugsanstalt gestärkt worden. Die hat man dann saniert, angebaut und erweitert. Ein komplett neuer JVA-Standort, das gab's seitdem nicht mehr. Das wurde uns nochmal vom Justizministerium bestätigt. Die Region Fichtelgebirge, aber auch die Bevölkerung hier in Marktredwitz, hat das sehr gut akzeptiert und als Gewinn angesehen. Was nicht ganz klar war, denn ein Gefängnis stößt vielfach auf Widerstände. Aber die Region ist es gewohnt, dass Arbeitsplätze auch immer mit Opfern verbunden sind. Wir haben hier in Marktredwitz viele Ortsteile wie etwa Brand oder Wölsauerhammer, die waren früher keine Agrar-, sondern Industriedörfer. Mitten im meistens an einem Fluss gelegenen Ort stand eine Riesenfabrik – in der Regel aus der Textilbranche wie Weberei oder Spinnerei –, und ringsum haben sich die Kleinstanwesen der Arbeiter entwickelt. Wenn es sozial eingestellte Arbeitgeber waren, wurden größere Wohnsiedlungen gebaut, die wir saniert haben, die sehr, sehr schön sind. Heute ist es halt keine Fabrik, sondern eine JVA. Das ist hier nichts Besonderes, man hat sich hier darüber gefreut. Wir haben im Stadtteil Lorenzreuth ein Sondergebiet JVA ausgewiesen. Ich glaube, in München war man ziemlich überrascht, wie schnell das ging. Ein zehn Hektar großes Grundstück, ein Eigentümer, keine Querelen, innerhalb kürzester Zeit eine Änderung des Bebauungsplans, Öffentlichkeitsbeteiligung, und jetzt haben wir definitiv Baurecht.

Trotz des wirtschaftlichen Aufschwunges der Stadt sieht man auch im Zentrum leere Geschäfte. Ist auch in Marktredwitz der Leerstand ein Problem?

SB: Der Umgang mit Leerstand beschäftigt uns eigentlich, seitdem ich hier bin – also gut 20 Jahre. Wir haben derzeit zur Beseitigung von Leerstand rund 30 Projekte laufen. Das heißt, es ist tagtägliches Geschäft für uns, wobei immer ein Spannungsfeld zwischen Wegnahme und Freilegen, zwischen Stadtentwicklung und Erhalt bzw. Reaktivierung wertvoller Bausubstanz besteht. Dieses Spannungsfeld ist nicht aufzulösen, aber wenn man ein Konzept, eine Handlungsschnur hat, dann sind die Entscheidungen nicht nur zielgerichteter und transparenter, man kann damit auch mehr Leute mitnehmen. Unsere Handlungsschnur ist ein leicht verständliches Kleeblatt: Wir haben die bogenförmige Altstadt in der Mitte, die war in den vergangenen Jahrzehnten Ziel einer insgesamt erfolgreichen Innenstadtentwicklung mit Fassadenprogramm und der Sanierung einzelner öffentlicher Gebäude usw. Dann ging es darum, von der Altstadt ausstrahlend weitere

„Man muss dieses Fichtelgebirge als Region definieren und mal über den Tellerrand hinausgucken. Das haben die Bürgermeister verstanden, was ja nicht zuletzt dazu geführt hat, dass man jetzt auch plötzlich Fördermittel akquirieren und Projekte realisieren kann, die für einen alleine nicht stemmbar wären."

STEFAN BÜTTNER

STEFAN BÜTTNER
Leiter des Bauamtes
der Stadt Marktredwitz,
Geschäftsführer der
STEWOG GmbH

Quartiere zu entwickeln. Wir kamen auf die Idee, diese Entwicklung in ein Kleeblatt zu fassen. Um die zentrale Altstadt haben wir vier Stadtkerne – den Stadtkern Ost, den Stadtkern Süd usw. – und die wichtigsten Achsen. In den vergangenen Jahren kümmerten wir uns u.a. um den nördlichen Stadtkern. Wir nennen es auch Schul- und Kulturachse. Es fängt an mit einem Grundschulzentrum, direkt gegenüber ist dann die Erich-Kästner-Schule für lernbehinderte Kinder, die gerade erweitert wird. Auf der anderen Seite der Grundschule befindet sich die ehemalige städtische Turnhalle, die jetzige Stadthalle. Unsere erste Aufgabe war, eine dringend benötigte Turnhalle zu bauen. Wobei das Gelände in topographischer Hinsicht sehr schwierig ist. Wir lobten einen Wettbewerb aus und beauftragten das Büro Grellmann Kriebel Teichmann aus Würzburg. Deren Idee war, mit einem gemeinsamen Foyer die jetzige Stadthalle mit der neuen Turnhalle zu verquicken. Diese neue Halle, die sich von den Materialien sehr reduziert darstellt, duckt sich zwar demütig vor dem Denkmal der alten Halle, strahlt aber trotzdem Selbstständigkeit und Selbstbewusstheit aus. Die beiden Gebäude befinden sich im Dialog, und das wird auch von der Bevölkerung sehr gut angenommen. Die Umsetzung des Sporthallen-Entwurfes geschah in Kooperation mit dem Büro Kuchenreuther. Direkt neben der Sporthalle ist der Kirchpark, ein ehemaliger Friedhof, der in besagter Achse liegt und einen wichtigen Treffpunkt für Alt und Jung darstellt. Diese Grünfläche haben wir gerade mit Marion Schlichtiger saniert. Das ist auch von der Regierung Oberfranken gefördert worden. Wenn man nach Norden geht, kommt man zur Glasschleif – mit der vorgesehenen kulturellen Nutzung im Tal- und im Saalgeschoss. Auf der anderen Seite gibt es ein Schulzentrum mit Mittelschule, Realschule, Gymnasium, Fachoberschule und Berufsoberschule – insgesamt etwa 3000 Schüler. Die Schul- und Kulturachse wird komplettiert durch das Jugendzentrum, das seit zwei Jahren in einem reaktivierten Bestandsgebäude, einem ehemaligen Möbellager, zwischen den zwei besagten Schulzentren untergebracht ist. Wir sind mit dem Plan für das Jugendzentrum auch nach Bayreuth zur Regierung gefahren – und bekamen, weil wir einen Leerstand reaktivierten, eine Förderung von 90 Prozent. Die haben einfach gesehen, dass die Zahnräder, wie wir das in unserem Konzept vorgesehen hatten, ineinandergreifen.

Maria-Magdalena Stöckert: Mich beschäftigt das Leerstandsmanagement schon viele Jahre. Für einen Vortrag habe ich mir mal meinen Heimatort – das ist Fuchsmühl – vorgenommen, bin durch die Hauptstraße gegangen und habe alle Gebäude, von denen ich wusste, dass sie keine Zukunft haben, einfach aus dem Straßenbild rausgenommen. Einfach ausgeblendet. Ich bin richtig erschrocken. Ich sah vor dem geistigen Auge, was mit so einem Ort passiert, wenn dieses Schlagwort „kontrollierter Rückbau" wirklich Schule macht: Man hat keinen Ort mehr. Es ist wie ein Gebiss ohne Zähne. Ähnlich habe ich das mal hier mit dem Ortsteil Dörflas gemacht. Es ist geradezu tödlich, wenn man die Schlüsselgebäude rausnimmt. Da bleibt von diesem Ortsteil einfach nichts mehr übrig. Diese Beobachtung, diese Überlegung hat Konsequenzen: Für Architekten heißt das, dass sie sich den Gebäuden unterzuordnen haben. Das macht zum Beispiel Peter Kuchenreuther sehr gut. Ein Bestandsgebäude ist nicht dazu da, dass sich ein Architekt profiliert, sondern dass er das Beste für das Gebäude tut. Eine zweite Frage schließt sich an: Warum nutzen denn die Leute keine Bestandsgebäude? Warum bauen sie lieber auf der grünen Wiese eine toskanische Villa oder spanische Finca? Ich glaube, dass ein Grund der ist, dass sich ein privater Bauherr nicht vorstellen kann, was man aus einem lange leerstehenden Bestandsbau machen kann. Ein weiterer Grund ist, dass es keine Kostensicherheit gibt. Der dritte Grund ist schließlich, dass es für die Nutzung von Bestandsimmobilien keinerlei Förderung vom Staat gibt. Es gibt keinen Steuervorteil – es sei denn, es ist ein Baudenkmal. Dann aber – das erlebe ich als ehrenamtliche Kreisheimatpflegerin im Kreis Tirschenreuth – haben die Bauherrn Angst vor dem Landesamt für Denkmalpflege. Diese Angst wird durch die Medien verstärkt, weil diese vor allem über die Auflagen berichten.

Wie gehen Sie mit dieser Angst der Bauherren um?

MMS: Auf die Stadt Marktredwitz bezogen: Der Bauherr ist bei uns der Stadtrat. Und wir haben inzwischen die technischen Möglichkeiten, ein Nutzungskonzept zu erarbeiten und dieses so darzustellen, dass ich da einen 3D-Rundgang machen kann – wie ein Fertighausverkäufer. Ich kann das Ergebnis simulieren, ich kann die Kosten schätzen. Und wir hatten durch die Förderoffensive Nordostbayern eine 90-prozentige Förderung – wenn man einen Leerstand instand setzt oder ihn umnutzt. Das ist das Zuckerl. Wenn es also in unser besagtes Kleeblatt passt, Bausubstanz zu revitalisieren, dann legen wir dem Stadtrat ein vernünftiges Nutzungskonzept vor, legen eine realistische Kostenschätzung vor und stellen unser Konzept den Mitgliedern des Stadtrats visuell so dar, dass sich jeder das vorstellen kann, was wir wollen. So können wir das Stadtbild erhalten und trotzdem Impulse für die Stadtentwicklung geben.

Unter Geographen und Raumplanern gilt Hochfranken als „altindustrielles" Gebiet, das wie andere Regionen mit ähnlichem Charakter ganz erhebliche Strukturprobleme hat. Die Landesgartenschau in Marktredwitz 2006 auf dem Benker-Areal war ein Zeichen, dass sich die Region von ihrem altindustriellen Erbe langsam löst.

SB: Das Areal der Weberei Johann Benker im Süden der Stadt war drei Hektar groß. 850 Webstühle haben hier gerattert, und in den besten Jahren haben 1200 Menschen Lohn und Brot gefunden. Die Weberei war natürlich auch der Motor der städtebaulichen Entwicklung – vor allem im angrenzenden Ortsteil Dörflas. 2001 ging Benker in Konkurs. Die Landesgartenschau hat zunächst einmal dazu geführt, dass man überhaupt auf dieses Quartier aufmerksam wurde. Dass eine Industriebrache auch einen gewissen Charme haben könnte. Aber wir haben auch gemerkt, dass mit dieser Fabrik sehr viele Emotionen verbunden waren. Leute standen am Bauzaun, Tränen sind geflossen – weil der Opa, der Vater oder man selbst da gearbeitet hat. Nach der Gartenschau gab es eine heiße Diskussion: „Was reißen wir ab? Wie gehen wir mit diesem Industriedenkmal um?" – Das waren die Fragen. Was wichtig ist, dass wir in Marktredwitz für die Stadtentwicklung eine Handlungsschnur haben, an der sich alle Einzelbausteine orientieren. Auch besagtes Kleeblatt fußt auf dem Integrierten Stadtentwicklungskonzept (ISEK),

Der 2018 vorgestellte Stadtentwicklungsplan Marktredwitz mit den vier Stadtkernen in Kleeblattform

das der Stadtrat 2009 beschloss. Das ISEK – später mit einem Einzelhandelskonzept aufgefrischt und mit mehreren Impulsgruppen fortgeschrieben – ging natürlich weit über Architektur und Städtebau hinaus. Da ging es selbstverständlich auch um Wirtschaft, Arbeitsplätze, Tourismus und Demographie usw. Das Benker-Areal sah das ISEK u.a. auch als Hochschulstandort vor, was sich aber als unrealistisch erwies.

Alexander Rieß: Wir reden ja jetzt vom Südflügel des von Stefan Büttner vorgestellten Kleeblatts. Das Areal erreicht man von der Altstadt aus in wenigen Minuten. Also hat dann der Stadtrat beschlossen, hier ein neues Stadtquartier zu entwickeln – mit unterschiedlichen Nutzungen wie Wohnen, Dienstleistung, Bildung und Freizeit. In Absprache mit dem Landesamt für Denkmalpflege haben wir den Großteil der ehemaligen Benker-Bauten abgerissen – insgesamt 100.000 Kubikmeter umbauter Raum. Erhalten haben wir das Meisterhaus, den Querbau bzw. Gebäude Nr. 9, das Kontorgebäude sowie die alte Energiezentrale mit Turbinenhaus, Kesselhaus und Kamin. Und das Schöne ist, dass diese alte Energiezentrale jetzt mit der ESM – der Energieversorgung Selb-Marktredwitz – in eine neue Energiezentrale mit Blockheizkraftwerk und Kraft-Wärme-Kopplung für das neue Quartier transformiert wird. Auch den historischen, 42 Meter hohen Kamin können wir dafür in seiner vollen Höhe wieder nutzen. Und wenn das Kesselhaus auch vielleicht mal eine adäquate Nutzung erfahren wird, dann hätten wir ein ansprechendes Trio an historischer Bausubstanz, das eine schöne Reminiszenz an diesen ehemaligen Industriestandort darstellen würde. Der Erhalt industriegeschichtlicher Bausubstanz war die Grundlage einer Mehrfachbeauftragung, bei der im Jahre 2016 fünf Architekturbüros einen städtebaulichen Entwurf für das Areal entwickelt haben. Die Jury entschied sich für den Vorschlag der Büros UmbauStadt aus Weimar.

MMS: Mit dem überarbeiteten Entwurf können wir einen schönen Übergang von den größeren Baukörpern eines ehemaligen Industriekomplexes zur kleinteiligen Wohnbebauung des historischen, gut gewachsenen Dörflas schaffen.

SB: Der Frau Stöckert sind in diesem Ortsteil mehrere gute Coups gelungen, davon wird sie Ihnen gleich erzählen. Um bei dem Thema „Weben" zu bleiben: Uns war wichtig, beide Gebiete miteinander zu „verweben" – sowohl funktional, aber auch räumlich. Also das neue Quartier auf dem Benker-Areal und das historische Dörflas mit Leerständen und teilweise maroder Bausubstanz. Wir wollen eine gemischte Nutzung und städtisches Leben. Kein Nebeneinander, sondern Miteinander und Begegnung. Und es ist schön zu sehen, dass diese Idee viele Menschen begeistert. Deswegen haben wir auch jetzt Dörflas als Sanierungsgebiet ausgewiesen, um hier eine Fördermöglichkeit mit Steuerabschreibungen etc. zu generieren. Wir haben den Stadtrat überzeugt, mit dem Sanierungsgebiet zusätzlich ein Fassadenprogramm aufzulegen. Wenn private Hauseigentümer Fassade, Dach, Fenster und Hofraum entsprechend unseren Vorschlägen gestalten, erhalten sie eine Förderung von 30 Prozent. Und wenn private Investoren erkennen, die Stadt investiert in diesen Stadtteil, schafft Freiflächen und Wegebeziehun-

MARIA-MAGDALENA STÖCKERT
ehemalige Sachgebietsleiterin Hochbau der Stadt Marktredwitz

„Wenn es in unser besagtes Kleeblatt passt, Bausubstanz zu revitalisieren, dann legen wir dem Stadtrat ein vernünftiges Nutzungskonzept vor, legen eine realistische Kostenschätzung vor und stellen unser Konzept den Mitgliedern des Stadtrats visuell so dar, dass sich jeder das vorstellen kann, was wir wollen. So können wir das Stadtbild erhalten und trotzdem Impulse für die Stadtentwicklung geben."

MARIA-MAGDALENA STÖCKERT

gen, saniert historische Bausubstanz, dann können wir damit weitere Investitionen auslösen. Somit wäre die Landesgartenschau wirklich zu dieser Initialzündung geworden, die man damals erhofft hat.

MMS: Somit hat sich der Kreis wieder geschlossen. Die Benkers waren, als es ihnen gut ging, sehr sozial. Sie hatten einen Werkskindergarten gebaut, sie hatten eine eigene Kantine, hatten auch Gaststätten, die überwiegend von den Webern besucht worden sind. Dann haben sie die Turnhalle gebaut, die heute sportlichen Aktivitäten, aber auch als Veranstaltungssaal z. B. für Faschingssitzungen dient. Und wir haben jetzt von der Stadt Marktredwitz die Chance bekommen, drei historische Gebäude zu kaufen. Wir haben den ehemaligen „Gasthof zur Pfalz" gekauft und dafür ein Nutzungskonzept erarbeitet: eine Umwidmung für Wohnzwecke. Wir haben hier einen privaten Bauherrn gefunden, ihm unsere Bilder, die wir entwickelt haben, zur Verfügung gestellt. Damit konnte er sich vorstellen, wie es wird, wenn es fertig ist. Und jetzt saniert er das Gebäude genauso, wie wir das vorgesehen haben. Wir sind ziemlich stolz, dass uns das gelungen ist. Dann haben wir den „Fränkischen Hof" erworben. Das war eine ehemalige Metzgerei und Gastwirtschaft, hat auch lange, lange leer gestanden. Ich muss wirklich dem Oberbürgermeister Oliver Weigel danken. Ich konnte mir das gut vorstellen, wie ihm zumute war, als wir das Gebäude zusammen besichtigten. Das Gebäude, der Innenhof, es schaute alles wirklich furchtbar aus. Aber wir hatten ein gutes Nutzungskonzept – ein Stützpunkt für Tagesmütter –, und der Innenhof ist eigentlich traumhaft. Der Oberbürgermeister hat sich überreden lassen, und die Stadt hat, als sich die Gelegenheit ergab, das Gebäude zu kaufen, zugegriffen. Das Schlachthaus daneben bauen wir als Treffpunkt für die Arbeiterwohlfahrt um. Auf der anderen Seite, das Gebäude in der Fabrikgasse 3, das hat ebenfalls Zugang zu diesem Innenhof. Wir hatten richtig Glück gehabt, dass das Gebäude zum Kauf stand – und wir haben wieder zugegriffen. Das wird jetzt unser Integrationszentrum, das bislang in viel zu engen Räumlichkeiten im neuen Rathaus untergebracht ist.

Also Sie machen aus mehreren vormalig leerstehenden Bestandsgebäuden eine Art neue soziale Mitte?

MMS: So könnte man das Projekt zusammenfassen. Unser Konzept, unsere Kosten- und Wirtschaftlichkeitsberechnungen haben den Stadtrat, aber auch die Regierung in Bayreuth überzeugt.

AR: Es greift halt jetzt ein Rad in das andere. Wir bauen ein Kinderhaus. Wir schaffen gute Verkehrserschließungen. Wir kümmern uns um öffentliche Räume. Und jetzt nochmal zur Behördenverlagerung: Wir wollen ja Arbeitsplätze in die Stadt holen und haben dem Freistaat ein Grundstück auf dem Benker-Areal versprochen. Und der hat jetzt entschieden, dass die Landesanstalt für Landwirtschaft, das sich mit dem kompletten Förderwesen von Fischerei, Imkerei etc. beschäftigt, hierherkommt. Und ein Standort des sogenannten Bayernservers – da geht's um E-Government und digitale Vernetzung – kommt ebenfalls in das neue Quartier. So werden jetzt insgesamt 85 hochqualifizierte Arbeitsplätze geschaffen. Das ist natürlich ein positives Signal.

SB: Es ist jetzt so, dass sich jetzt weitere Behörden für das Benker-Areal interessieren. Und wir glauben auch, dass dieses neue Quartier der richtige Standort ist, um Leute, die erstmalig vielleicht nach Marktredwitz

ALEXANDER RIESS
Projektleiter STEWOG GmbH, Marktredwitz

„Die Glasschleif ist aufgrund ihrer schieren Größe das umfangreichste Projekt in unserer Stadtsanierung. Weil das Gebäude ein Denkmal von bundesweiter Bedeutung ist, erhalten wir dafür Zuschüsse vom Bund und der Europäischen Regionalförderung."

ALEXANDER RIESS

Glasschleif im Juli 2020 von Nordosten gesehen

Marktredwitz, westliche Innenstadt

kommen, auch für diese Stadt zu begeistern. So dass sie hier auch wohnen wollen – in einem Quartier mit guter zeitgenössischer Architektur und dem tollen Auenpark, nahe der Innenstadt mit einer vorhandenen guten Gastronomie. Und das alles ist fußläufig vom Bahnhof entfernt. Eine Stadt der kurzen Wege. Und wenn es uns gelingt, die Leerstände zu reaktivieren, dann sorgen wir für eine zusätzliche Attraktivität in der Stadt. Unser Vorzeigeprojekt diesbezüglich ist die erwähnte Glasschleif, die wir zu einer temperierten Kulturhalle ausbauen wollen. Da kann Herr Ries Genaueres erzählen.

AR: Die Glasschleif ist schon allein aufgrund ihrer schieren Größe das umfangreichste Projekt in unserer Stadtsanierung. Die Sanierungskosten schätzen wir auf circa 12 Millionen, wobei darin die Kosten für die Sanierung des Talgeschosses noch nicht enthalten sind. Weil das Gebäude ein Denkmal von bundesweiter Bedeutung ist, erhalten wir dafür Zuschüsse vom Bund und der Europäischen Regionalförderung. Aber ich muss da etwas weiter ausholen. Als ich 1995 bei der Stadt Marktredwitz angefangen habe, war das Objekt zwar schon in städtischem Besitz und diente als Bauhof, war aber komplett eingebaut – z.B. von einer ehemaligen Maschinenfabrik. Meine erste Aufgabe war, dort erstmal frei zu machen und die Altlasten zu sanieren. Dadurch haben wir die Voraussetzung geschaffen, dass die Glasschleif wieder einer adäquaten Nutzung zugeführt werden kann. Die Bausubstanz ist insgesamt erfreulich gut. Wir können etwa die wunderschönen Fachwerkträger in der Haupthalle ohne zusätzliche Maßnahmen erhalten. Der Architekt benutzte damals diese Polonceauträger, damit die Halle für Produktion stützenfrei sein konnte. Die brauchen nur saniert werden und können ohne Unterstützung weiter so belassen werden, wie sie sind. Es gab dann verschiedene Überlegungen, was man aus der Halle machen kann. 2012 lobten wir dann ein VgV-Verfahren aus, das das Büro Grellmann Kriebel Teichmann gewann. Nach einer realistischen Schätzung sollte die Umsetzung dieses Entwurfes 30 Millionen Euro kosten – was für eine Stadt wie Marktredwitz nicht finanzierbar ist.

Sie mussten also abspecken?

SB: Das ist eigentlich eine ganz spannende Geschichte. Unsere vormalige Oberbürgermeisterin, Frau Dr. Seelbinder, hatte sich in den Kopf gesetzt, dass Marktredwitz eine voll ertüchtigte Veranstaltungshalle für 3500 Besucher bekommen soll. Und die kostete 30 Millionen. Der neue Oberbürgermeister Oliver Weigel hat sich aufgrund der fehlenden Finanzierbarkeit von diesem Projekt verabschiedet – und wir mussten nochmal völlig neu denken. Wir haben ja in direkter Nachbarschaft diese städtische Turnhalle, von der ich vorhin schon sprach. Die dümpelte ja immer irgendwo auch als kleine Veranstaltungshalle mit. Wir haben geguckt, welche Hallen Hof und Weiden, also die größeren Städte in unserer weiteren Nachbarschaft, haben, welche Verluste die jährlich einfahren usw. Und was kann sich die 17.000-Einwohner-Stadt Marktredwitz mit ihrer Haushaltssituation leisten? Und da machten wir dann eine Kehrtwende: Wir bauen eine neue Turnhalle, die vormalige Turnhalle wird unsere voll ertüchtigte Veranstaltungshalle. Mit einem Angebot für rund 600 bis 700 Leute geht das für die Größenordnung von Marktredwitz voll in Ordnung. Und die Glasschleif wird eine temperierte Kalthalle. Das war ursprünglich ein Arbeitstitel, und damit konnten wir sowohl Stadtrat als auch Fördergeber überzeugen. Damit können wir das Gebäude so herrichten, dass das Denkmal gesichert ist, dass es funktioniert. Und wir bekommen eine halbjährliche Nutzung hin, ohne dass wir uns ein Veranstaltungsmanagement leisten müssen, ohne Folgekosten in unermesslicher Höhe zu produzieren.

AR: Es war natürlich schon nochmal Arbeit, die Architekten von dem neuen Projekt zu überzeugen. Aber unser Ziel ist einfach, den Industriecharakter des Gebäudes zu erhalten und nichts zu verschönern. Wir wollen eine puristische Halle – ohne Schnickschnack, nur mit der allernotwendigsten technischen Ausstattung, ohne wahnsinnig teure Lüftungsanlage, ohne Fußbodenheizung, was alles noch angedacht war. Wir bekommen circa zehn Millionen Euro Fördermittel: neben den Bundes- und Europamitteln auch Mittel aus der Städtebauförderung. Und die Oberfrankenstiftung ist auch noch mit im Boot.

Und wie ziehen Sie das jetzt durch?

AR: In der Kombination aus GKT Architekten, Würzburg, die bis Leistungsphase 5 planen, und Peter Kuchenreuther, Marktredwitz, der Ausschreibung und Bauleitung übernimmt. Die Zusammenarbeit war bei der Turnhalle sehr gut – und die läuft auch jetzt bei der Glasschleif gut.

MMS: Die Zusammenarbeit mit Peter Kuchenreuther und seinen Mitarbeitern ist schon sehr gut. Man kann einfach auf Augenhöhe mit ihnen einen Entwurf diskutieren. Da ist keiner beleidigt, wenn unterschiedliche Lösungsansätze diskutiert werden, man versucht gemeinsam die beste Lösung zu finden. In der Stadthalle war ein großes Thema die Beleuchtung. Und Peter hatte die tolle Idee, das bestehende Lichtband durch zwei Schienen zu ersetzen. Das war wie eine Offenbarung. Das Büro hat ja jetzt auch das VgV-Verfahren bei der Erich-Kästner-Schule gewonnen. Ich freue mich auf diese Zusammenarbeit.

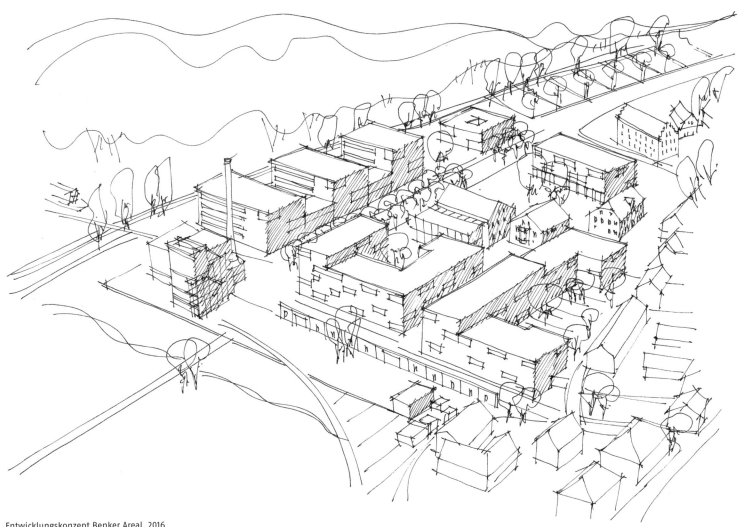

Entwicklungskonzept Benker Areal, 2016
Skizze Peter Kuchenreuther

ENSEMBLE MIT GESCHICHTE UND ZUKUNFT
Glasschleif, Stadthalle, Einfachturnhalle, Erich-Kästner-Schule, Marktredwitz

Über das Ensemble Turnhalle, Stadthalle, Glasschleif, Erich-Kästner-Schule zu sprechen, heißt über die Stadtentwicklung von Marktredwitz Anfang des 20. Jahrhunderts zu sprechen. Die Einrichtung des Eisenbahnknotenpunktes in Verbindung mit dem 1878 eröffneten Bahnhof brachte dem Markt Redwitz einen massiven Entwicklungsschub. 1907 hatte er Stadtrecht erlangt, hieß nun offiziell Marktredwitz und wandelte sich zur Industriestadt. Die in alle vier Himmelsrichtungen dramatisch wuchs: In der Berg-, Klinger- und Bahnhofstraße haben sich bedeutende Ensembles erhalten, auch die Anlage des Stadtparks fällt in diese Epoche. Nördlich der Altstadt dagegen, im Anschluss an Altes Rathaus und St.-Bartholomäus-Kirche, wurde ein terrassiertes, welliges Gelände das neue Schulareal. Schon 1892 wurde ein als „Gelbes Schulhaus" bekanntes, schnell zu kleines Gebäude an der Kraußoldstraße für die katholischen Schulkinder aus Redwitz und Umgebung errichtet. 1911 entstand nach Plänen des Münchner Architekten Emil Leykauf gleich in der Nachbarschaft, aber schon an der Bauerstraße, eine katholische Schule, die heutige Erich-Kästner-Schule. Nur einen Steinwurf weit entfernt plante Leykauf bereits vier Jahre vorher ein evangelisches Schulhaus, das heutige Zentralschulhaus. Östlich davon war für 1908 der Bau einer Turnhalle geplant. Dieser musste aber noch fast 15 Jahre warten, bevor das Gebäude nach Zeichnungen des Leipziger Architekten Richard Eder und seines Ingenieurskollegen Alfred Paatz fertiggestellt wurde.

Ackerland und Wiesen nördlich der heutigen Bauerstraße wies die Kommune als neues Industriegebiet aus.

Die Nähe zum Bahnhof war entscheidend. Hier etablierte beispielsweise Sigmund Scherdel, der Stammvater der heute weltweit tätigen und etwa 5.800 Mitarbeiter beschäftigenden Scherdel-Gruppe, seine erste Drahtzieherei. In der Nachbarschaft baute die aus Fürth stammende Firma Seligmann Bendit & Söhne 1887 eine Spiegelglasfabrik. Diese musste bereits 1912 erweitert werden – mit einer Halle, die heute als Denkmal nationalen Ranges gilt, die Kunsthistoriker mit Peter Behrens' berühmter AEG-Turbinenhalle in Berlin vergleichen: die „Glasschleif", wie sie die Marktredwitzer nennen, gegenüber der damaligen katholischen Grundschule. Ein Gebäude, das der rührige Bauunternehmer Friedrich Mühlhöfer nach Plänen des Fürther Architekten Jean Voigt errichtete. Mühlhöfer hatte bereits die erste Bendit-Fabrik gebaut, auch besagte Ensembles in der Berg- und Klingerstraße sowie die Gebäude Markt 12 und 14 stammen von ihm. Mit der Glasschleif gelang den beiden ein Meisterstück: 69 Meter lang, 33 Meter breit, 14 Meter hoch, 55.000 Kubikmeter umbauter Raum – und das stützenfrei. Die kühne Dachkonstruktion lieferte die Maschinenfabrik Augsburg-Nürnberg (MAN).

Das Gebäude hat eine wechselvolle Geschichte. Schon 1932 musste aufgrund wirtschaftlicher Turbulenzen der Betrieb eingestellt werden, die jüdischen Firmeneigentümer konnten noch rechtzeitig emigrieren. Die Vereinigte Glasschleif- und Polierwerke-GmbH nutzte von 1950 bis Anfang der 1980er-Jahre die Glasschleif für Schleif- und Polierarbeiten. 1983 war die Firma pleite. Die Stadt erwarb Grundstück und Gebäude und nutzte sie als Bauhof. Erst nach der grenzübergreifenden

EINFACHTURNHALLE, GLASSCHLEIF

STANDORT:
Bauerstraße 3, 4-6, 10
95615 Marktredwitz

BAUHERR:
Stadt Marktredwitz
Egerstr. 2
95615 Marktredwitz

PROJEKTTEAM:
Grellmann Kriebel
Teichmann & Partner,
Würzburg/Bamberg
lab landschaftsarchitektur
brenner, Landshut
Kuchenreuther
Architekten / Stadtplaner,
Marktredwitz

PROJEKTLEITUNG:
Uwe Gebhard

STADTHALLE

STANDORT:
Bauerstraße 3, 4-6, 10
95615 Marktredwitz

BAUHERR:
Stadt Marktredwitz
Egerstr. 2
95615 Marktredwitz

PROJEKTLEITUNG:
Uwe Gebhard

ERICH-KÄSTNER-
SCHULE

BAUHERR:
Hilfe für das lernbehinderte Kind im Landkreis Wunsiedel im Fichtelgebirge e. V.
Landratsamt Wunsiedel
i. Fichtelgebirge
Jean-Paul-Straße 9
95632 Wunsiedel

PROJEKTTEAM:
Kuchenreuther
Architekten / Stadtplaner,
Marktredwitz
LandschaftsArchitektur
Marion Schlichtiger,
Wunsiedel

PROJEKTLEITUNG:
Uwe Gebhard

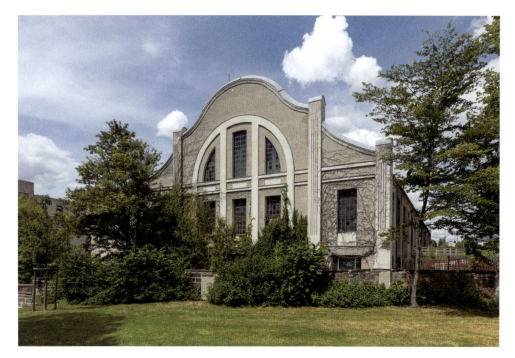

Glasschleif

„Für mich ist die Glasschleif ein verborgener Schatz mitten im Herzen von Marktredwitz. Mit einem tollen Backsteingewölbe und einer faszinierenden Stahldeckenkonstruktion hinter einem beeindruckenden Giebel."

Heike Rödel,
Kuchenreuther Architekten / Stadtplaner

Landesgartenschau auf dem Benker-Areal, ebenfalls ein aufgegebenes Industriegelände, tat sich etwas in Sachen Glasschleif. Wobei die Halle – richtigerweise – nicht als Einzelobjekt, sondern in ihrem Kontext gesehen und eine Gesamtlösung für das ganze Areal angestrebt wurde. 2012 schrieb die Stadt über die STEWOG ein Verhandlungsverfahren aus. Die ausgewählten Planungsbüros, an die sich das Verfahren wandte, sollten Angebote zu drei verschiedenen, freilich miteinander verbundenen Themen abgeben: Umbau der Glasschleif „zu einer multifunktionalen Kultur- und Veranstaltungshalle", eine städtebauliche Neuplanung des „teilweise brachliegenden Quartier(s)" zwischen Kraußold-, Dürnberg- und Martin-Luther-Straße (einschließlich der Bauerstraße) und die Planung einer Einfachturnhalle.

Das Ergebnis besagten Verfahrens war eine Arbeitsgemeinschaft aus GKT Architekten, Würzburg, dem Landschaftsarchitekturbüro lab aus Landshut und dem Büro Kuchenreuther, Marktredwitz, die die Planung der neuen Turnhalle und des Umbaus der Glasschleif übernahm. Kuchenreuther plante darüber hinaus die Sanierung der alten Turnhalle sowie, als Resultat eines weiteren Verhandlungsverfahrens, die Erweiterung der Erich-Kästner-Schule. Für die Sanierung des Kirchparks, früher einmal der Alte Friedhof und das grüne Herzstück des ganzen Areals, war das Büro für Landschaftsarchitektur von Marion Schlichtiger zuständig. In der Stadtentwicklungspolitik wird von dem Areal als „Stadtkern Nord" gesprochen. Es soll die Kultur- und Freizeit-Achse der Stadt werden.

Die Schwierigkeiten, die die Planer zu bewältigen hatten, aber auch die Vorteile, die sie aus der topografischen Situation, dem offensichtlichen Geländeversprung, ziehen konnten, werden bei dem Blick auf die neue Turnhalle deutlich. Der Neubau war dringend notwendig geworden, weil die alte Turnhalle schon längst nicht mehr den Sicherheitsbestimmungen für Sportunterricht genügte. Während das Gebäude immer mehr für Kulturveranstaltungen in Anspruch genommen wurde und, nach baulichen Veränderungen, unaufhaltsam von der Turn- zur Stadthalle mutierte, mussten die Steppkes der Grundschule mit dem Bus zum Turnen fahren. Als Bauplatz allerdings stand nur ein Grundstück östlich der Grundschule und unterhalb der alten Turnhalle zur Verfügung, wobei besagte Ausschreibung „Synergieeffekte" zwischen Alt- und Neubau forderte. Zwei Alternativen gab es: die Halle eingraben oder sie auf der gleichen topografischen Ebene wie die Grundschule zu errichten. Man wählte Letzteres. Dazu musste man neben Freitreppen und Rampen insgesamt drei Terrassen mit Stützmauern neu anlegen, was die Arbeiten sehr komplex und zeitaufwändig machte. Weil sowohl in der Holz- als auch in der Massivbaukonstruktion der Halle vorgefertigte Teile verwendet wurden, konnten dennoch die Termine gehalten werden. Auf der untersten Terrasse befinden sich nun die auffällig blau markierten Außenanlagen wie Laufbahn und zwei Sportfelder. Auf der mittleren Ebene liegt die Erdgeschosszone des einschließlich der Nebenräume insgesamt 27 x 25 Meter messenden Hallenkubus'. Das Ober- bzw. Galeriegeschoss der Turnhalle liegt wiederum auf der Ebene des Erdgeschosses der Stadthalle. Weil Alt- und Neubau mit einem kleinen Zwischenbau verbunden sind, kann man Foyer, Garderoben und Sanitärräume der neuen Turnhalle auch für die Stadthalle nutzen. Der rationale Duktus des Neubaus kontrastiert deutlich mit der verhaltenen Expressivität des Altbaus. Ein Dialog von Alt und Neu, der indes nicht immer aufgeht.

„Eine Stadthalle mit Wow-Effekt"

Schlagzeile der Frankenpost, 11.12.2019

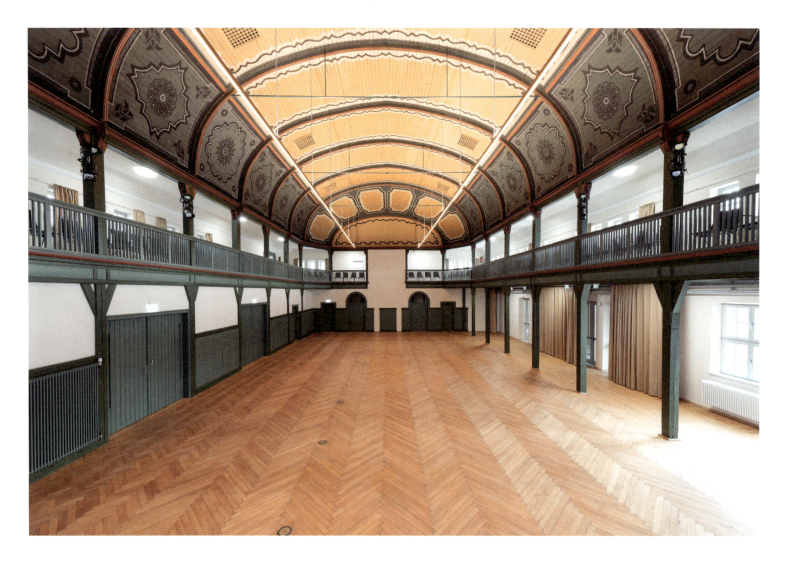

„Eine Stadthalle mit Wow-Effekt", schrieb Peggy Biczysko in der Frankenpost im Dezember 2019 zur feierlichen Wiedereröffnung des sanierten Gebäudes. Die zur Illustration gezeigte Innenaufnahme des großen Saals leuchtete in allen Farben: von einem tiefen Kobaltblau über ein fast grelles Grün bis zu einem Weinrot, das von orangegelben und lilafarbenen Spots unterbrochen wird. Nun ist die neue Lichtanlage nur die sichtbarste Neuerung, die die rund eineinhalb Jahre dauernde Sanierung bewirkt hat. Die formell wichtigste ist, dass der schleichende, schon erwähnte Umwandlungsprozess von Turn- zur Stadthalle ein Ende gefunden hat – und das Gebäude nun auch offiziell Stadthalle heißt. Diese Transformation ist schon am Eingangsportal zu sehen: Während im Dreiecksgiebel noch eine sichtbar ältere Schrift von der „Städt. Turnhalle" kündet, sprechen deutlich moderne Metall-Buchstaben darunter von „Stadthalle". Der Baustil der denkmalgeschützten Halle, die lange Zeit die größte Halle in Innenstadtnähe war und deswegen immer öfter für sportfremde Veranstaltungen herhalten musste, ist ein Amalgam aus Heimatstil, Jugendstil und Expressionismus, wobei sie immer wieder bauliche Veränderungen erfuhr. Schon wenige Jahre nach Fertigstellung wurde, weil sich der Längsträger gesenkt hatte, das Tragwerk des Tonnendaches von einer Längsspannung auf Querspannung umgestellt. Die Stützen hatte man mit Stahl verstärkt, wobei die kapitellähnlichen, bizarr wie Fratzen geformten Stützenköpfe einen expressiven Höhepunkt darstellen. Das hölzerne Tonnendach selbst erstrahlt nach der Sanierung und Farbschichtanalyse wieder im ursprünglichen Zustand inklusive der ornamentalen Bemalung. Dass man diese bewundern kann, ist auch der Verdienst besagter neuer Lichtanlage. Die fast grellen Spots der früheren ließen die Decke im Schatten, mit der neugeschaffenen, äußerst filigranen Leuchtschienenkonstruktion ist der Saal in seinem ganzen Volumen erlebbar.

Biczysko zitierte in dem angesprochenen Artikel Peter Kuchenreuther mit folgendem Satz: „Wenn die Leute kommen, sich umsehen und fragen: ‚Habt ihr eigentlich was gemacht hier?', dann haben wir es richtig gemacht." Damit thematisierte er die Rolle des unsichtbaren Architekten, der seinen eigenen Gestaltungsanspruch zurückstellt, der repariert, der, wenn nötig, Mängel beseitigt – zugunsten des Denkmals. Und dessen Eingriffe – etwa das technische Ertüchtigen des Gebäudes nach den derzeit geltenden Vorschriften – fast selbstverständlich erscheinen. Kuchenreuthers Team hat freilich die Halle gemäß der neuen, oder besser: endgültigen Bestimmung nicht in den Urzustand zurückversetzt, sondern die prägenden Einbauten – etwa die Installation einer Bühne in den 1960er-Jahren – in Abstimmung mit der Denkmalpflege belassen. Und manchmal auch Überraschendes zu Tage gefördert: das Fischgrätparkett aus Buche etwa. Es hatte durch falsche Pflege seine Farbe ins schmutzig Graue gewechselt und überdies – stets im Sommer – bis zu einem halben Meter hohe Wellen geworfen. Aus unbekanntem Grund. Bei der Sanierung wurde nicht nur neu verputzt, sondern auch die Gebäudehülle thermisch ertüchtigt, beispielsweise kamen Isolierglasfenster zum Einsatz. Seitdem bleibt das Parkett glatt. Früher hatten offenbar große Temperaturunterschiede im Sommer am Boden für Kondenswasser gesorgt, das wiederum für die Verformungen verantwortlich war. Weil seit einiger Zeit auch die Musikschule Marktredwitz ihren Sitz in der Stadthalle hat, wurden deren Räume neu organisiert und optimiert. Das Kulturleben in Marktredwitz jedenfalls hat seit der Wiedereröffnung des altehrwürdigen Gebäudes wieder eine ebenso atmosphärisch wie ästhetisch angemessene Heimstatt gefunden.

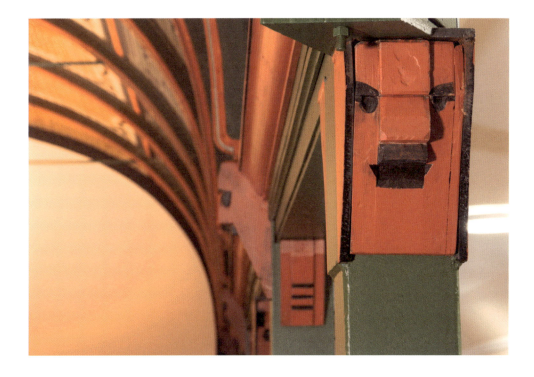

Ende November 2019 konnte die Erich-Kästner-Schule ihr 30-jähriges Bestehen feiern: Seit 1989 befand sich das sonderpädagogische Förderzentrum in privater Trägerschaft in den Räumen der ehemaligen katholischen Grundschule gleich gegenüber der Glasschleif. Doch die Feier hatte einen Wermutstropfen: Die Schule platzte aus allen Nähten. Und das schon lange. Immer wieder mussten etliche der insgesamt 100 Schüler in der benachbarten Grundschule oder im Otto-Hahn-Gymnasium unterrichtet und betreut werden. Nun hatte dann doch der Fördergeber, der Landkreis Wunsiedel, ein Einsehen und bewilligte die Gelder, im Süden des Bestandsgebäudes einen ebenso großen Erweiterungsbau zu errichten. Dessen Planung verantwortet das Büro Kuchenreuther, das sich bei einem Verhandlungsverfahren durchsetzen konnte.

Wie schon bei dem Komplex Turnhalle/Stadthalle konnte auch bei dieser Schule die Planung das gewellte Terrain als Vorteil nutzen. Beherbergt das Untergeschoss des Bestandsbaus nur Nebenräume, ist das ebenen-gleiche Geschoss des äußerst kompakten Erweiterungsbaus komplett für Unterrichts- und Betreuungszwecke nutzbar. Die beiden leicht versetzten Gebäude werden mit einer Fuge verbunden, in der nicht nur Aufzug und Treppenhaus untergebracht sind, sondern die im Untergeschoss den neuen, nun barrierefreien Haupteingang beherbergt. Besagte Fuge spielt darüber hinaus für das Lehrangebot im Neubau eine nicht zu unterschätzende Rolle: Denn in ihr befinden sich die Übergänge zum Bestandsbau mit dessen Treppenhaus, das baurechtlich als zweiter Fluchtweg für die Erweiterung gilt. Damit kann die gesamte Etage im ersten und zweiten Geschoss als Nutzungseinheit definiert und eine Lernlandschaft eingerichtet werden. Im neuen Erdgeschoss befinden sich die Einrichtungen zum Ganztagesangebot. Im Bestandsbau dagegen ist eine komplette Neuorganisation der derzeit eher zufällig verteilten Räume nach funktionalen Gesichtspunkten vorgesehen.

Man hat sich auf ein städtebaulich motiviertes, ästhetisches Gesamtkonzept für die öffentlichen Gebäude entlang des Kirchparks geeinigt: Alle Neubauten, sprich Turnhalle, Erweiterung der Erich-Kästner-Schule und Erweiterung des Zentralschulhauses – den Auftrag hatte das Büro Kuchenreuther 2021 bekommen –, nehmen sich gegenüber den steinernen Bestandsgebäuden zurück. Sie haben klare Formen und sie sind bzw. werden jeweils mit Holz verkleidet. Im Juni 2023 liegt das Konzept für die neue Erich-Kästner-Schule der Regierung von Oberfranken vor, welche auch die Fördermittel freigibt. Der Vorentwurf der Zentralschulhaus-Erweiterung ist erarbeitet, er wird von der Stadt Marktredwitz geprüft.

Wann die Erweiterung der Erich-Kästner-Schule schließlich fertiggestellt wird, lässt sich im Sommer 2023 noch nicht sagen. Genauso wenig wie die Zentralschulhaus-Erweiterung. Konkreter kann man den Termin fassen, an dem die Glasschleif ihre ersten Besucher empfangen wird. Zwar hat sich wegen der Corona-Pandemie und anschließender Engpässe bei Material und Bauteilen der Umbau verzögert. Aber mit den Fördergebern konnte man sich auf eine Verlängerung der Fristen einigen. Die Gebäudehülle wird voraussichtlich Ende 2023 fertig sein, der Innenausbau dürfte dann noch bis zum Herbst 2024 dauern. Wobei das Erdgeschoss der Glasschleif – „Saalgeschoss" genannt – künftig eine „temperierte Kalthalle" für Kultur und Veranstaltungen werden soll. In warmen Monaten, in denen keine Heizung nötig ist, sollen Messen, Modenschauen und Automobilausstellungen stattfinden, Kongresse, Konferenzen und Konzerte usw. Auch an Großhochzeiten, Firmenfeste und Kleintierzuchtvereine ist gedacht. Jahrelang hat man in Marktredwitz um ein Nutzungskonzept gerungen, das dem Denkmal und der mit rund 17.000 Einwohnern größten Stadt im Landkreis angemessen ist. Und von Letzterer auch finanzierbar ist. Der etwas rohe, ungehobelte Charakter des Industriegebäudes soll er-

BAUTEN FÜR DIE GEMEINSCHAFT

halten bleiben, die Einbauten sollen auf das technisch Notwendige beschränkt werden: Strom, Wasser, Licht, eine technische Grundausstattung und Stühle. Den Rest sollen die Veranstalter selbst stellen, wobei die große Halle im Erdgeschoss 2.100 Quadratmeter bietet – d.h. etwa 1.600 Sitz- und 3.000 Stehplätze. Anders der als eigenständiges Volumen errichtete Westflügel, der mit einer durchbrochenen Wand mit der Halle verknüpft ist: Hier werden die für eine Veranstaltungshalle unentbehrlichen Räumlichkeiten untergebracht: Foyer, Kasse, Konferenz- und Besprechungsräume, Catering, Künstlerumkleiden, Garderobe und Sanitär-, Lager- sowie Technikräume, wobei der Westflügel über neugebaute Treppen und Aufzug mit dem beheizten Untergeschoss verbunden ist.

Erst nach dem einleitend erwähnten Wettbewerb 2012 wurde über Nutzung des ebenso eindrucksvollen Untergeschosses – des sogenannten Talgeschosses – nachgedacht. Es beherbergt unter anderem die ausgesprochen mächtigen, ja fast achtungsgebietenden Backsteinfundamente für die tonnenschweren Glasschleifmaschinen. Eine Schenkung der international bedeutenden Gobelingestalterin Ursula Benker-Schirmer stieß dann die Nutzungsdiskussion an. Die im Oktober 2020 verstorbene, vielfach ausgezeichnete Künstlerin vermachte ihren auch aus Gemälden und Skizzen bestehenden Nachlass der Stadt. Man kann sich eine Art konservierende Ausstellungs-Präsentation dieser Kunstwerke in den Gewölben der Glasschleif sehr gut vorstellen. Dass dann weitere Ideen geboren wurden, etwa ein öffentlich zugängliches Kunst- und Kulturdepot in diesen im Herbst 2020 auf den Rohbau zurückgebauten Räumen unterzubringen, war nur folgerichtig.

Weitere Vorschläge sind eine Vinothek und eine Ausstellung von Mineralien. Auch wenn ursprünglich weit ambitioniertere Pläne für die seit 2009 leerstehende Glasschleif geschmiedet wurden, so ist denn die nun zu realisierende Lösung doch überzeugend. Nach fast vier Jahrzehnten Dornröschenschlaf wird eines der bedeutendsten Industriedenkmäler Hochfrankens zum belebten öffentlichen Raum. Das zweigeteilte Nutzungskonzept garantiert permanentes Leben im Talgeschoss und temporäres Leben im Saalgeschoss der Halle. Die Art der Nutzungen schafft die Möglichkeit – über den engen Kreis der Politik, Verwaltung, Planer und an Architekturgeschichte Interessierten weit hinaus – für jeden, neue positive Erfahrungen mit diesem historischen, doch auch sperrigen Ort zu verknüpfen.

Reichlich Investitionen sind in das Ensemble Turnhalle, Stadthalle, Glasschleif, Erich-Kästner-Schule und Kirchpark geflossen. Reichlich Fördergelder – bis hin zum Bund und der Europäischen Union – ebenfalls. Und der Schweiß von Politik und Verwaltung, Planern und Bauausführenden sowieso. Auch wenn das Ensemble noch seines Abschlusses harrt, so sind doch die Zwischenergebnisse, die fertiggestellten Bauten und die noch fertigzustellenden Planungen, äußerst ermutigend. Auch wenn sich „Kernstadt Nord" und „Schul- und Kulturachse" nach sperrigem Planerdeutsch anhört, so wird doch in sehr attraktiven öffentlichen Räumen Geschichte, Gegenwart und Zukunft miteinander verwoben. „Weiterbauen" ist gerade vor dem Hintergrund, dass Marktredwitz sich als die wirtschaftlich dynamischste Stadt im Landkreis präsentiert, ein erfreulicher Umgang mit dem baulichen Erbe und mit der eigenen Stadtentwicklung.

Erweiterung Erich-Kästner-Schule,
Skizze Lisa Kuchenreuther

HOCH UND ATEMBERAUBEND
Sanierung Goldener Löwe, Weißenstadt

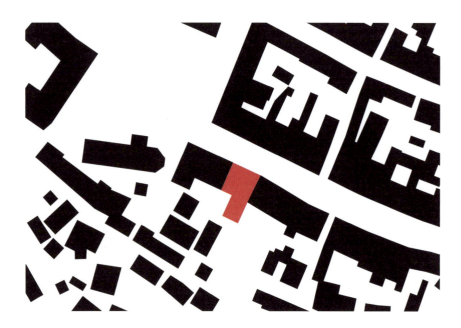

Man kann das über 100.000 Quadratmeter große Siebenquell-Thermalresort bei Weißenstadt für seine schiere Größe oder seine nicht regional typische Architektur kritisieren. Konzedieren muss man allerdings, dass der Tourismus in der 3000-Seelen-Kommune durch das Bad einen nicht unerheblichen Aufschwung erfahren hat. Wer in der Altstadt flaniert, hört Dialekte, sieht viele Autokennzeichen, die nicht aus Oberfranken stammen. So kann die Entscheidung der Stadt, die Uferbereiche des Weißenstädter Sees aufzuwerten und die Ruinen der Granitwerke Ackermann in einen neugestalteten Kurpark einzubinden, nur als mutig und vorausschauend bezeichnet werden. Ebenso der vom Landesamt für Denkmalpflege unterstützte Beschluss, die über Jahre leerstehende Brandruine des vormaligen Wirtshauses „Goldener Löwe" unter anderem zur Kur- und Tourist-Information umzubauen. Denn in diesem Büro ist immer was los.

Es war in den 1990er-Jahren, als nach einer Brandstiftung ein Feuer das gerade zwei Häuser vom Rathaus entfernte Gebäude zerstörte. Lange Jahre fand man keine Nutzung für den kümmerlichen Rest, der von diesem einst stolzen Anwesen übriggeblieben war. Man fand keinen Gebäudezweck, für den sich die Investition in eine Sanierung rechnete. Bis sich die Kommune Weißenstadt der Ruine annahm – obwohl deren Kassen unter dem Druck der Finanzkrise 2007 ziemlich leer waren. Bürgermeister Frank Dreyer, der 2008 zum ersten Mal dieses Amt antrat, und der Denkmalpfleger Ulrich Kahle wandten sich an Peter Kuchenreuther. Und langsam kristallisierte sich die Idee heraus, ein Informationsbüro für die immer größere Zahl von Touristen im ehemaligen Goldenen Löwen einzurichten. Freilich, das ist nur der eine Teil der Sanierung – der sichtbarere, publikumsträchtigere, leichter zugängliche. Der zweite Teil ist das Obergeschoss, das einen Bürgersaal beherbergt. In diesem finden Sitzungen des Stadtrats statt, Vorträge, kleine Konzerte, Ausstellungen. Wie ein Wirtshaus vor wenigen Jahrzehnten noch der kommunikative Mittelpunkt eines Dorfes, eines Quartiers, eines Viertels war, so schlägt heute im sanierten Goldenen Löwen – in anderer Form, unter anderen Bedingungen – das kollektive Herz des Städtchens Weißenstadt: Hier, an diesem viel besuchten Ort, verhandelt man das Städtische, das Gemeinschaftliche.

Die Gestaltung des Ortes unterstützt dieses Anliegen. Indem die Architektur die historischen Elemente herausarbeitet, sie repariert, Störungen behebt, Eingriffe in die Substanz so weit wie möglich vermeidet, verweist sie auf die gemeinsamen geschichtlichen Wurzeln. Die heute ensemblegeschützte Altstadt Weißenstadts wurde nach dem großen Brand von 1823 mit biedermeierlichen Typenhäusern wiederaufgebaut. Der damalige Bayreuther Kreisbauinspektor Tauber hatte ein strenges, im Grunde klassizistisches Regelwerk mit einer straßenbegleitenden, traufständigen Bebauung aufgestellt, in die sich der sanierte Goldene Löwe wieder mühelos einfügt. Die historische Fassade wurde aufgewertet, der grobe, grün durchgefärbte Kratzputz wieder aufgetragen, das Dach mit ortsüblichem Schiefer neu gedeckt. Keine Plastik-, keine Alu-, sondern hochwer-

SANIERUNG
GOLDENER LÖWE,
WEISSENSTADT

STANDORT:
Wunsiedler Straße 4
95163 Weißenstadt

BAUHERR:
Stadt Weißenstadt
Kirchplatz 1
95163 Weißenstadt

PROJEKTTEAM:
Kuchenreuther
Architekten / Stadtplaner,
Marktredwitz
Ludwig Fröhlich,
Marktredwitz
Wittmann Struktur-
mechanik, Marktredwitz

PROJEKTLEITUNG:
Ralf Köferl

BAUTEN FÜR DIE GEMEINSCHAFT

tige Holzisolierfenster kamen zum Einsatz. Die schlicht-eleganten Fenster- und Türgewände aus Granit konnte man aufarbeiten, die mächtigen Granit-Bodenplatten wieder instand setzen und neu ausrichten. Auch die zahlreichen Gewölbe im Erdgeschoss und im Keller hat man, so weit möglich, saniert und neu verputzt.

Dagegen ist das Interieur der Touristen-Info betont modern. Weiß laminierte Holzmöbel, Glaswände und weinrotes oder schwarzes Leder dominieren die Atmosphäre. Das eigentliche Highlight des neuen Goldenen Löwen – und das ist fast sprichwörtlich zu verstehen – empfängt den Besucher, wenn er auf der sanierten Granittreppe in das Obergeschoss kommt: ein lichtdurchfluteter Bürgersaal, der wegen seines offenen Dachstuhls schillernde acht Meter hoch ist. Weil nach dem Feuer nichts mehr von dem Dach übrigblieb, hatte Kuchenreuther freie Hand, unter der traditionellen Schieferdeckung einen aufregenden Raum zu entwerfen. Mit dem 2011 verstorbenen Tragwerksplaner Jörg Wittmann entwickelte er eine freispannende Dreieckskonstruktion für ein Sparrendach aus Leimholzbindern. Damit dieses Dach ohne Stütze auskommt, sind die Auflager als Ringanker konzipiert: In Höhe der Traufe, also am Übergang von aufgehender, vertikaler Wand in die Neigung des Daches, ist ein horizontaler, gut zehn Zentimeter starker Stahlbetonbalken etwas abgesetzt in die Wand eingelassen. Weil dieser Balken an allen vier Seiten des Raumes verläuft und seine Teile kraftschlüssig miteinander verbunden sind, wirkt er wie ein durchgehender, geschlossener Gurt und kann Zugkräfte, die sich durch Schnee- oder Windlasten auf dem Dach ergeben, gegeneinander ausgleichen.

Damit nicht genug. Der Bürgersaal im Obergeschoss ist im Sinne des Baurechts eine Versammlungsstätte, die einen zweiten Fluchtweg erfordert. Das Gesetz lässt auch bei einem denkmalgeschützten, aus dem Jahre 1826 stammenden Gebäude keine Ausnahme zu. Kuchenreuther machte aus der Not eine Tugend und plante im Anschluss an den Bürgersaal eine große Freiterrasse auf geretteten Gewölben. Diese bietet nicht nur einen grandiosen Ausblick auf die Gipfel des südlichen Fichtelgebirges, sie dient nicht nur – zumindest im Sommer – bei kulturellen oder politischen Veranstaltungen als eine Art Foyer, sondern sie ist auch an eine breite freilaufende Stahltreppe angebunden, die als Nottreppe wieder ins Erdgeschoss führt.

So ist der neue Goldene Löwe hinter seinem doch bescheidenen Äußeren ein ziemlich kluges Gebäude. Er verbindet ebenso feinsinnig wie selbstverständlich Tradition und Moderne, ist gleichzeitig bauliches Erbe und blickt hochinnovativ in die Zukunft. Ohne durch Größe beeindrucken zu wollen. Und da, wo man über die Zukunft der Kommune ringt und streitet, da erhebt sich der Goldene Löwe und wird atemberaubend.

„Schmuckstück in der Altstadt"

Schlagzeile der Frankenpost, 23.06.2015

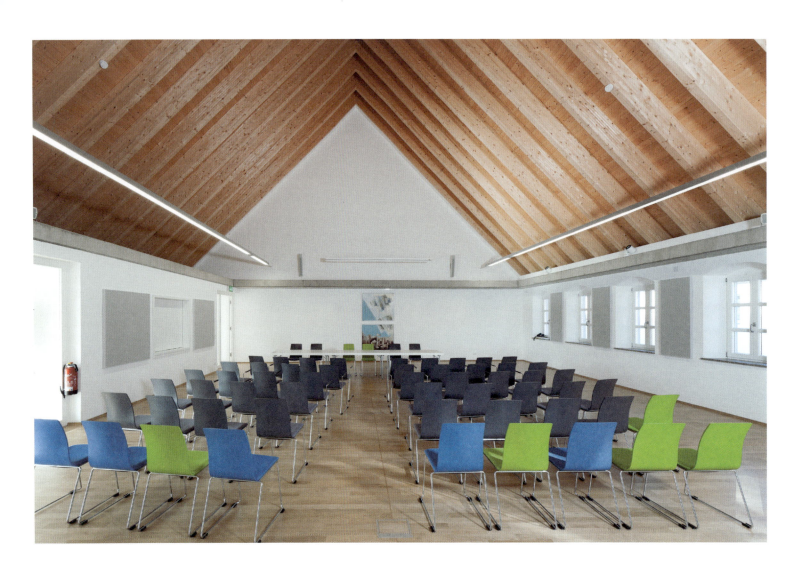

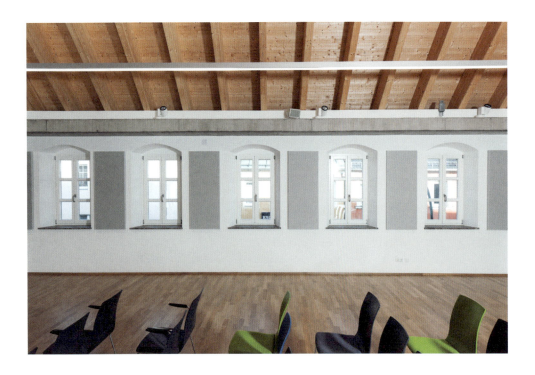

BAUTEN FÜR DIE GEMEINSCHAFT

DORFGEMEINSCHAFT
HAMMERscheune Niederlamitz, Kirchenlamitz

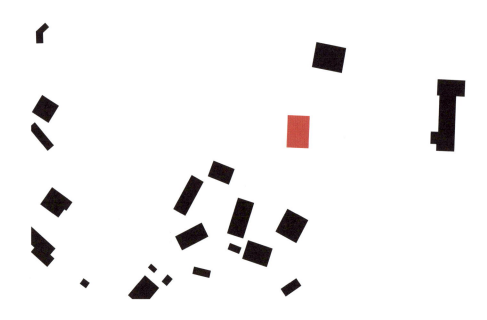

Die Frankenpost brachte schon im Januar 2018 das Geschehen auf den Punkt: „Ein Dorf packt gemeinsam an". Dies war die Überschrift eines Berichtes über den Bau der „Fest-" oder „HAMMERscheune" in Niederlamitz. Das Gebäude, zu dessen Bau die Bevölkerung dieses Ortsteils von Kirchenlamitz gemeinsam anpackte, ist ein wahres Dorfgemeinschaftsprojekt. Gefördert vom Amt für ländliche Entwicklung, in Zusammenarbeit mit der Dorfgemeinschaft geplant vom bewährten Team Kuchenreuther/Schlichtiger. Gebaut wurde die Scheune mit sehr viel Eigenleistung von der Dorfgemeinschaft – und natürlich wird die Scheune auch von der Dorfgemeinschaft genutzt. Dass diese inzwischen einen Verein gegründet hat, einen Verein, der „Dorfgemeinschaft Niederlamitz e.V." heißt, der seit 2018 im Vereinsregister geführt wird und formelle Rechtsfähigkeit erlangt hat, ist nur die Krönung eines außergewöhnlichen Projekts.

Wie in Tröstau und vielen anderen Orten des Fichtelgebirges gab es auch in Niederlamitz einen Eisenhammer. Er wurde allerdings im Gegensatz zu Tröstau schon 1880 abgetragen. Es blieben einige Betriebsgebäude, darunter eines, das als Wirtshaus und Treffpunkt – zuletzt als Gaststätte Schörner – Karriere machte, um dann seinerseits aufgegeben zu werden. Wie eine dazugehörige Scheune verfiel der Bau, war schließlich einsturzgefährdet. Das ganze verwilderte Gelände stellte eine Gefahrenquelle dar. Doch die Dorfgemeinschaft regte sich und beschloss mit der Stadt Kirchenlamitz, den klaffenden Schandfleck zu beseitigen. Mit beeindruckendem bürgerschaftlichen Engagement diskutierte man die Art der Umgestaltung und die spätere Nutzung. Man traf sich zu Workshops mit den Planern, brachte unterschiedliche Erwartungen auf den Tisch und einigte sich auf gemeinsame Ziele. Und fand im Bayerischen Dorfentwicklungsprogramm den perfekten Förderweg, die sogenannte Einfache Dorferneuerung, bei der „zentrale Bereiche in Dörfern gestalterisch verbessert und für das Gemeinschaftsleben aufgewertet sowie leer gefallene ortsbildprägende Gebäude saniert und neuen Nutzungen zugeführt" werden sollen.

Dass hierzu ein eigenes Förderprogramm aufgelegt werden musste, zeigt, dass im vom demographischen Wandel gezeichneten ländlichen Raum – und das nicht nur in Bayern – vielfach die Dorfzentren ihre ursprüngliche Funktion verloren haben. In Rheinland-Pfalz beispielsweise heißt das entsprechende Förderprogramm „Mehr Mitte bitte". Im Bund-Länder-Programm „Ländliche Zentren – Kleinere Städte und Gemeinden" wurden von 2010 bis 2019 in ganz Deutschland 672 ähnliche Projekte gefördert. Die nicht nachlassende Initiative der Niederlamitzer Bevölkerung sowie die sowohl symbolische als auch ganz praktische Einbindung von Geschichte machen das hochfränkische Projekt so besonders. Spannend auch das sehr gelungene Ineinandergreifen von Hochbau- und Landschaftsarchitektur. Denn es wurde nicht einfach ein kleines Gebäude gebaut, die Dorfgemeinschaft entwickelte mit Kuchenreuther und Schlichtiger vielmehr ein ganzes Areal, das „Hammergelände", das mit vielfachen Verweisen auf die Vergangenheit des Ortes dessen neue Mitte darstellt. Einen zentralen Treffpunkt, an dem die Niederlamitzer – die Jugend, aber auch die Älteren – ihre Freizeit verbringen, an dem Theateraufführungen, kleinere Konzerte oder Lesungen stattfinden können, an dem man gemeinsam grillt, mit selbstgefertigten Figuren eine Partie Schach spielt oder einfach nur miteinander schwätzt. Darüber hinaus ist das Gelände an das regionale und überregionale Wander- und Radwegenetz angeschlossen.

HAMMERSCHEUNE
NIEDERLAMITZ,
KIRCHENLAMITZ

STANDORT:
Hammerweg 5,
Ortsteil Niederlamitz
95158 Kirchenlamitz

BAUHERR:
Stadt Kirchenlamitz
Marktplatz 3
95158 Kirchenlamitz

PLANUNGSTEAM:
Kuchenreuther
Architekten / Stadtplaner,
Marktredwitz
LandschaftsArchitektur
Marion Schlichtiger,
Wunsiedel

PROJEKTLEITUNG:
Susann Schäfer

AUSZEICHNUNG:
Staatspreis Dorferneuerung und Baukultur 2021

„Der Holzbau einer Festscheune schafft neue baukulturelle Qualität auf historischem Gelände: Mit der Revitalisierung des ehemaligen Geländes des Niederlamitzer Hammers wird die industrielle und wirtschaftliche Vergangenheit des Fichtelgebirges wieder erlebbar. Das attraktive Freizeitgelände eröffnet den Dorfbewohnerinnen und Dorfbewohnern zahlreiche Möglichkeiten für gemeinsame Aktionen. Das Projekt leistet einen hervorragenden Beitrag zur regionalen Baukultur und zum Klimaschutz."

Jurybegründung,
Staatspreis Dorferneuerung und Baukultur 2021

„Auf Gebautem bauen" lautete das Konzept der Planer. Und dies ganz wörtlich: Zuerst riss man das alte, völlig marode Gasthaus ab – bis auf den historischen Gewölbekeller, dessen Erhalt auch der Dorfgemeinschaft wichtig war. Über den Keller und den Grundmauern wurde eine Betonplatte gegossen, die gleichsam das Fundament des Neubaus darstellt. Aufgrund der topographischen Situation – ein Geländeversprung – ist der Gewölbekeller auch ebenerdig begehbar, er dient als Lager und Ausstellungsraum. Die darüber gebaute Festscheune nimmt mit 16 x 10 Meter die Maße des ehemaligen Hammergebäudes auf, ähnelt aber in Form und Material – eine Holzrahmenkonstruktion mit vertikal beplankter Holzfassade – der erwähnten, teilweise eingestürzten Scheune, die ebenfalls abgebrochen wurde. Die ebenso schlichte wie traditionelle Scheunenform wurde also bewusst gewählt, doch der tiefe Einschnitt im Eingangsbereich und vor allem zwei auffällige Fensteröffnungen verorten das breit gelagerte Gebäude in der Gegenwart. Außen stehen diese schwarz berahmten Fenster etwa zwei Handbreit vor der Fassade, innen dagegen haben sie eine sowohl niedrige als auch tiefe Brüstung, so dass man auf dieser sitzen und einen privaten Plausch etwas abseits des Geschehens halten kann.

Der erwähnte Gebäudeeinschnitt dient nicht nur als Eingang, sondern auch als Unterstand für Radfahrer und Wanderer bei schlechter Witterung. Von diesem Unterstand ist auch ein barrierefreies WC erreichbar. Dieses und die innenliegende Teeküche bilden die versorgenden Räume innerhalb der Festscheune. Der Innenraum des Gebäudes ist einfach und robust gehalten. Der offene Dachstuhl zeigt das sichtbare Nagelbindertragwerk. Im hinteren Teil erhebt sich eine kleine Bühne, über eine Klappe und eine kleine Treppe sind die Gewölbekeller erreichbar. Die innenliegende Wärmedämmung befindet sich im Bereich der dienenden Räume, die zudem Frostwächter erhalten. Die Wärmedämmung des Veranstaltungsraums kann in Eigenleistung zu einem späteren Zeitpunkt erfolgen. Es ist keine Heizung vorgesehen, lediglich ein Holzofen liefert Wärme bei Veranstaltungen. Ansonsten wird eine Stromversorgung installiert, welche einen Festbetrieb für Konzerte sicherstellt. Die Beschreibung der Innenausstattung mutet spartanisch an, der Innenausbau kann aber jederzeit nachgerüstet und neuen Bedürfnissen angepasst werden. Dann könnte es auch in Zukunft heißen: „Ein Dorf packt gemeinsam an"

NEUE MITTE
Ausblick: Sanierung Goldner Löwe, Kirchenlamitz

„Gasthof, zweigeschossiger Walmdachbau, massiv und verputzt, korbbogige Toreinfahrt, durch Wirtshausschild von Ernst Reithel bez. 1833, Erdgeschoss verändert." Mit diesen, angesichts seiner Geschichte doch etwas dürren Worten ist der Goldne Löwe in Kirchenlamitz in die Denkmalliste des Landkreises Wunsiedel im Fichtelgebirge eingetragen. Nun sind solcherart Verzeichnisse letztlich Verwaltungsakte und entsprechend kann man keine beeindruckenden Schilderungen erwarten. Aber der Goldne Löwe in Kirchenlamitz war wie viele andere Wirtshäuser gleichen Namens das Zentrum des Ortes. Am Marktplatz, wo die Straßen nach Wunsiedel, Hof und Weißenstadt einmünden, in unmittelbarer Nachbarschaft des Rathauses in der Ortsmitte gelegen, war der Löwe ein gesellschaftliches Zentrum. War Kontaktbörse, Stätte des Frühschoppens und des Sonntagsschmauses, und man kann sich sehr gut vorstellen, wie viele Rathaus-Sitzungen in diesem Gasthof mit unzähligen Gläsern gerstenhaltigen Getränks vor- und nachbereitet wurden. Dies alles ist allerdings lange her. Jahrzehntelang stand das Gebäude oder besser: dieser aus mehreren Baukörpern bestehende Gebäudekomplex in der denkmalgeschützten Innenstadt von Kirchenlamitz leer. Man hat rumgebastelt an ihm, hat ihn an-, um- und ausgebaut, ihn mit wenig sensibel gefügten Nebengebäuden ergänzt. In den 1980er-Jahren diente der Gasthof als Flüchtlingsheim für deutschstämmige Spätaussiedler aus Russland. Dann stand er wieder leer, verfiel, war Schandfleck mitten in der vom Strukturwandel und dem Verfall der Porzellanindustrie gezeichneten Mitte.

Bereits in dem mit den Bürgern erarbeiteten „Interkommunalen Entwicklungskonzept – Zukunft Nördliches Fichtelgebirge" von 2006 wurde die Revitalisierung des Goldnen Löwen diskutiert. Die Stadt Kirchenlamitz erwartete sich dadurch eine wirtschaftliche Belebung und Aktivierung des gesamten Marktplatzbereiches. Doch es fehlte das Geld. Erst mit dem Beschluss der bayerischen Staatsregierung Ende 2016 die „Förderoffensive Nordostbayern" aufzulegen, waren auch in Kirchenlamitz die Voraussetzungen geschaffen, das Projekt Wiederbelebung des Goldnen Löwen in Angriff zu nehmen. Dieses Förderprogramm hatte zum Ziel, innerörtliche Leerstände zu beseitigen und die Attraktivität gerade der Ortsmitten zu stärken. Im Sommer 2018 lobte die Stadt Kirchenlamitz, die das völlig vernachlässigte Haus zuvor angekauft hatte, ein Verhandlungsverfahren aus zur „Sanierung und Revitalisierung eines historischen, denkmalgeschützten Gebäudes ‚Goldner Löwe'". Ziel dieses Verfahrens sei „das Quartier im zentralen Stadtkernbereich funktional zu stärken und durch neue Nutzungen sowie durch Aufenthaltsbereiche deutlich aufzuwerten". Der Gewinner des Verfahrens, Peter Kuchenreuther, stellte verschiedene Nutzungskonzepte vor, die dann im Stadtrat, aber auch mit der Regierung von Oberfranken in Bayreuth diskutiert wurden. Ein Seniorenzentrum mit Tagespflege kam in Betracht, Gastronomie mit Gästezimmern, Wochenmarkt mit Seniorenwohnen oder der Einzug der Stadtbibliothek mit Vortrags- und Ausstellungsräumen, mit Vereinsräumen und im Obergeschoss mit barrierefreiem Wohnen.

Der Stadtrat entschied sich für Letzteres. Dass die Kirchenlamitzer an ihrem Goldnen Löwen hängen,

STANDORT:
Marktplatz 10
95158 Kirchenlamitz

BAUHERR:
Stadt Kirchenlamitz
Marktplatz 3
95158 Kirchenlamitz

PROJEKTLEITUNG:
Uwe Gebhard

„Eine Besonderheit bei der Aufnahme vom Bestand des historischen Dachstuhls im ehemaligen Gasthaus Goldner Löwe in Kirchenlamitz war die Umsetzung einer der neuesten Technologien. Mittels eines 3D-Scanners wurde der Dachstuhl vom Computerspezialisten Stefan Rettinger aufgenommen und anschließend von uns in die CAD übertragen. Diese unglaubliche Entwicklung der Technik ermöglicht uns die alten Gebäude bis ins Detail zu erforschen und der Handwerkskunst unserer Vorfahren nachzuspüren."

Hana Chaloupkova,
Kuchenreuther Architekten / Stadtplaner

merkten die Verantwortlichen spätestens bei einem Ortstermin im Sommer 2019, als sie das beschlossene Konzept der Öffentlichkeit vorstellten. Eine große Zahl an Bürgern fand sich ein, die jeden zugänglichen Winkel des Gebäudes begutachteten, die Anregungen und weitere Vorschläge vorbrachten und diese mit ergiebigen Erinnerungen an den Goldnen Löwen von einst begleiteten. Im ersten Bauabschnitt freilich mussten einige Ergänzungsbauten abgerissen werden. Der Drogerie-Markt wurde zurückgebaut, der Anbau des Friseursalons als Pavillon freigestellt. Im Hof, aber vor allem im Inneren des Gebäudekomplexes wurde aufgeräumt – um die ursprüngliche Struktur, die beeindruckenden Gewölbe, die historischen Vertäfelungen wieder herauszuarbeiten.

Das Dach wurde neu eingedeckt, der Dachstuhl saniert und, da das Gebäude nicht unterkellert ist, im Dachgeschoss Ersatz-Stauräume untergebracht. Das Obergeschoss wurde auf den Rohbau zurück- und dann wieder neu aufgebaut und mit neuer Heizung ausgestattet. Es beherbergt insgesamt fünf, zwischen 60 und 100 Quadratmeter große, helle und angenehm hohe Wohnungen. Jede Wohneinheit erhielt einen Balkon, der aber nicht wie vielfach üblich von einem Gerüst gehalten, sondern mit Stahlrohren abgehängt wurde. Für die Bücherei entwarf das Büro Kuchenreuther, nachdem sich der Stadtrat von Kirchenlamitz mit Bibliotheksexperten beraten hatte, ein zurückhaltendes Mobiliar, das eine lichte Raumgestaltung mit großer Aufenthaltsqualität bietet. Der Stadtbibliothek schließen sich ein Multifunktionsraum und ein schöner Gewölbesaal an. Beide Räume können für Vorträge, Ausstellungen oder Lesungen der Bücherei, aber auch für andere Veranstaltungen genutzt werden. Beispielsweise von der Initiative „Zukunft Kirchenlamitz" und anderen Vereinen. Vom Haupteingang des Gebäudekomplexes führt – flankiert vom Eingang zur Bibliothek auf der einen und öffentlichen Toiletten auf der anderen Seite – eine Passage zum Innenhof. Ausgestattet mit Bühne, Baum und Sitzbänken ist er multifunktional bespielbar. Als Bodenbelag im Erdgeschoss wurde übrigens Epprechtsteiner Granit verwendet. Die Mitglieder des Stadtrats waren vom preisgekrönten Infozentrum am Epprechtstein so begeistert, dass sie sich für diesen zwar etwas teureren, aber heimischen Bodenbelag entschieden. Als Bodenbelag für die Freianlagen hingegen kam Flossenbürger Granit zur Verwendung.

Was in „ihrem" Goldnen Löwen vorgeht, das beschäftigt die Kirchenlamitzer. Im Mai 2022 konnte die Stadt bei einem Tag der offenen Tür in der Baustelle der ehemaligen Gaststätte rund 150 Bürger begrüßen. Die meisten Fragen betrafen die Wohnungen. Und das Konzept ging auf. Im März 2023 zogen die ersten Mieter schon ein, auch die Ernennung von Thomas Schwarz zum Altbürgermeister konnte bereits im neuen Multifunktionsraum gefeiert werden. Ende Juli 2023 wurde dann der rundumerneuerte Goldne Löwe mit einer großen Feier eröffnet. Und das denkmalgeschützte und nun restaurierte Wirtshausschild – filigran wie immer schon – hing an seinen alten Platz und machte auf die wiedererweckte Mitte der Stadt aufmerksam.

REMINISZENZ – VON AMTS WEGEN
Ausblick: Landesamt für Digitalisierung, Breitband und Vermessung, Dienststelle Waldsassen

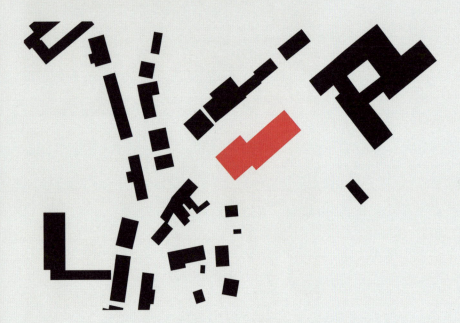

Gespräch mit den Projektleitern Franziska Grüner und Uwe Gebhard

Enrico Santifaller: Was soll gebaut werden?

Uwe Gebhard: Eine Dienststelle für das Landesamt für Digitalisierung, Breitband und Vermessung. Hintergrund ist die Ämterverlagerung in den ländlichen Raum. Die Zentrale des LDBV sitzt in München, zusätzlich gibt es verschiedene Standorte in den Regionen – auch in Waldsassen, derzeit in gemieteten Räumen der Sparkasse. Diese reichen aber schon lange nicht mehr aus. Das Amt will sich, muss sich vergrößern. Deswegen der Neubau vor Ort.

Franziska Grüner: Wir werden also ein Behördengebäude bauen – mit etwa 90 Prozent Verwaltung, einigen Besprechungsräumen und einem größeren Saal für öffentliche Veranstaltungen. Im Untergeschoss soll es dann noch eine Tiefgarage für den Fuhrpark vom Landesamt und für Archivräume geben.

Auf welchem Grundstück soll der Neubau errichtet werden? Was steht da bisher?

UG: Das Gebäude, das wir abgebrochen haben, hatte keinen Denkmalschutz. Es wurde in den vergangenen Jahren als Seniorenwohnheim genutzt. Das Haus ist etwa 100 Jahre alt, wurde immer wieder umgebaut. Bis in die 70er-, 80er-Jahre gab es Eingriffe, um es an die jeweilige Nutzung anzupassen. Entsprechend ist die alte Substanz kaum zu erkennen, deswegen ist es meines Erachtens gerechtfertigt, dass es nicht als Denkmal deklariert war. Beispielsweise wenn man die Keller angeschaut hat. Da gab's teilweise Gewölbekeller, teilweise Beton, keinerlei Abdichtungsmaßnahmen. Die Raumhöhe war viel zu niedrig. Auch die bauklimatischen Verhältnisse standen nicht dafür, das Gebäude weiterhin zu nutzen.

Wo liegt das Grundstück?

FG: Das Grundstück ist in Sichtweite von Stadtpark, Basilika und Kloster. Die Schwierigkeit, vor die uns das Gelände stellte, war, dass ein Hauptsammler, also ein großer Kanal, der die Abwässer der halben Stadt entsorgt, das Grundstück kreuzt. Der hat uns im Entwurf schon sehr eingeengt, weil er die Baufläche begrenzt hat. Ursprünglich zeichneten wir einen langen Riegel. Wegen des Sammlers haben wir den Riegel in unterschiedliche Kuben aufgelöst. Die verschoben wir dann mehrmals, bis wir das geforderte Raumprogramm untergebracht hatten, und gleichzeitig alle Höhen und Abstände passten.

UG: Zusätzlich ist das Grundstück geneigt. Durch die Länge des Gebäudes ist die relativ leichte Neigung dennoch sehr deutlich zu spüren. Wir haben da einen Höhenunterschied von 1,5 Metern von vorne bis hinten – das ist ein halbes Geschoss.

Es gibt also den langen Riegel und diesen quadratischen Kubus, die ineinandergeschoben werden? Und im Zentrum des Ineinanderschiebens wird's dann höher?

FG: Genau. Da oben befindet sich die Technikzentrale. Das ist ja die Mitte des Gebäudes, und wir haben deshalb kurze Wege für Leitungen, Rohre, Installationen. Das hat natürlich auch den Hintergrund, dass wir diesen Schnittpunkt optisch zur Geltung bringen wollen.

STANDORT:
Dienstgebäude LDBV
Egerer Straße 28
95652 Waldsassen

BAUHERR:
Freistaat Bayern
Staatliches Bauamt
Amberg-Sulzbach
Archivstraße 1
92224 Amberg

PROJEKTLEITUNG:
Uwe Gebhard,
Franziska Grüner

UG: Es gibt eine differenzierte Höhenentwicklung der einzelnen Baukörper, die sich alle voneinander abheben. Also der lange Riegel ist erdgeschossig plus zwei, der mehr quadratische ist erdgeschossig plus eins, und in der Überschneidung gibt es Erdgeschoss plus drei.

FG: Das hat auch einen städtebaulichen Zusammenhang: Im Südwesten schließt eine eher niedrige Wohnbebauung an, im Nordosten das Krankenhaus Waldsassen. Und unser Gebäude vermittelt zwischen beiden Bebauungen.

Zur Disposition der Räume: Werden die Funktionen horizontal geschichtet? Oder sind einfach im Längsriegel die Büros und im quadratischen Kubus die Besprechungsräume?

UG: Das kann man eigentlich nicht so sagen, weil es Fachbereiche vom Landesamt gibt, die größer sind, andere sind kleiner. Und diese Fachbereiche werden sich auch in ihrer Größe ändern. Deswegen ist es nicht möglich, sie geschossweise anzuordnen. Wir haben da eine Durchmischung.

FG: Prinzipiell gehen alle Grundrisse flach durch. Im Erdgeschoss befinden sich aber die Sonderfunktionen. Vis-à-vis vom Haupteingang ist der große Veranstaltungssaal. Dahinter ist dann eine Cafeteria, die mit einer kleinen Teeküche auch für die Mahlzeiten genutzt werden kann. Sie öffnet sich mit großen Fenstern in den Stadtpark. Dann gibt es in jedem Geschoss einen EDV-Schulungsraum, einen Mehrzweckraum und einen Videokonferenzraum. Die Büros sind zweihüftig organisiert, in der Mittelzone haben wir Technik-, Kopier- und Sanitärräume.

UG: Im Erdgeschoss befinden sich darüber hinaus insgesamt sechs Übernachtungszimmer für Lehrlinge. Die sollen dort zu Schulungszwecken einquartiert werden. Weil sie noch minderjährig sind, möchte man sie nicht irgendwo in ein Hotel in Waldsassen stecken, sondern sie sollen vor Ort die Möglichkeit haben zu übernachten. Diese Räumlichkeiten – jeweils ein kleines Zimmer mit Nasszelle und ein kleiner Teeküchenbereich für alle – werden unabhängig von den Verwaltungsräumen mit einem separaten Eingang erschlossen.

Und das Gebäude bekommt eine rote Klinker-Fassade?

UG: Es wird wohl ein Cremeton werden. Die Farbe ist noch nicht endgültig festgelegt, aber die Bauherrenschaft hat sich für einen hellen Farbton ausgesprochen – und damit kommen wir als Architekten auch sehr gut zurecht.

Ihr rüstet das Haus auch mit Solarthermie und einer Photovoltaik-Anlage aus?

FG: Richtig. Also die Vorgabe vom Land war, ein Gebäude im Passivhaus-Standard zu errichten. Deswegen auch diese Klinkerfassade, weil das eine sehr dauerhafte, eine sehr robuste, eine nachhaltige Fassade ist, die sich auch besser wieder rückbauen lässt.

UG: Die Investitionssumme ist bei so einer Klinkerfassade natürlich höher. Aber beim Wärmedämmverbundsystem sind die Erneuerungszyklen wesentlich kürzer. Langfristig wird sich das rechnen, dass man am Anfang mehr Geld reinsteckt, aber später dann weniger Kosten für Sanierungsmaßnahmen etc. hat. Auch die Rückbaukosten sind beim WDVS höher. Da ist der Putz mit Styropor verklebt, da gibt es kaum eine Möglichkeit, das zu recyceln. Eine Klinkerfassade lässt sich dagegen in ihre Bestandteile einfach wieder zurückbauen. In den Lebenszyklusberechnungen konnten wir nachweisen, dass wir mit Klinker unterm Strich günstiger fahren als mit WDVS.

FG: Es gibt ja in Waldsassen die Firma Hart Keramik, die früher sehr schöne Klinker produzierten. Heute machen sie aber nur noch Schornstein-Einsätze. Unsere Klinkerfassade ist eine Reminiszenz dafür, dass Waldsassen mal eine Ziegelstadt war.

Und wann können die Leute einziehen?

UG: Nun, der Altbau wurde bis November 2021 abgebrochen, die Baugrube Anfang März 2022 ausgehoben. Die Übergabe an den Nutzer ist für den 1. Juli 2024 geplant. Und das wird auch klappen.

RAUM FÜR BILDUNG

„WENN ARCHITEKTUR UND PÄDAGOGIK HAND IN HAND GEHEN, ENTSTEHT ZUKUNFTSWEISENDER SCHULBAU"

Gespräch mit Ursula Sowa, MdL, baupolitische Sprecherin der Fraktion Bündnis 90/Die Grünen im Bayerischen Landtag, Bamberg

Enrico Santifaller: Frau Sowa, Sie haben eine „Checkliste für die kommunale Baupolitik" veröffentlicht. Ich nehme an, dass diese Checkliste Ihrer Expertise als studierte und praktizierende Architektin, aber auch Ihren Erfahrungen aus etwa 30 Jahren Kommunalpolitik geschuldet ist. Der Schluss der Checkliste lautet dann: „Refuse – reduce – reuse – repurpose – recycle". Also ein deutliches Bekenntnis, den jetzigen Baubestand und in ihm gesammelte „graue Energie" zu nutzen. Ein wichtiges Bekenntnis, denn der Hausbau ist für etwa ein Viertel aller klimaschädlichen Gase verantwortlich. Drei dieser „Re-Worte" kennzeichneten schon einen vom Münchner Architekten Muck Petzet kuratierten deutschen Beitrag auf der Architekturbiennale in Venedig.

Ursula Sowa: Ich habe Muck Petzet sogar persönlich kennengelernt und konnte seine These mit ihm reflektieren. Worauf kommt es an? „Refuse" heißt, erstmal sich zu vergegenwärtigen, ob das Bauvorhaben wirklich eine Berechtigung hat. Solch eine Frage ist natürlich für eine Architektin, für einen Architekten eine echte Gretchenfrage. Aber ich bin überzeugt, dass das zu unserem Arbeitsethos gehören sollte, sich zu fragen, ob diese oder jene Baumaßnahme wirklich Sinn macht oder ob es Alternativen gibt, die Baunachfrage möglicherweise im Bestand zu lösen. „Repurpose" meint, dass man Lösungen findet, Bauteile eins zu eins wiederzuverwenden. „Recycling" ist am Bau schon etwas geläufiger, da es ja im Zuge der Kreislaufwirtschaft empfohlen wird, Material den Recyclinganlagen zuzuführen. „Reuse" bedeutet Wiederverwendung: Ein Bürogebäude kann in ein Wohngebäude umgewandelt werden und umgekehrt. Nicht der Abriss ist die erste Maßnahme, sondern die Überlegung, was kann ich mit der vorhandenen Bausubstanz, der sogenannten grauen Energie kreativ umsetzen. Nach meinem Studium in Berlin habe ich in Bamberg als selbstständige Architektin sehr viel mit denkmalgeschützter Bausubstanz zu tun gehabt. Spätestens da ging mir ein Licht auf, wie wertvoll alte Bausubstanz ist und wie gut sich zeitgenössische Architektur und die aus der Vergangenheit kombinieren lassen.

Sie haben sich im Jahr 2020 auf die Reise gemacht und 20 beispielhafte Schulen in Bayern besucht. „Schulbautour" hieß der programmatische Titel dieses Unterfangens. Mit welcher Motivation sind Sie angetreten?

US: Schulgebäude sind mit die wichtigsten Gebäude, die eine Gesellschaft braucht. Sie haben einen ganz großen kulturellen Stellenwert. Sie sind neben der unmittelbaren Wohnumgebung die prägendsten Gebäude im Leben eines Menschen. Überlegen wir einmal, wieviel Zeit wir als Kinder und Jugendliche im Schulgebäude verbringen! Seit dem Angebot der Ganztagsschule und der Mittagsbetreuung wurde es ja noch mehr. Meine Meinung: Der Raum, in dem ich lerne, macht etwas mit mir. Der Raum kann ein Wohlfühlort sein: Da lernt es sich viel besser! Oder: Ich leide unter Enge, schlechter Luft, unappetitlichen Toilettenanlagen, sodass ich am liebsten das Weite suchen möchte. Kurzum, das Gebäude, die Behausung, die Gebäudehülle prägen uns, ganz besonders Kinder und Jugendliche. Nehmen wir das Beispiel Pausenhof: geteerte Asphaltwüste oder ein wasserdurchlässiger Boden, der Artenvielfalt, Sträucher und Bäume beherbergt. Was regt wohl die Sinne der Kinder stärker an? Die Antwort ist zwar sehr klar, aber trotzdem sehen unsere Pausenhöfe eher aus wie Kasernenhöfe als wie Erholungsoasen. Es kommt darauf an, ob eine entsprechende Gebäudehülle förderlich oder eher hinderlich für den Lernaufenthalt ist. Ob sie zum Beispiel die Konzentration fördern oder eher hemmen, ob sie Gemeinschaft ermöglichen oder verhindern. Ob die räumlichen Verhältnisse zu eng sind oder zu groß, zu klein oder zu hallig, das lässt gerade junge Menschen nicht unberührt. Schließlich sind es auch die Materialien – wir haben da ja einen riesigen Fächer davon –, die beeinflussen. Ihre unterschiedlichen Eigenschaften, ihre Struktur, ihre Oberflächen bestimmen die Raumatmosphäre.

Gab es eine Präferenz, welche Schulen Sie besuchten?

US: Es gibt insgesamt etwa 6200 Schulen in Bayern unterschiedlichster Art. Baualter, Schultypologien, Größe und Einzugsgebiet variieren ganz stark. Ich habe mich entschlossen in jedem Regierungsbezirk zwei bis drei Schulgebäude zu besichtigen, möglichst Grund-, Mittel- und weiterführende Schulen, im ländlichen Raum genauso wie in der Stadt. Manche der Schulen waren mir schon bekannt über die Medien, wie das Schmuttertal-Gymnasium in Diedorf von Florian Nagler oder das Gymnasium in Ergolding von Stefan Behnisch. Aber ich habe auch gerne Empfehlungen meiner grünen Kolleg*innen vor Ort aufgenommen, um Schulen zu besuchen, die eine gelungene energetische Sanierung hinter sich hatten oder auch bekannt dafür sind, neue pädagogische Konzepte umgesetzt zu haben. Das Schöne an der Schulbautour war, dass ich trotz Corona von den Schulleitungen überaus herzlich begrüßt wurde – natürlich unter Wahrung der Hygienevorschriften. Wirklich jeden Aufenthalt habe ich als ungeheuer ertragreich empfunden. Es wurden mir oft mit sehr viel Stolz die gelungenen Gebäude gezeigt. Dass der Weg der Planung oft sehr aufregend war und nicht ganz einfach, war ja für mich besonders interessant zu erfahren.

Die Anforderungen an Schulen steigen ja. Inklusion, Ganztagsunterricht benötigen neue Räumlichkeiten, und dann gibt es ja auch neue Unterrichtsmodelle.

US: Ja, in den vergangenen Jahren haben sich die pädagogischen Konzepte geändert. Von der traditionellen Flurschule mit seriellen Klassenzimmern und

> „Schulgebäude sind mit die wichtigsten Gebäude, die eine Gesellschaft braucht. Sie haben einen ganz großen kulturellen Stellenwert. Sie sind neben der unmittelbaren Wohnumgebung die prägendsten Gebäude im Leben eines Menschen."

Frontalunterricht haben wir uns längst wegbewegt. Nun gibt es die verschiedenen Auffassungen, wie Schulgebäude in Zukunft gestaltet werden müssen – ganz radikale und eher moderate. Das ist ein Ergebnis der Reise.

Aber wahrscheinlich gibt es auch ein paar ganz pragmatische Übereinkünfte?

US: Die verschiedenen Auffassungen wurden mir bei meinen Schulbesuchen erläutert. Daneben gibt es aber auch, da liegen Sie richtig, viele grundlegende Gemeinsamkeiten. Und diese sollte man schon berücksichtigen. Also zum Beispiel sind die akustischen Verhältnisse in den Gebäuden allen Beteiligten sehr wichtig. Eigentlich eine Selbstverständlichkeit, aber nach heutiger Gesetzeslage keine Pflicht, wie wir es bei den Brandschutzbestimmungen haben. Natürlich wollen alle – Schüler und Lehrer – sich in ihren Schulen wohlfühlen. Und nolens volens sind im Hinblick auf Ganztagsangebote oder Inklusion die Raumansprüche anders als früher. Was auch dazu gehört: Alle wollen mehr Flexibilität, also keine starren Gerüste, sondern die Möglichkeit die Räume zu verändern oder auch zu erweitern. Und es gibt auch in der Stadtentwicklungspolitik neue Tendenzen, Schulgebäude für andere Nutzungen viel stärker zu öffnen als das jetzt der Fall ist. Bibliotheken, Sporthallen, Mensen, Laborräume, aber auch den Pausenhof öffnen – ohne das Veto der Hausmeister*innen. Ein wunderbares Beispiel ist das Schmuttertal-Gymnasium in Diedorf von Florian Nagler und Hermann Kaufmann. Hier betrat ich zuerst eine außergewöhnlich große Aula in angenehmer Holzatmosphäre. Diese Halle – erläuterte mir der Schuldirektor – wird auch problemlos mitgenutzt vom Markt Diedorf selbst – für Theater- und Konzertaufführungen. Diese Symbiose hat den Vorteil: Es konnte größer gebaut werden mit einer besseren technischen Ausstattung, da die Mehrkosten der Markt Diedorf übernahm.

Vielleicht bekommt man dann auch noch ein paar Förderzuschüsse?

US: Das Beispiel aus Diedorf zeigt, dass bei addierten Nutzungen sich weitere Fördertöpfe aufmachen. Diese addierten Nutzungen sollen natürlich zu einer Schule passen: Bildung, Forschung und Kultur im weitesten Sinne. Ganz wichtig ist eine gute Nachricht: Seit 2017 gilt in Bayern eine reformierte Schulbauverordnung, die die alte, die nur ein Raumprogramm pro Kopf in Quadratmeter festschrieb, abgelöst hat. Sie ermöglicht jetzt sogenannte Flächenbandbreiten, das heißt, der Entwurf orientiert sich nicht mehr einzeln nach der Größe der Räume, sondern nach Funktionen und ermöglicht somit auch Clusterbildungen und Lernlandschaften. Neue Pädagogik kann sich also abbilden, allerdings bleibt dies ein Angebot, es ist keineswegs verpflichtend. Die Alte Schule, hier wortwörtlich, ist also weiterhin möglich. Hier stellt sich auch die Frage: Wer entscheidet den Weg einer Schule? Aber es gibt noch eine gute Nachricht: Im Vergleich zu der alten Regelung können die Raumprogramme um circa 20 Prozent erweitert werden – das ist sehr gut und wird aus dem Grunde auch gerne in Anspruch genommen. Es sei denn, sie haben es mit einer klammen Kommune

> „Es gibt aber Kommunen, die klamm sind und eher unzureichend ihrer Pflichtaufgabe zur Bereitstellung und dem Unterhalt von Schulgebäuden nachkommen können. Das ist nicht nur gegenüber den Schülern und Lehrern ungerecht, sondern führt zu weiterer Abwanderung von den armen in die reichen Regionen."

zu tun, die sich am unteren Ende der Flächenbandbreiten orientiert, um zu sparen. Darin sehe ich ein Problem. Oder die Planung übernimmt ein Architekturbüro, das keine neuen Pfade einschlagen will und bei seiner gewohnten Entwurfsmatrix der Flurschule bleibt. Wenn diese Verordnung in kreative Architektenhände kommt – wie etwa in die von Peter Kuchenreuther –, dann ist es durchaus möglich, neue pädagogische Konzepte individuell in Räume abzubilden, die den Wünschen der Schulfamilie entspricht und nicht der Sparschraube der Kämmereien.

Nach meiner Schulbautour hatte ich ein wertvolles Gespräch mit dem Architekten Stefan Behnisch, dessen Büro, wie erwähnt, das Gymnasium in Ergolding gebaut hat, das mich sehr positiv beeindruckt hatte. Bei dem Werdegang der Schule war das Erfreuliche, dass Kommune, Schulleitung, Schulfamilie und Architekt sich sozusagen als Team verstanden und sich gegenseitig unterstützten. Das ist dem Baukörper anzusehen. Andernorts habe ich erfahren, dass der Weg sehr oft beschwerlich war, weil die verschiedenen Akteure nicht zusammen harmonierten. Das finde ich sehr problematisch. Meiner Meinung nach hat jedes Kind das Recht auf ein richtig gutes Schulgebäude. Es kann und darf nicht sein, dass die Qualität eines Schulgebäudes von der finanziellen Lage der zuständigen Kommune abhängt. Es gibt Landkreise und Gemeinden, die sind finanziell bestens ausgestattet und legen großen Wert auf ihre Schulgebäude. Ich habe wirklich gestaunt, was für fantastische Ausstattungen inklusive Schwimmbad möglich sind. Es gibt aber Kommunen, die klamm sind und eher unzureichend ihrer Pflichtaufgabe zur Bereitstellung und dem Unterhalt von Schulgebäuden nachkommen können. Das ist nicht nur gegenüber den Schülern und Lehrern ungerecht, sondern führt zu weiterer Abwanderung von den armen in die reichen Regionen. Das ist aus meiner Sicht nicht hinzunehmen.

Sie haben doch zusammen 2021 mit Ihrer Kollegin Anna Schwamberger, schulpolitische Sprecherin der Landtagsfraktion der Grünen, im Bayerischen Landtag eine Schulbaukonferenz veranstaltet. Was ist dabei rausgekommen?

US: Die Schulbautour war wirklich sehr interessant, dennoch möchte ich mir nicht anmaßen zu sagen, was jetzt das Richtige ist. Über diese Fragen möchte ich aber eine Debatte führen – mit Experten aus Pädagogik, Architektur, Wissenschaft, aber auch mit Praktiker*innen, Schuldirektor*innen und Vertreter*innen der Schulfamilien. Zu diesem Zweck haben wir diese Konferenz veranstaltet. Der Architekt Stefan Behnisch hat daran teilgenommen, aber auch Frau Simone Fleischmann vom Bayerischen Lehrer- und Lehrerinnenverband und der Landesschulsprecher Moritz Meusel. Alle waren der Meinung, dass die derzeit in Bayern geltenden Regelungen veränderungswürdig sind. Wichtig ist ja, die Schulfamilie bei der Planung einzubeziehen. Architektur und Pädagogik müssen zusammen gedacht werden. Aber dazu werden dann auch verbindliche Förderrichtlinien benötigt. Also muss etwa die Verbindlichkeit der erwähnten Flächenbandbreiten im Gesetz festgeschrieben werden. Sonst droht einmal mehr die Gefahr, dass sich nur reiche Kommunen moderne Schulen leisten können. Aber wir sind da jetzt in einer guten Zeitachse. Die Bayerische Schulbauverordnung von 2017 sollte eigentlich 2022 evaluiert werden. Da aber der Bund nach langen Verhandlungen 2021 beschlossen hat, einen Rechtsanspruch auf Ganztagsbetreuung in der Grundschule einzuführen, wird es große Veränderungen, auch neue Förderungen geben. Das wollte man in Bayern abwarten, deswegen wird die Verordnung wahrscheinlich im ersten Quartal 2023 evaluiert.

Sie sind ja auch Mitglied in diesem Aktionsbündnis, das den Sanierungsstau bei Schulen kritisiert?

US: Da ist auch die Deutsche Umwelthilfe dabei, der BUND Naturschutz in Bayern, aber auch der schon erwähnte Moritz Meusel und Professor Clemens Richarz, der Vizepräsident der Bayerischen Architektenkammer. Kurz gefasst: Investitionen in den Schulbau sind Investitionen in die Zukunft. Der Investitionsstau bei den bayerischen Schulen ist enorm. Allein für Bayern und Nordrhein-Westfalen – 40 Prozent der Schüler*innen in Deutschland gehen in diesen Bundesländern zur Schule – wird der aktuelle Sanierungsstau auf rund 14,5 Milliarden Euro geschätzt. Auf meine Anfrage im Landtag, wie hoch denn der Sanierungsstau in bayerischen Schulen sei, bekam ich zur Antwort, dass man es nicht weiß. Das sei Sache der Kommunen, die für den Unterhalt verantwortlich sind. Aber Schulsanierung ist ein verschlafenes Dauerthema seit vielen Jahren, ja Jahrzehnten. Und einmal mehr dürfen wir die Kommunen nicht im Regen stehen lassen. Bayern muss dringend mehr Geld sowohl in den Schulbau, als auch in den Schulunterhalt einstellen.

Sie waren während Ihrer Tour auch im klammen Wunsiedel. Die dortige Jean-Paul-Schule haben Sie besucht – und deutliche Kritik am fehlenden Grün geübt. Aber es war so – eigentlich wie immer –, dass die Freianlagen erst nach Abschluss aller sonstigen Bauarbeiten fertiggestellt wurden. Im Mai 2022 war die offizielle Einweihung der Frei- und Grünanlagen – unter vielen blühenden Kirschbäumen. Allerdings wurden viele Ideen und Pläne zu den Frei- und Grünanlagen aufgrund der leeren Kassen der Kommune gestrichen.

US: Wissen Sie, das sind genau die Dinge, wo man bohren muss. Ich habe, seit ich im Landtag bin, an den Verhandlungen und Abstimmungen für mehrere Haushalte teilgenommen. Ich habe miterlebt, dass der bayerische Finanzminister über einen sehr großen Finanzrahmen verfügt. Meiner Ansicht nach muss in die bayerischen Schulgebäude – der Unterhalt obliegt den Kommunen, der Freistaat fördert aber – mindestens zehn Prozent mehr als vorgesehen investiert werden. Das würde sich auf alle Fälle langfristig rechnen, besonders, wenn wir die Lebenszykluskosten mit

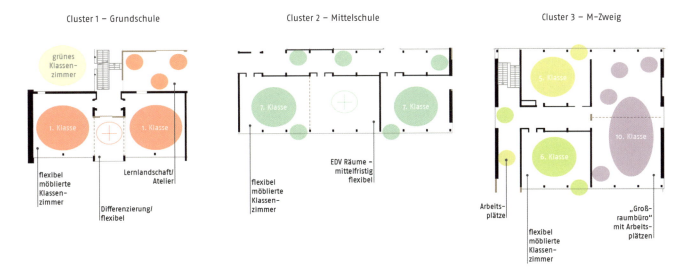

Künftige Lernlandschafts-Konzeption in der Grund- und Mittelschule Baunach, schematische Darstellung

Jean-Paul-Schule, Wunsiedel – nach der Sanierung

einrechnen. Wenn wir uns die demografische Bayernkarte anschauen, sehen wir auf einen Blick, wo die strukturschwachen Regionen mit besonderem Handlungsbedarf liegen. Das sind die Landkreise besonders im Osten und im Norden des Landes, von denen viele von einem tiefgreifenden Strukturwandel betroffen sind und auch nicht verkehrsgünstig liegen – unter anderem auch der Landkreis Wunsiedel im Fichtelgebirge. Meiner Meinung nach muss ganz allgemein ein Ausgleich zwischen den prosperierenden und den benachteiligten Regionen stattfinden. Hier leistet die Schulpolitik einen ganz wesentlichen Beitrag. Um Menschen in den benachteiligten Regionen zu halten und vielleicht sogar welche dazu zu gewinnen, ist eine gut ausgestattete Bildungslandschaft Gold wert. An dieser Stelle will ich auch betonen, dass selbstverständlich das Lehrerpersonal an erster Stelle steht, noch vor der Diskussion um gute Schulgebäude. Ohne gut ausgebildetes, gut bezahltes, wertgeschätztes und ausreichendes Personal können wir die Gebäude vergessen, das muss selbstverständlich auf der politischen Agenda sein. Nichtsdestotrotz bleibt meine Vision, Architektur und Pädagogik sollen Hand in Hand gehen, um die besten Schulgebäude zu bekommen.

Und wie fanden Sie die Jean-Paul-Schule?

US: Ich habe mit einer ganz normalen Anlage gerechnet und war überrascht von der Größe und der Großzügigkeit der Schule. Das Gebäude als solches ist sehr interessant, es ist architektonisch eine „Mehr-Generationen-Schule": Der tolle Altbau aus den 1920er-Jahren mit seinen originellen Steinskulpturen, die Ende der 60er- und Anfang der 70er-Jahre entstandenen Gebäudeflügel. Ich entdeckte überall liebevolle Details: Alte Bausubstanz wurde stehen gelassen und elegant mit neuer Bausubstanz verknüpft. Die Schule war als Flurschule konzipiert gewesen und wurde jetzt an vielen Stellen transformiert in Bereiche mit viel Aufenthaltsqualität, besonders im neuen Ganztagesbereich. Den Bestand umzumodeln, ist sicherlich schwieriger als einen Neubau zu planen, aber das Beispiel von Architekt Kuchenreuther zeigt, dass es sehr gut geht!

Lassen Sie uns noch über einen anderen „Altbau" sprechen: Die Grund- und Mittelschule in Baunach, die Sie während der Tour ebenfalls besucht haben. Für die Planungen fällt mir zwar jetzt kein „Re-Wort" ein, wie Sie sie am Anfang unseres Gesprächs gebraucht haben, aber letztlich wird dieser Bau im Hinblick auf *heutige Bedürfnisse und die besprochenen neuen pädagogischen Konzepte umgebaut. Und das ist doch ökologischer, als die Schule neu zu bauen.*

US: In Baunach bekam ich direkt Einblick in die aktuelle laufende Sanierungsplanung. Ich konnte einer Besprechung als Gast beiwohnen: In dem Gremium waren u.a. das Büro Kuchenreuther, der Bürgermeister, ein Vertreter vom Landkreis, eine Landschaftsarchitektin. Das Koordinierungsgespräch war ein „Bilderbuchgespräch": Alle Akteur*innen waren echte Teamplayer. Der Schulleiter hatte sich leidenschaftlich dafür eingesetzt, die neuen pädagogischen Konzepte umzusetzen – wie bei einem Neubau. Das fand ich toll. Baunachs Schulcampus ist ein großer in die Jahre gekommener Komplex, insofern sind die Voraussetzungen für Umbauwünsche sehr eng. Das wird nicht einfach. Ich habe mich sehr gefreut über die Absichten und die Ziele, die vereinbart worden sind. Jetzt bleibt abzuwarten, wie Vision und Realität aussehen werden. Genau das ist für meine politische Arbeit der Input, der mich veranlasst, die Schulbauverordnung von 2017 nachzujustieren.

Ralf Dahrendorf sprach 1965 von einem „Bürgerrecht auf Bildung". In den Jahren danach machte sich eine bildungspolitische Aufbruchsstimmung breit. Die Euphorie dieser Jahre ist in der räumlichen Großzügigkeit der Grund- und Mittelschule in Baunach, aber auch der Jean-Paul-Schule in Wunsiedel fast wie in Beton gegossen worden.

US: Die Aula in Baunach ist in der Tat sehr großzügig und dürfte heute durch das Förderraster fallen. Abriss und kleiner Bauen muss also doppelt hinterfragt werden. Das Architekturbüro, nach dessen Plänen die Schule in den 60er-Jahren entstand, hat sehr individuell geplant und der Schule eine eigene Note gegeben. Man sieht das an den Details, an dem Naturstein, mit dem im Inneren gearbeitet wurde, oder an den sehr ungewöhnlichen Lichtschlitzen. Man hat ja damals neben dem Sichtbeton doch schon auf sehr viel Holz gesetzt mit dem Effekt, dass die Schule einen eigenen Charakter aufweist. Dass die Qualitäten des Bestandsbaus weitgehend erhalten bleiben sollen, ist bemerkenswert. Die Planung vom Büro Kuchenreuther sieht maßvolle Änderungen vor, die den Charakter transformieren, aber nicht zerstören. Die Beton-Glas-Fassade soll durch hölzerne Strukturen in gleichzeitig ökologischer Bauweise ersetzt werden. Ein Eingriff – gravierend oder schonend? – auf alle Fälle wird sie dem Gebäude ein neues Gesicht geben, das sympathisch wirkt. Auch über die Höhe der neuen Fensterbrüstungen wurde diskutiert. Warum dies? Im Moment sind sie für Sitzende so hoch, dass der Blick ins Grüne nicht möglich ist. Die Überlegungen gehen nun in Richtung 80 cm Brüstungshöhe – das wäre Tischhöhe – oder sogar 40 cm Höhe mit breiten Brüstungen, auf die man sich dann auch setzen kann. Beide Varianten sind aus der Perspektive der Schüler*innen gesehen und somit ein echter Fortschritt!

Letzte Frage: Waren Sie zufrieden mit Ihrer Schulbautour?

US: Ja, ich war wirklich sehr zufrieden. Ich habe große Achtung gewonnen vor allen Beteiligten, die sich mit Herz und Verstand für ihre Schulen ins Zeug gelegt haben. Das konnte ich tatsächlich bei allen Schulen feststellen, ganz ohne Ausnahme. Und dies sogar unter erschwerten Bedingungen, es war der erste Corona-Sommer. Ich stelle fest: Alle setzen sich dafür ein, eine humane, eine kinderfreundliche Umgebung zu schaffen. Ich war sehr beeindruckt. Ich habe aber festgestellt, dass jeder Planungs- und Bauprozess sehr viel Kraft bindet und Kraft kostet. Genau da will ich in meiner künftigen politischen Arbeit dranbleiben, hier Lösungen zu finden, die die innovative und kreative Schulbauplanung ohne Nervenstress ermöglicht. Die Partizipation aller Nutzer*innen am Anfang – Phase 0 – egal ob es ein Neubau, ein Umbau oder eine innovative Sanierung im Bestand ist, sollte gesetzlich verankert werden, und die Schulbaurichtlinien und die Schulbauverordnung müssen auf den Prüfstand gestellt werden.

„Dass die Qualitäten des Bestandsbaus in Baunach weitgehend erhalten bleiben sollen, ist bemerkenswert. Die Planung vom Büro Kuchenreuther sieht maßvolle Änderungen vor, die den Charakter transformieren, aber nicht zerstören."

YPSILON ODER DAS UNBAUBARE BAUBAR MACHEN
Käthe-Luther Kinderhaus, Wunsiedel-Holenbrunn

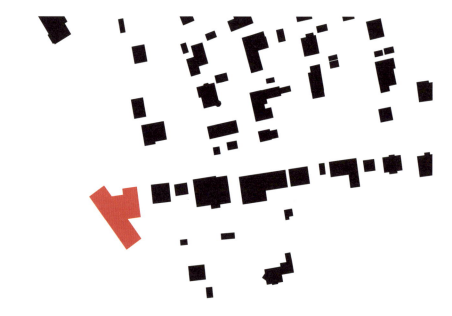

Kein X wollte Peter Kuchenreuther den Bauherrn vormachen. Auch kein U, sondern ein Y. Nur ein Grundriss, dem man mit etwas gutem Willen die Form eines Ypsilons zubilligen mag, versprach die Lösung des Problems, das wie folgt skizziert werden könnte: Das Gebäude des alten evangelischen Kindergartens im Wunsiedler Ortsteil Holenbrunn war marode. So marode und kaputt, dass eine Sanierung die Kosten eines vergleichbaren Neubaus deutlich überstieg. Das Ersatzgrundstück an der Talstraße, über das die Kommune verfügte, war allerdings, sagen wir, ein bisschen schwierig. Keinen Steinwurf weit von einer Bahntrasse entfernt, geplagt mit Lärm und Erschütterungen, die der Schienenverkehr in der Regel mit sich bringt, dazu bestehend aus einem schmalen Dreieck und an dessen Spitze ein viel zu kleines Trapez und zu guter Letzt, wir sind ja im Fichtelgebirge, in der Längsrichtung um ein Geschoss abfallend. Selbstverständlich waren auch die Abstandsvorschriften zum Nachbarn einzuhalten. Man versuchte einige Zeit, dieses unmögliche Grundstück loszubekommen, doch jeder Verkaufsversuch war erfolglos. Bis Kuchenreuther sich des Grundstücks annahm. Und eine Idee hatte, mit der das unbebaubare Grundstück bebaubar wurde.

Am besten sieht man die Situation auf einem Luftbild, etwa bei Google Maps. Und was Kuchenreuther daraus gemacht hat – Geometrie und Topographie perfekt ausnutzend: ein langgestrecktes, zwei- bis dreigeschossiges Gebäude längs des Winterberger Weges, etwa in der Mitte davon abzweigend, in nördlicher Richtung, ein deutlich kompakterer Bau. Letzterer eingeschossig wegen besagter Abstandsvorschriften. Beide Baukörper zusammen spannen einen kleinen dreieckigen Vorplatz auf. Ideal für eine Kindertagesstätte, für die kurzen, informellen Gespräche beim Bringen und Abholen der Kleinen beispielsweise. Das Pendant zu diesem Vorplatz Richtung Süden ist eine großzügige Terrasse, an die sich der teilweise angeschüttete, an den Rändern mit Beerensträuchern bepflanzte Freibereich anschließt. Blickt man auf das Raumprogramm dieses Kinderhauses, so sind alle für eine moderne Pädagogik erforderlichen Räumlichkeiten einer frühkindlichen Bildungseinrichtung vorhanden. Zum Beispiel die bei den Gruppenräumen zusätzlichen „Intensivräume", mit denen man die große Gruppe teilen und auf die speziellen Bedürfnisse einzelner Kinder eingehen kann. Zur Entwicklung motorischer Fähigkeiten dienen die Boulder- und die Sprossenwand im Mehrzweckraum. Beide Wände wurden vom Schreiner gefertigt und können von einem Erzieher auf- und zugeklappt werden, wobei sie zugeklappt bündig in der Fläche liegen.

Kuchenreuthers Grundriss bringt die Räumlichkeiten in eine sinnvolle und in sich schlüssige Ordnung. Sie setzt sich aus vier Raumgruppen zusammen, wobei deren klare Positionierung auch kleineren Kindern oder Neuankömmlingen hilft, sich im Gebäude zu orientieren. Im Erdgeschoss nördlich des Foyers ist der Bereich des Personals: Dort befinden sich die in einer Kinder-

KÄTHE-LUTHER KINDERHAUS, WUNSIEDEL-HOLENBRUNN

STANDORT:
Talstraße 2
95632 Wunsiedel

BAUHERR:
Stadt Wunsiedel
Marktplatz 6
95632 Wunsiedel

PROJEKTLEITUNG:
Johannes Klose

„Ein Kinderhaus zum Verlieben"

Frankenpost,
27.07.2021

tagesstätte stets reichlich benötigten Lager- und Vorratsräume, einen Kopierraum sowie ein Personalraum zum Rückzug oder zur Vorbereitung von Bildungsangeboten. Das Büro der Kinderhausleitung sitzt genau in der nordöstlichen Ecke – auch um den erwähnten Vorplatz zu beobachten und so en passant den Eingang zu kontrollieren. Südlich des Foyers befinden sich die Räume für insgesamt 12 Krippenplätze: Der Gruppenraum ausgestattet mit einer Küchenzeile, einer „Geborgenheitsecke" und – wichtig für Selbstwahrnehmung wie für Motorik – einem Spiegel mit Haltestange. Dazu ein abgetrennter Essbereich, ein Sanitärraum mit Wickelecke, ein weiterer Lagerraum sowie ein Ruheraum. Während das übrige Kinderhaus durch die Fenster belüftet wird – die am Winterberger Weg sind mit Schallschutzfenstern ausgestattet –, bekam der Ruheraum der Kinderkrippe wegen des Lärmschutzes eine eigene Lüftung.

Ein ähnliches Layout im Obergeschoss: nördlich der Hortbereich für 15 Plätze, südlich die Räume des Kindergartens für 25 Plätze. Im Hortbereich gibt es einen Werkraum zur Entwicklung feinmotorischer Fähigkeiten. Vom Foyer ins Obergeschoss führt eine Treppe, die – typisch für Kuchenreuther – als Möbel ausgeführt wurde. Im Erdgeschoss ist sie ein großer Schrank, im Obergeschoss dient sie als Garderobe, Absturzsicherung und Raumteiler. Der notwendige zweite Fluchtweg wurde als weitere Treppe ausgebildet, die im Freien vom Obergeschoss übers Erdgeschoss in den tiefer liegenden Garten führt. Für die Fassade des Kinderhauses wurde ein Wärmedämmverbundsystem verwendet. Dieses ist zwar weniger robust, es musste aber gespart werden. Der aus Gründen des Energieeinsparens glatten Fassade konnte mit einem kleinen Überhang an der Ostseite und einem reizvollen Wechsel aus feststehendem und temporärem Sonnenschutz ein wenig Tiefe gegeben werden. Wobei besagter Sonnenschutz mit einem Materialkontrast zusätzlich akzentuiert wird. Wegen der schlechten Haushaltslage Wunsiedels stand ein sehr niedriges Budget zur Verfügung. Das sieht man dem Bau auch an – etwa bei der eher sparsamen Ausstattung oder den unverkleideten, aber akustisch wirksamen Sauerkrautplatten an den Decken.

Freilich: Erst eine intelligente Planung hatte den Bau möglich gemacht. Eine intelligente Planung – d.h. eine Zusammenarbeit mit dem Nutzer – hatte sich auf die Must-haves konzentriert: Die für eine moderne Pädagogik erforderlichen, auch Zugehörigkeit vermittelnden Räumlichkeiten und Ausstattungen, die sogar richtig großzügig ausgefallen sind – besagter Spiegel, besagter Werkraum, besagte Bewegungswände, besagter kontrollierbarer Eingang, besagter Personalraum etc. pp. Dazu gehören auch, nachdem entsprechende Untersuchungen erstellt wurden, die zahlreichen Maßnahmen zum Schallschutz und die kluge Ausnutzung des Grundstücks. Die Nice-to-haves überlässt eine intelligente Planung einem späteren Zeitpunkt und eventuell besseren Bedingungen. So konnte der Kostenplan komplett eingehalten werden. Und Kinder, Eltern und Erzieher freuen sich über ein tolles Kinderhaus – das vormals unbaubare, jetzt aber gebaute Ypsilon.

SOMMERFEST
Erweiterung Aula Markgraf-Diepold-Grundschule, Waldsassen

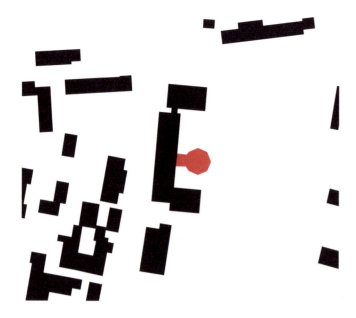

Dass der Zentralbau, der als Aula der Markgraf-Diepold-Grundschule in Waldsassen dient, einen sakralen Charakter habe, nun ja, wer wollte ihm das verdenken? In einer Landschaft, die „Stiftland" genannt wird, in einer Stadt, die wie wenige andere in Deutschland von einer mächtigen Barockbasilika und einem ebenso (wirkungs-)mächtigen Kloster geprägt wurde? Ältere Zeitgenossen dürften sich an die 60er-, 70er-Jahre des vergangenen Jahrhunderts erinnern, also an die Zeit der Babyboomer, als man dachte, den wachsenden Bedarf an Seelsorge mit runden Zeltkirchen und anderen temporären Bauten zufriedenstellen zu müssen: Eines dieser Gebäude könnte vielleicht als Modell der in den 80er-Jahren fertiggestellten, sich über einem achteckigen Grundriss erhebenden Aula in Waldsassen gedient haben. Doch eigentlich, so erzählt man sich wenigstens, sei das Vorbild des Pavillons mit dem Pyramidendach eine ganz profane Autobahnraststätte gewesen – die an der A9 in der Holledau nahe München. Aber auch hier könnte man spekulieren und an die fast sakrale Verehrung vieler Automobilisten für ihr „Heilig's Blechle" denken. Jedenfalls, und das ganz unabhängig von Form und Vorbild, war der Versammlungsraum der Markgraf-Diepold-Grundschule, ehrlich gesagt, wenig bis gar nicht zu benutzen. Zu klein, zu große akustische Probleme (nur schallharte Oberflächen) und: Die Pfosten-Riegel-Glas-Fassade mit unzureichender Isolierung, ungenügenden Verschattungsmöglichkeiten und unbefriedigender Entlüftung bescherte im Sommer Saunatemperaturen, stickige Luft und infolgedessen blitzschnell nachlassende Konzentration bei denen, die sich versammelten.

Eine 2018 beschlossene Förderoffensive von insgesamt mehr als acht Millionen Euro für den Landkreis Tirschenreuth machte den Weg frei, unter zahlreichen Modernisierungsprojekten auch die Aula der Waldsassener Grundschule zu sanieren und zu erweitern. Das Konzept dazu legte Peter Kuchenreuther vor. Nach einem knappen Jahr Bauzeit – eine „ganz harmonische Geschichte", so Stadtbaumeister Hubert Siller – wurde die generalsanierte und erweiterte Aula im Juli 2022 eingeweiht. Karin Gleißner, die Schulleiterin, äußerste sich laut Frankenpost bei der Feier höchst zufrieden: „Entstanden ist ein Ort der Mitte, der höchsten Ansprüchen an eine zeitgemäße Schule genügt und keine Wünsche sowohl von Kindern als auch Lehrern offenlässt." Die Metamorphose des Gebäudes beschrieb die Rektorin mit folgenden Worten: „Von der beengten Waldsassener Sauna zur großzügigen Wellness-Lernlandschaft." Aus einem Versammlungsort mit Platzmangel sei ein multifunktionaler Raum zum Lernen, Spielen und Wohlfühlen geworden. Anlässlich der Erweiterung benannte die Schule die neue Aula in Anlehnung an den Namensgeber der Schule, Markgraf Diepold, in „Diepoldeum" um.

Umbauen, Anpassen, Wiederverwenden – die Bundesarchitektenkammer hat im Sommer 2021 diese Strategien unter der Formel „Umbaukultur – Entwurf für eine Baukultur der Verantwortung" zusammengefasst. Der Umbau der Aula zum Diepoldeum ist dafür ein gutes Beispiel. Peter Kuchenreuther und sein Team erhielten den oktagonförmigen Grundriss des Gebäudes einschließlich der Tragstruktur und der Dachkonstruktion.

ERWEITERUNG AULA MARKGRAF-DIEPOLD-GRUNDSCHULE, WALDSASSEN

STANDORT:
Schulstraße 1
95652 Waldsassen

BAUHERR:
Stadt Waldsassen
Basilikaplatz 3
95652 Waldsassen

PROJEKTLEITUNG:
Susann Schäfer,
Uwe Gebhard

Das Dach wurde isoliert, bekam eine Metalleindeckung und im Dachspitz ein Oberlicht. Bei diesem steht nicht die Belichtung, sondern die Belüftung im Vordergrund: Die Kuppel besteht aus acht dreieckigen Fenstern, die man über einen Motor öffnen kann, sie sorgt gemeinsam mit den Oberlichtern der Fassade für einen Kamineffekt und so – etwa nachts – für die natürliche Auskühlung des Gebäudes. Die Grundfläche der Aula erweiterte Kuchenreuther mit einem ebenfalls achteckigen Ring. Mit einem System aus verschiedenfarbigen Vorhängen kann man insgesamt fünf Teilsegmente dieses Rings abtrennen und als kleinere Einheiten – als Backstage-Bereich etwa, für eine kleinere Lern- oder Spielgruppen – benutzen. Damit der kühlende Luftstrom ungehindert zirkulieren kann, werden die Stoffbahnen etwa 20 Zentimeter unter der Decke abgehängt. In einem weiteren, geschlossenen Segment befinden sich Sanitär- und Garderobenräume, in einem anderen, ebenfalls geschlossen, das Stuhllager und eine Teeküche. Letztere dient auch als Kiosk während der Schulpausen. Im achten Segment befindet sich der Übergang zur Schule.

Die Erweiterung, also dieser Ring ist als Holzbau, genauer Holzständerbau mit innenliegender Wärmedämmung ausgeführt und steht auf einem Sichtbetonsockel. Dieser kann auch als Sitzbank dienen. Wieder wurde eine Pfosten-Riegel-Fassade verwendet, allerdings mit Dreifach-Isolierglasscheiben, als Verschattung dient eine vertikale Lattung aus naturbelassenem Lärchenholz, die überdies optisch ausgezeichnet zu den Holzfenstern des Schulgebäudes passt. Das Flachdach der Erweiterung ist begrünt und von den Klassenzimmern zu sehen. Neu an den Decken – sowohl der ursprünglichen Aula als auch der Erweiterung – sind farblich abgestimmte Schallschutzpaneele, deren Wirkung durch die Vorhänge verstärkt wird. Trotz des neuen Bodenbelags aus Oberpfälzer, genauer Flossenbürger Granit sind die akustischen Eigenschaften des Dipoldeums hervorragend. Ohne Erweiterung kann die „neue" Aula etwa 240 Sitzplätze aufweisen. Bei größeren Schulveranstaltungen kann in der ringförmigen Erweiterung die Bestuhlung auf rund 420 erhöht werden. Wobei diese Veranstaltungen dank aller Verbesserungen nun auch im Sommer stattfinden können. Das Dipoldeum ist gleichsam „sommerfest" geworden. Dass jetzt gemutmaßt wird, das Vorbild der Aula-Erweiterung sei der Umgang der nahen Dreifaltigkeitskirche Kappl gewesen, nun ja, das liegt wahrscheinlich an den eingangs beschriebenen Waldsassener Verhältnissen.

RAUM FÜR BILDUNG

„Unsere Grundschule wurde nach dem Stifter unseres Landstrichs, dem Markgrafen Diepold III. von Vohburg benannt. Durch seine Schenkung 1127 ermöglichte er Mönchen die Urbarmachung des Landes und schließlich die Gründung des Klosters Waldsassen. Für die Stadt und ihre Umgebung eine bedeutsame und weitreichende Entscheidung. Auch heute ist das Handeln unseres Namensgebers für uns Vorbild und motiviert uns, den ‚Gestaltern von morgen' neue Wege zu eröffnen und wichtige Grundlagen für ihre Zukunft zu schaffen. Unsere neue, generalsanierte Aula trägt ihm zu Ehren den Namen DIEPOLDeum."

Homepage der Markgraf-Diepold-Grundschule, Waldsassen

KREISBOGEN
Neubau Turnhalle und Mensa Bognerschule, Selb

„Schulzentrum Selb" ist kein offizieller Name, „Schulzentrum Selb" nennt sich nur eine Bushaltestelle im Süden der Stadt. Freilich, an dieser Haltestelle steigen Schüler von fünf verschiedenen Bildungseinrichtungen ein und aus: der Dr.-Franz-Bogner-Grundschule, der Dr.-Franz-Bogner-Mittelschule, des sonderpädagogischen Förderzentrums „Siebensternschule", des staatlichen Walter-Gropius-Gymnasiums und der staatlichen Berufsschule für Produktdesign und Prüftechnik. Optisch beherrscht wird dieses Bildungsareal zwischen Jahn-, Heide- und Hohenberger Straße von einem viertelkreisförmigen Bogen, in dem die in der Nachkriegszeit errichteten Baukörper der Grund- und Realschule angeordnet sind. Die Erschließung der neugebauten Turnhalle und der neugebauten Mensa, deren Planung das Büro Kuchenreuther verantwortet, präsentiert sich als Fortführung dieses Kreisbogens. Typisch für den kontextuellen Ansatz von Kuchenreuthers Architektur wurde das doch mächtige Volumen der Zweifachturnhalle um ein Geschoss eingegraben.

Die Organisation der Räume folgt der zwingenden Logik der Nutzung: Die Mensa ermöglicht Grund- und Mittelschule ein erweitertes Ganztagesangebot. Sie ist deshalb an der Schnittstelle zur Schule positioniert. Ebenso die gegenüberliegenden vier Gruppenräume, in denen die Schüler beispielsweise ihre Hausaufgaben erledigen. In der Höhe versetzte Panoramafenster vom Flur in den Speisesaal sind keineswegs nur spielerisches Element, sondern gestatten auch kleineren Kindern einen Blick in den Speiseraum, in dem 120 Schüler gleichzeitig essen können. Wände und Böden, allgemein die Innenraumgestaltung des Neubaus, tragen vielfach die Farben Rot und Blau – die Stadtfarben Selbs.

Mit einer Tür zum Kreisbogen abgetrennt, aber auch mit einem eigenen Eingang folgt die Turnhalle: Vereine haben so die Möglichkeit außerhalb der Unterrichtszeiten Sport zu treiben. Sieben Meter beträgt die lichte Höhe der Halle, neun Meter ihre Konstruktionshöhe: Hätte man sie auf Erdgeschosslevel gebaut, würde sie alle anderen Schulgebäude überragen. Durch die Verlegung der Hallenebene in das Untergeschoss gliedern sich die beiden neuen Baukörper in den spannungsvollen Organismus der in verschiedenen Jahrzehnten errichteten Schulen ein. Ein weiterer Vorteil: Was vorher noch Erschließungsflur für Mensa und Gruppenräume war, erhält nun eine zusätzliche Funktion: Während man auf der einen Seite zu den Umkleiden gelangt, öffnet sich der Raum auf der anderen Seite zur sehr großzügig gestalteten Galerie, von der man wie von einer Tribüne dem sportlichen Treiben auf der Ebene darunter zuschauen kann.

Die Galerie ist dabei ebenso vom Tageslicht durchflutet wie die durch Glasfassade und Oberlichter erhellte Halle selbst. Von den insgesamt vier Umkleiden kommt man über drei Treppen auf die Hallenebene. Die Halle ist teilbar, verfügt als zusätzliche Features über eine Boulderwand und einen Kraftraum mit entsprechenden Geräten. Auf dieser Ebene befindet sich darüber hinaus ein Regieraum, der auch als Lehrer-, Übungsleiter- und Schiedsrichterraum genutzt wird. Insgesamt ergänzen Mensa und Sporthalle kongenial das Bildungsangebot und stellen im Selber Schulzentrum den letzten fehlenden Puzzlestein dar.

NEUBAU TURNHALLE
UND MENSA
BOGNERSCHULE, SELB

STANDORT:
Jahnstraße 55
95100 Selb

BAUHERR:
Stadt Selb
Ludwigstraße 6
95100 Selb

PROJEKTLEITUNG:
Uwe Gebhard

TRADITION UND MODERNE
Generalsanierung Jean-Paul-Schule, Wunsiedel

Gewiss ist auch das Gebäudevolumen der Jean-Paul-Schule in Wunsiedel eindrucksvoll. Doch noch eindrucksvoller sind die verschiedenen Baukörper und deren Ausdruck von typischen Eigenschaften ihrer Entstehungszeit. Das geschieht auf jeweils höchst individuelle und gleichzeitig äußerst prägnante Weise, so dass jeder Baukörper einen präzisen Zeitzeugen, der gesamte Gebäudekomplex dagegen eine ebenso komplexe wie spannungsreiche Collage darstellt. Etwa der 1929 eingeweihte Altbau, eine sehr originelle Mischung aus Klassizismus und Expressionismus, aus Heimat- und Jugendstil mit ebenso wunderschönen wie hochwertigen Details. Völlig unverständlich, warum dieser bemerkenswerte Bau noch nicht unter Denkmalschutz gestellt wurde. Die 1974 eröffnete Grundschule dagegen beeindruckt durch Raum – durch räumliche Großzügigkeit, durch spannende räumliche Situationen und Verschränkungen. Und vor allem durch ihre Ehrfurcht gebietende, dreieinhalb Geschosse hohe Aula, die auch „Dom" genannt wird. Die zeitgleich entstandene Turnhalle hat ein ansehnliches Mero-Raumfachwerk aufzuweisen, während die Decke der Schwimmhalle mit wellenförmigen Betonelementen gestaltet ist. Nur die 1967 fertiggestellte Mittelschule fällt gegenüber den anderen Bauvolumina etwas ab. Bis auf das ebenfalls sehr zeittypische Sgraffito des Wunsiedler Künstlers Günter Rossow an der Fassade zur Egerstraße kann die Schule – architektonisch – wenig Besonderheiten aufweisen.

Anfang der 2010er-Jahre wurden die energetischen und sicherheitstechnischen Probleme der Jean-Paul-Schule deutlich. Die kaum gedämmten Betonfertigteil-Fassaden von Grund- und Mittelschule erwiesen sich als Energiefresser, das räumliche Gefüge entsprach schon lange nicht mehr den brandschutz-technischen Anforderungen. Allerdings, angesichts der demographischen Prognosen, die einen drastischen Bevölkerungsrückgang voraussagten, gab es ein Ringen, ob die Schule im bisherigen Umfang saniert oder ob sie sich flächenmäßig nicht besser – dem verringerten Bedarf entsprechend – verkleinern sollte. Doch Karl-Willi Beck, der damalige Bürgermeister Wunsiedels, benötigte eine gut funktionierende und differenzierte Bildungslandschaft für seine zahlreichen Initiativen, die für den Wiederaufschwung der Kommune sorgen sollten. Er konnte sich durchsetzen, errang bei der Staatsregierung einen Zuschuss zu den Baumaßnahmen von 90 Prozent und konnte am 27. Juni 2013 verkünden: „Das ist ein ganz wichtiger Tag für Wunsiedel." Beck meinte damit den feierlichen Auftakt zur Generalsanierung der Jean-Paul-Schule vor zahlreichen Gästen.

Die Aufgabe der Arbeitsgemeinschaft aus Dömges Architekten und Büro Kuchenreuther, die mit der Planung und Bauleitung dieser Sanierung beauftragt wurde, war nicht einfach. Einerseits ging es um den Erhalt vorhandener Qualitäten und damit der Unverwechselbarkeit der Schule, andererseits um eine dringend

JEAN-PAUL-SCHULE, WUNSIEDEL

STANDORT:
Egerstraße 62
95632 Wunsiedel

BAUHERR:
Stadt Wunsiedel
Marktplatz 6
95632 Wunsiedel

PROJEKTTEAM:
Dömges Architekten AG, Regensburg
Kuchenreuther Architekten / Stadtplaner, Marktredwitz

PROJEKTLEITUNG:
Uwe Gebhard,
Johannes Klose

„Das ist ein ganz wichtiger Tag für Wunsiedel."

Karl-Willi Beck bei der Auftaktveranstaltung zur Generalsanierung der Jean-Paul-Schule, 27. Juni 2013.

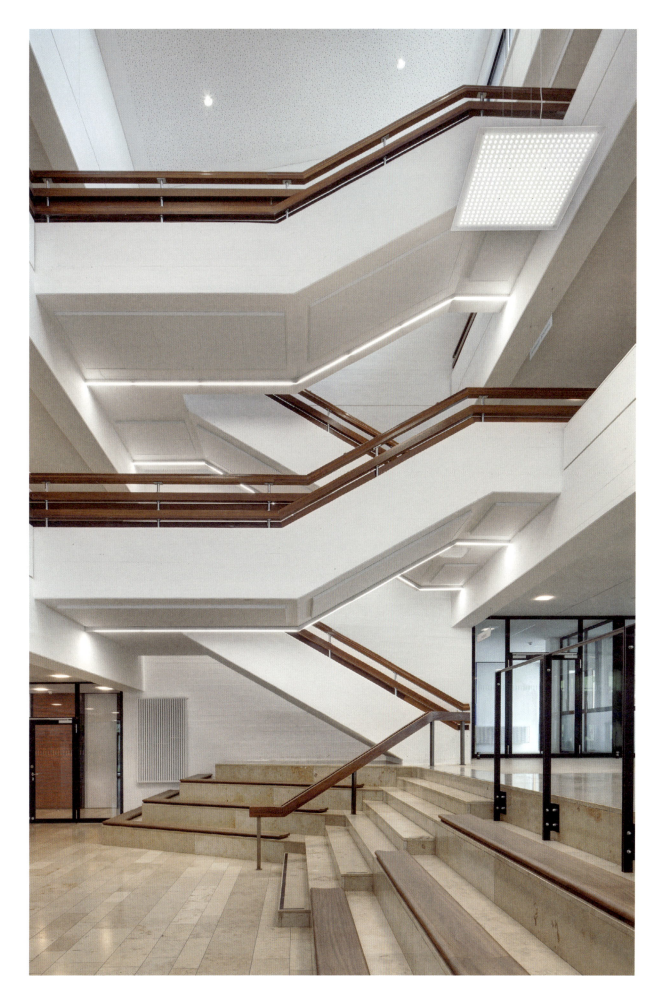

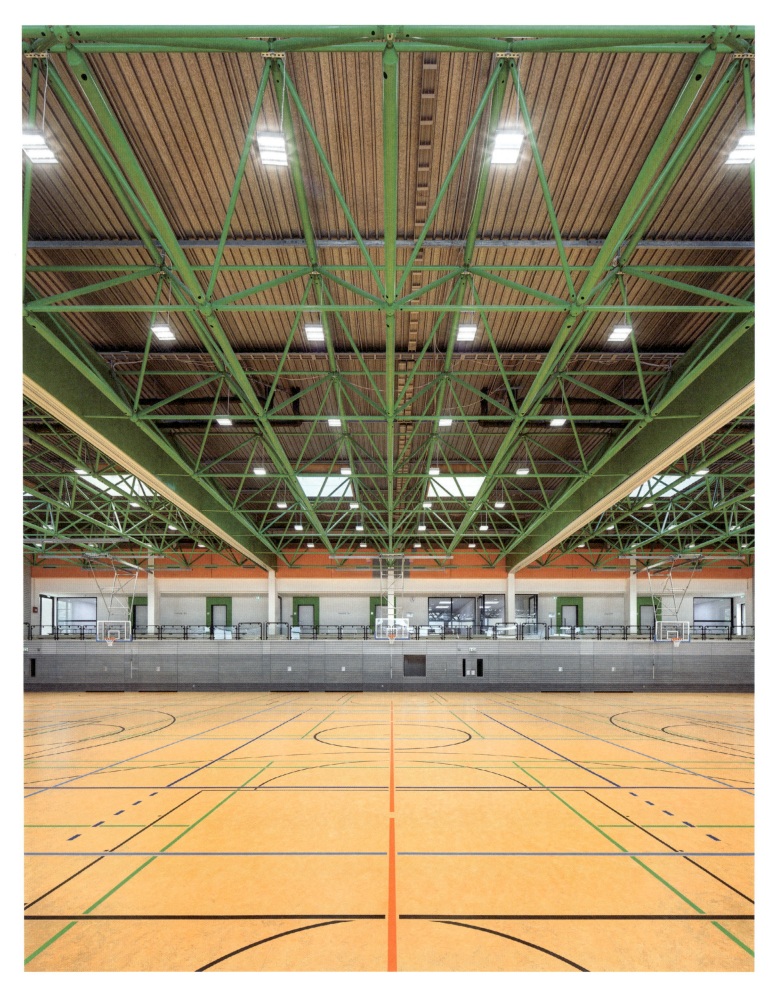

notwendige Modernisierung aller Gebäudeteile – bei einem wegen der knappen Kassen der Kommune eher schmalen Budget. So erhielten alle Baukörper eine neue Fassade aus Faserzementplatten in verschiedenen Gelbtönen (für die Grundschule) bzw. Blautönen (für die Mittelschule) und einer 25 Zentimeter starken Mineralwolldämmung. Die Brüstungen auf der Südseite der Turnhalle und der Grundschule erhielten Photovoltaik-Elemente, die auch auf dem Dach zu finden sind. An der Fassade der Mittelschule wurde die Fläche des erwähnten Sgraffitos ausgespart. Die Wand, auf die es aufgetragen wurde, erhielt eine Innendämmung. Auch der Altbau wurde ordentlich gedämmt: 20 Zentimeter Mineralwolle, allerdings nicht hinter der Eternitverkleidung, sondern hinter Putz. Das Ergebnis all der energetischen Maßnahmen ist, dass die fünf Baukörper der Jean-Paul-Schule den Passivhausstandard erreichen.

Es ist dem besonderen Einsatz Peter Kuchenreuthers zu verdanken, dass der Skulpturenschmuck, das aus Kösseine-Granit bestehende, imposante Portal und die steinernen Fenstergewände und Gesimse des Altbaus nicht unter der dicken Dämmung verschwanden, sondern erhalten blieben. Der gelernte Steinmetz setzte sich durch: Die erwähnten Bauteile wurden energetisch entkoppelt vor die Fassade gesetzt, was bei den Skulpturen, die vorher jeweils von einem eingemauerten Granitblock gehalten wurden, ziemlich aufwändig war. Auch die eleganten Wandverkleidungen und die fast luxuriösen Zierbrunnen aus rotem Marmor im Treppenhaus des Altbaus wurden akkurat ausgebessert und, wo kaputt, ersetzt. Die Granitstufen dagegen wurden nur abgesäuert und, wo der Belag abgelaufen war, mit dem Stockhammer neu bearbeitet. Die alten Holztüren ließen die Architekten aufarbeiten, selbst vielfach übersehene Details wie abgeschrägte Türgewände erhielten ihre Aufmerksamkeit und wurden sorgsam wiederhergestellt. Nur der Linoleumbodenbelag im Altbau, in dem nun die Verwaltung der Mittelschule und die Fachräume untergebracht sind, wurde erneuert, sein hölzerner Vorgänger liegt aber noch darunter.

Große Sorgfalt verwendeten die Planer auch, um die erwähnte räumliche Großzügigkeit der Grundschule zu erhalten. Dazu wurde unter anderem ein neuer Erschließungsturm im Osten angesetzt, der den zweiten Rettungsweg darstellt. Zwar musste das Gebäude in Rauchabschnitte unterteilt werden, aber das passierte lediglich mit großen Glasformaten und dünnen, schwarzen Profilen. Mit der Folge, dass die Raumtrennungen zwar sichtbar sind, aber ganz selbstverständlich wirken. Zwischen einer Vielzahl von Klassenzimmern wurde ein Stück Wand aufgebrochen und Türen – sogenannte Bypass-Türen – gesetzt, die ebenfalls als Rettungsweg dienen. Die charakteristischen Ziegelwände in Grund- und Mittelschule blieben dagegen erhalten.

Die Klassenzimmer selbst bekamen eine Mediensäule, neues Mobiliar und sogar eine White Wall, womit sie für digitalen Unterricht vorbereitet sind. Darüber hinaus wurde jedes Klassenzimmer mit den entsprechenden Möglichkeiten nach dem Amok-Sicherheitskonzept ausgestattet.

Die Turnhalle wurde bis auf den Rohbau zurückgebaut. Sie erhielt einen neuen Schwingboden, neue Prallwände, neue Garderoben und neue Sanitäreinheiten. Die Decke zeigt nach wie vor das typische Raumfachwerk aus grün beschichteten Stahlrohren, sie wurde aber darüber hinaus mit einem Ballnetz und mit schallabsorbierenden Deckensegeln, sogenannten Akustik-Baffeln, bestückt, die den störenden Nachhall reduzieren. Auch in der Lehrschwimmhalle, die auch anderen Schulen und der DLRG zur Verfügung steht, wurde vieles erneuert. Das Schwimmbecken, das mit einem Hubboden zu einem Lehrschwimmbecken umfunktioniert werden kann, erhielt beispielsweise eine neue breite Treppe, um den Einstieg zu erleichtern. Die einleitend erwähnten „Betonwellen" an der Decke und die mit einem pastellfarbenen Fliesenmosaik geschmückte Wand blieben dagegen bewahrt. Die Außenanlagen wurden im Sommer 2021 fertiggestellt.

„Tradition und Moderne" ist ein immer neues und ein immer konfliktträchtiges Thema in der Architektur. Bewahren oder/und Erneuern, Erinnerung oder/und technische Aufrüstung, Erbe oder/und Zukunftsfähigkeit: In der Jean-Paul-Schule gelang den Planern mit einem differenzierten, auch auf Details achtenden Konzept aus dem „oder" ein „und", aus dem Gegensatz ein Miteinander zu machen. Die Schüler und die Lehrer der Jean-Paul-Schule haben die Möglichkeit, sich die Vergangenheit ihrer Schule anzueignen und sie für ihren weiteren Lebensweg zu nutzen. Den Architekten ist es gelungen, die vorhandenen Qualitäten der einzelnen Bauvolumina des Komplexes zu stärken und die nötigen, teilweise auch gesetzlich geforderten Anpassungen an Gegenwart und Zukunft sensibel zu leisten. Die Farbwahl der Fassadenverkleidung, die zunächst für Irritationen gesorgt hatte, macht den Wert von Bildung auch im öffentlichen Straßenraum deutlich. Mit den Photovoltaik-Anlagen leistet die Schule überdies einen – wenn auch kleinen – Beitrag zum inzwischen schon sprichwörtlich gewordenen Wunsiedler Weg zur autarken Energieversorgung mit erneuerbaren Energien. Und will man entsprechenden Presseberichten glauben, haben die digitalen Tafeln in den Klassenzimmern die JPS-Eleven schon so weit vorbereitet, dass mit zusätzlich angemieteten Tablets der Distanzunterricht während der Corona-Pandemie ohne größere Probleme ablaufen konnte.

„Häufig ist man mit der Frage konfrontiert, ob nicht ein Abriss und Neubau günstiger wäre als eine Generalsanierung – wie sie bei der Jean-Paul-Schule in Wunsiedel umgesetzt wurde. Für uns stellte es eine schöne und interessante Aufgabe dar, die große Herausforderungen bot. Die gesamten bestehenden Gebäude mit ihren speziellen Strukturen, die sie aus ihren jeweiligen Bauzeiten mitbrachten, wurden auf einen aktuellen Stand gebracht. So wurden beispielsweise neuartige Sicherheitskonzepte umgesetzt, die großzügigen Flure der 60er-Jahre-Bauten werden durch offene Teamwork-Stationen mit modernem Schulleben erfüllt. Die Gebäude bleiben dabei in Form, Inhalt und ihrer städtebaulichen Struktur bestehen und erscheinen in einem neuen Gesicht."

Monika Vetter, Kathrin Horn und Brigitte Schnurrer, Kuchenreuther Architekten / Stadtplaner

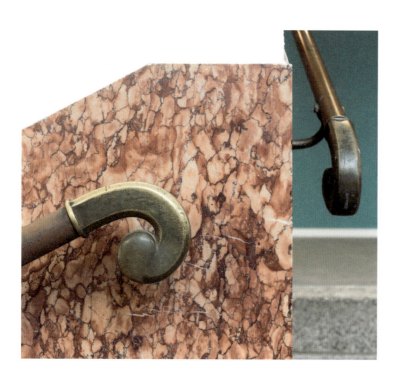

„Wir haben eine wunderschöne Schule geschaffen. Und zwar mit Bauarbeiten, die man mit einer Operation am offenen Herzen vergleichen könne. Denn der Schulbetrieb musste ja schließlich weitergehen."

Nicolas Lahovnik, Bürgermeister der Stadt Wunsiedel, beim Schulfest zum Abschluss der Sanierungsarbeiten
Zitiert nach Frankenpost vom 15.05.2022

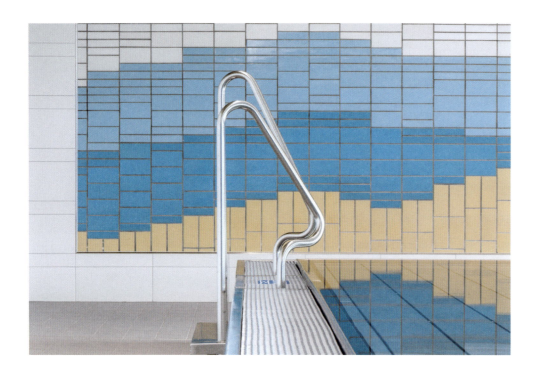

RAUM FÜR BILDUNG

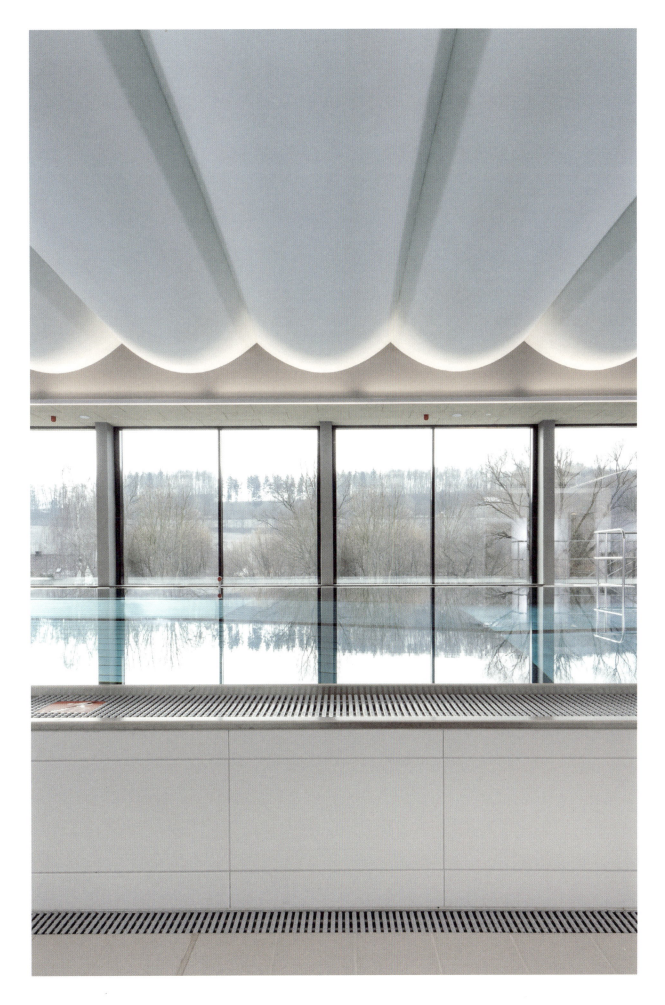

TOR FÜR DIE BILDUNG
Neubau zweier Gebäude für das bfz, Marktredwitz

Die beruflichen Fachzentren der bayerischen Arbeitgeberverbände, die in Hochfranken an drei Standorten vertreten sind, bieten unterschiedliche Ausbildungs-, Qualifizierungs- und Umschulungslehrgänge an: Von der Altenpflegeschule über Schweißlektionen und Softwareschulungen bis zu Deutsch- und Integrationskursen für Migranten reicht der weit gespannte Bogen. Die beiden, in der Höhe versetzten Kuben, die das Büro Kuchenreuther am östlichen Stadteingang von Marktredwitz geplant hatte, zeigen das deutlich: Wegen der Lage an einem Südhang haben beide Schulhäuser jeweils ein reichlich befenstertes Untergeschoss, das ebenerdig zugänglich ist. Das eine beherbergt die Lehrwerkstatt mit gewaltigen Maschinen, das andere eine ansehnliche Lehrküche mit allem, was das Herz eines Profikochs begehrt.

Darüber erheben sich hinter einer zurückgenommenen Fassade drei bzw. vier Geschosse mit stets lichten Lehrsälen, Seminarräumen und Klassenzimmern sowie den Räumen für die Schulverwaltung. Die Farben aus der Corporate Identity der Fachzentren wurden als Leitfarben zur Orientierung eingesetzt. So kennzeichnet ein kräftiges Rot die Aufzugskerne, grüne Querbalken dagegen halten Informationen über die Berufe bereit, zu denen die bfz aus- oder weiterbilden. Mit den gegenüberliegenden Zeilenbauten bilden die beiden Schulgebäude eine Art modernes Stadttor – ein willkommenes Signal für die „Bildungsregion Fichtelgebirge", für deren weiteren Ausbau Politik und Wirtschaft große Anstrengungen unternehmen.

NEUBAU ZWEIER GEBÄUDE FÜR DAS BFZ, MARKTREDWITZ

STANDORT:
Wölsauer Straße 22–24
95615 Marktredwitz

BAUHERR:
bfz Marktredwitz
Wölsauer Straße 22–24
95615 Marktredwitz

PROJEKTLEITUNG:
Uwe Gebhard

RAUM FÜR BILDUNG

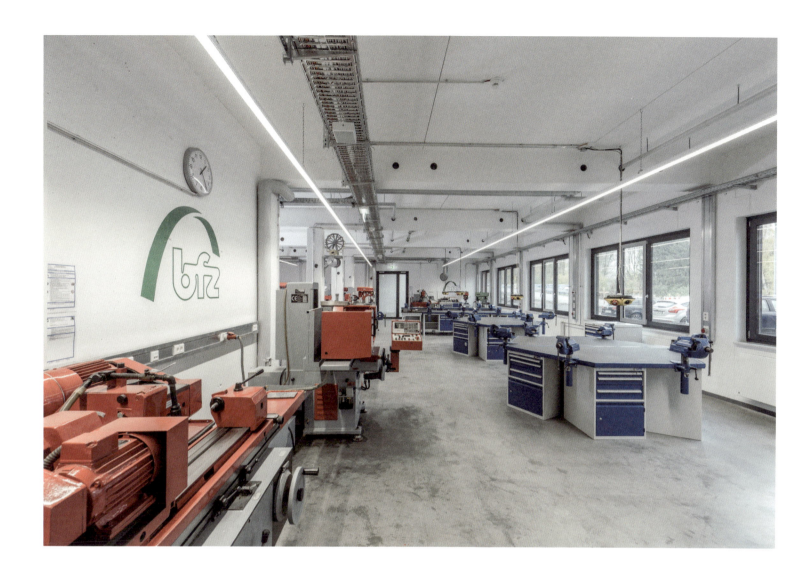

„Qualität in der Aus- und Weiterbildung ist der Schlüssel zur Stärkung der regionalen Wettbewerbsfähigkeit. Mit dem Neubau schaffen wir die Voraussetzungen für moderne und anspruchsvolle Bildungsangebote. So unterstützen wir Betriebe, ihren Bedarf an qualifizierten Mitarbeitern zu decken, und Menschen, ihre Potentiale zu entfalten."

Anna Engel-Köhler, Hauptgeschäftsführerin des Bildungswerks der Bayerischen Wirtschaft, zum zweiten Bauabschnitt bfz, Marktredwitz

HEIMKEHR
Werkhalle II EFBZ Stein, Wunsiedel

Das „Europäische Fortbildungszentrum – Kompetenzzentrum für das Steinmetz- und Steinbildhauerhandwerk", so der volle Name der Einrichtung, ist mit dem angeschlossenen Deutschen Natursteinarchiv auf einen ganzen Komplex von meist im postmodernen Stil errichteten Gebäuden im Süden Wunsiedels verteilt. Das Zentrum geht auf die Steinfachschule zurück, die 1902 im Innenhof des Wunsiedler Rathauses als erste deutsche Fachschule für Steintechnik gegründet wurde, bevor sie Ende der 1950er-Jahre auf ein ehemals landwirtschaftlich genutztes Areal an der Straße nach Marktredwitz zog. Während seiner Ausbildung zum Steinmetz besuchte Peter Kuchenreuther dort den theoretischen Unterricht – von 1986 bis 1988. So war es für ihn eine Art erfolgreiche Heimkehr, als er 2013 den Auftrag erhielt, den vorerst letzten Baustein des EFBZ, die Werkhalle II, zu planen. Mit einem „einfühlsamen Entwurf", wie die Frankenpost einen Vertreter des Bauherrn zitierte, „der die Handschrift eines Architekten trägt, der gelernter Steinmetz ist". „Ein Plan", führte Landesinnungsmeister Hermann Rudolph vom Landesverband Bayerischer Steinmetze fort, „der den Bedürfnissen von am Stein tätigen kreativen Menschen entgegenkommt".

Nun spiegelt der 2018 fertiggestellte Bau vor allem die Spannungsfelder der Natursteinbranche wider. Er ist zugleich Künstleratelier und professioneller Steinmetzbetrieb, schafft beste Bedingungen für das analoge Handwerk und stellt zudem mit einer 5-achsigen CNC-Fräse und einem 3-D-Scanner auch die Instrumente für eine digitale Steinbearbeitung bereit. Dass der Sockel der Halle mit bruchrauen Krustenplatten aus Kösseinegranit und im ersten Stock mit glattem Naturschiefer verkleidet ist, reflektiert diese Bipolarität nach außen. Wobei das langgestreckte Gebäude nicht im postmodernen Stil des übrigen Komplexes gebaut ist. Es verwendet allerdings die in der Postmoderne neu entdeckten lokalen Materialien, trägt ein traditionelles Satteldach und lehnt sich in der Form an den ursprünglichen Bau von 1958 an.

Zudem ist die Halle – wie so oft im Fichtelgebirge – parallel zu einem Hang gebaut. Mit dem Vorteil, dass beide Geschosse ebenerdig erreichbar sind. Was sich als besonders vorteilhaft erweist, denn die Steinmetzen und -bildhauer bearbeiteten dort zum Teil tonnenschwere Werkstücke. Deswegen wurde auch der Hallenboden aus Beton mit einer besonderen Bewehrung versehen, so dass etwa ein Gabelstapler oder ein Lader die Steinblöcke in die Halle transportieren können.

In der zweigeschossigen Halle finden sich 16 Arbeitsplätze, von denen jeder einzelne – zum Schutz vor

WERKHALLE II EFBZ
STEIN, WUNSIEDEL

STANDORT:
Marktredwitzer Straße 60
95632 Wunsiedel

BAUHERR:
Zweckverband „Europäisches Fortbildungszentrum für das Steinmetz- und Steinbildhauerwerk"
Jean-Paul-Straße 9
95632 Wunsiedel

PROJEKTLEITUNG:
Johannes Klose

Steinstaub – mit einer Absauganlage ausgestattet ist. Der erwähnte CNC-Roboter ist in einem separaten, ebenfalls zweigeschossigen Raum im Anschluss untergebracht. Mit einer ziemlich aufwändigen Anlage zum Sammeln und zur Filterung von Abwasser konnte der sonst in Steinbetrieben immense Wasserverbrauch deutlich gesenkt werden. Die Richtung der Glasfassade über dem Sockel nach Norden und die Oberlichter im Dach bescheren den Arbeitsplätzen ein fast schattenfreies Licht. Wobei das Profilglas der Fassade aus dem Wunsiedler Ortsteil Holenbrunn vom Hersteller Lamberts stammt. Im Obergeschoss befinden sich Lehrräume, Umkleide- und Sanitärräume sowie das Büro des Schulleiters. Der Flur öffnet sich mit einer Glaswand zur Halle und fungiert zugleich als Ausstellungsfläche.

In den Vitrinen werden besonders gelungene Werkstücke zur Schau gestellt, diese haben im Flurbereich mit ihrer Vorbildfunktion einen pädagogischen Effekt und bilden einen sichtbaren Ansporn bei der eigenen Arbeit im Hallenbereich. Alle Oberflächen sind – bis auf die Fassade – unverkleidet, Kuchenreuther legte großen Wert auf die ruppige Ästhetik des Handwerks. Und er machte seiner alten Ausbildungsstätte noch ein Geschenk: Die Kosten für das neue Gebäude, das im Mai 2018 – 30 Jahre nach seiner Gesellenprüfung – eröffnet wurde, blieben unter der veranschlagten Schätzung – Heimkehr und Geschenk in einem.

„Da es sich bei der neuen Werkhalle um eine Erweiterung des Gebäudekomplexes handelt, haben wir die Proportionen sowie die Materialität der bestehenden Gebäude aus der Mitte des letzten Jahrhunderts aufgegriffen und neu interpretiert. Hierdurch fügt sich die Werkhalle harmonisch und selbstbewusst in den Bestand ein, ohne als Pastiche zu wirken. Die Materialität ergibt sich aus naturbelassenen Texturen, die eine lebendige und plastische Oberfläche bewirken. Wie den in der Werkhalle arbeitenden Steinmetzen gelingt es, durch die Komposition der Oberflächen und Volumina ein stimmiges Ganzes zu schaffen."

Marc Baltzer,
Kuchenreuther Architekten / Stadtplaner

„WIR BOHREN DAS SCHULGEBÄUDE AUF – IM ÜBERTRAGENEN UND IM WÖRTLICHEN SINNE."
Ausblick: Generalsanierung Grund- und Mittelschule, Baunach

Gespräch mit Projektleiterin Beatrice Busch

Enrico Santifaller: Was darf sich der Laie unter einer Generalsanierung vorstellen?

Beatrice Busch: Generalsanierung geht über eine Teilsanierung weit hinaus. Es geht nicht um den Austausch von Oberflächen und die notwendigsten Arbeiten, sondern um das Schaffen eines zeitgemäßen Zustandes für das Gebäude. Das betrifft sowohl die Technik als auch den Energiestandard als auch das Raumprogramm. Unser Ziel ist es, ein Gebäude herzustellen, in dem Schüler und Lehrer auch in 40 Jahren noch gut lernen können. Dazu sind vier Bauabschnitte geplant, wobei wir im laufenden Schulbetrieb sanieren. 2029 soll alles fertig sein.

Ein ehrgeiziges Ziel. Wie auch in Wunsiedel ist die Grund- und Mittelschule in Baunach ja ein ganzer Komplex aus mehreren Baukörpern. Wie steht's um den Zustand der Gebäude?

BB: Die Grundschule wurde 1962 eröffnet. Sie ist ein Stahlbetonbau mit Ausmauerungen und Zwischenwänden aus Ziegel. Die Mittelschule ging zehn Jahre später in Betrieb. Sie besteht aus zwei dreigeschossigen Baukörpern, die mit einer erdgeschossigen Pausenhalle verbunden sind. Ebenfalls ein Stahlbetonbau, aber mit tragenden Stahlbetonzwischenwänden und einer vorgehängten Stahlbeton-Sandwich-Wetterschale. Den Abschluss bilden die Turn- und Schwimmhalle. Der Komplex ist nach einem additiven Prinzip entstanden: Es fehlt der Zusammenhang, die Gesamtschau, was sich beispielsweise in den Erschließungen, die sich nicht bewährt haben, oder völlig unzeitgemäßen Fluchtwegen bemerkbar macht. Obwohl unsere baulichen Eingriffe relativ geringfügig ausfallen werden – es gibt nur zwei, drei Ergänzungsbauten –, versuchen wir ein integriertes Modell zu etablieren. Zum Beispiel verbinden wir die beiden dreigeschossigen Volumina der Mittelschule mit einem neuen Treppenhaus. Bisher musste man, um etwa vom 1. Stock eines Baukörpers zum 2. Stock des anderen zu gelangen, erstmal runter in die Pausenhalle und dann wieder rauf. Mit dem Aufzug im neuen Treppenhaus schaffen wir auch eine wesentliche Voraussetzung für die bisher fast völlig fehlende Barrierefreiheit. Der Innenausbau von damals war zwar wertig, hat aber mittlerweile die Grenze seiner Nutzungsdauer erreicht. Dann gibt's natürlich das ganze Brandschutzthema – beispielsweise mit den offenen Garderoben in den Fluren, was heute so nicht mehr sein darf.

Und die Energiebilanz?

BB: Die ist ein großes Problem. Die Schule hat enorme Heizkosten, andererseits ist es im Sommer in den

STANDORT:
Basteistraße 6-10
96148 Baunach

BAUHERR:
Verwaltungsgemeinschaft
Baunach
Bamberger Str. 1
96148 Baunach

KUCHENREUTHER
ARCHITEKTEN /
STADTPLANER:
Leistungsphase 1 bis 6

PROJEKTLEITUNG:
Beatrice Busch,
Peter Kuchenreuther

MORHARD ARCHITEKTUR- + SACHVERSTÄNDIGENBÜRO,
LICHTENFELS:
Leistungsphase 7 bis 9

Klassenzimmern sehr, sehr warm – weil die Klassenzimmer fast alle nach Süden ausgerichtet sind. Die Gebäudehülle der Mittelschule hat so gut wie keine Dämmung. Nur bei den Brüstungen gibt es so Fertigteilwetterschalen. So ähnlich hat man auch die Turn- und die Schwimmhalle konstruiert. Bei der Grundschule haben wir zwar eine Mauerwerksbrüstung, aber um die Tragstruktur des Gebäudes auch nach außen sichtbar zu machen, hat die Fassade diese klassischen Vor- und Rücksprünge aus den 60er-Jahren. Diese sind aber leider nicht wirklich gut zu dämmen. Hier wurde zwar teilweise schon gedämmt, aber wegen der Vor- und Rücksprünge nur unzulänglich. Auch die Natursteinverblendung der Giebelwände wurde mit Wärmedämmverbundsystem überdeckt. Insgesamt war der Effekt all dieser Maßnahmen aber recht bescheiden. Das heißt, dass wir, um eine gute Energiebilanz zu erzielen, eine komplett neue Gebäudehülle bauen müssen.

Welche Fassade planen Sie?

BB: Wir planen eine langlebige Holzfassade. Wir denken an einen konstruktiven Holzschutz, das heißt eine stehende Schalung, auf der oben kein Wasser stehen bleibt. Auch die Tragekonstruktion soll aus Holz sein. Wir werden die bauphysikalisch schwer beherrschbaren Brüstungen komplett rückbauen – auch im Einklang mit dem Lehrpersonal: Die Lehrer wollten ohnehin niedrigere Brüstungen, auf denen die Schüler sitzen können. Letztlich stellen wir komplett neue, größtenteils freitragende Fassaden vor die Gebäude. Dadurch bringen wir auch alle Einzelgebäude in einen optischen Zusammenhang.

Wie dick wird die Dämmung sein?

BB: Im Moment gehen wir von einer 24 Zentimeter dicken Mineraldämmung aus.

Wie schaut's mit der Haustechnik aus?

BB: Da machen wir nicht so sehr viel. Vor zehn Jahren wurde die Heizungsanlage saniert, es gibt einen Gaskessel im Schulbereich und ein Blockheizkraftwerk für Turn- und Schwimmhalle. Allerdings, die erwähnten niedrigeren Brüstungen brauchen andere Heizkörper, da bauen wir neue ein. Was wir komplett erneuern werden, sind die Installationen für Wasser und Elektro. Die Verkabelungssituation ist nicht mehr regelkonform und es fehlen überall Steckdosen. Auch die Beleuchtung wird zeitgemäß erneuert. Ergänzt wird dies alles durch eine Photovoltaik-Anlage auf dem Dach, welche den Grundbedarf der Gebäude deckt.

Im Vorgespräch erzählten Sie, dass der Direktor der beiden Schulen, Rudolph Hennemann, die Wünsche der Lehrer zusammengefasst hat. Was wollen die Lehrer über die Sitzbrüstungen hinaus?

BB: Ganz pragmatische Sachen – wie zum Beispiel bessere Akustik.

Das kann man nachvollziehen.

BB: Was sich alle wünschen, ist eine veränderte, eine wärmere Raumatmosphäre. Nun ist es immer schwierig auszudeuten, was etwas „Wärmeres" ist – das ist ja sehr subjektiv. Es geht um Oberflächen, um Materialien, auch um mehr Naturmaterialien. Nachhaltigkeit ist Bildungsthema, das wollen die Lehrer verstärkt in ihren Unterricht einbringen. Und das soll und kann der Schulbau auch widerspiegeln.

Dann liegen Sie ja mit der Holzfassade – also einer Hülle aus einem nachwachsenden Material – genau richtig. Dass das Holz nicht nur als Verkleidung – also Deko – verwendet wird, sondern eine statische Funktion hat, passt auch zum Bildungsthema. Von welchen Materialien ist sonst noch die Rede?

BB: Es geht um Oberflächen mit einer gewissen Haptik, mit einer Struktur, die Neugierde fördert. Da gibt es schon Erfahrungen im Kindergartenbereich. Auch Stoffe fallen unter diese „wärmere Atmosphäre". Stoffe in der Schule sind gar nicht mehr ein unpopuläres Thema. Wir waren mit Herrn Hennemann in der gerade fertiggestellten Martini-Schule in Freystadt bei Neumarkt in der Oberpfalz. Geplant hat die Schule das renommierte Büro Berschneider + Berschneider und zwar so, dass neue pädagogische Konzepte umgesetzt werden können. Bei dieser Schule wurde – bis auf die Flure, da liegt Linoleum – nur Teppich verlegt. Die Industrie hat bei Teppichen und Textilien große Fortschritte gemacht – was etwa Allergiker angeht. Auch sind sie inzwischen weniger pflegeintensiv. Wir denken darüber nach, mit einem Materialwechsel die Zonierung zu unterstützen. Also etwa, dass im Klassenzimmer ein elastischer Bodenbelag aus Naturkautschuk verlegt wird, im Rückzugsbereich der zwischengelagerten Differenzierungsräume dann aber ein Teppich. Um so ein wenig Wärme und Wohnlichkeit zu schaffen. Was darüber hinaus gewünscht wurde, waren Möglichkeiten, Pflanzen aufzustellen: im besten Falle so, dass Pflanzen die Schüler durchs Gebäude begleiten. Es gibt in Baunach Pflanz-AGs als Projektarbeit, es gibt den Gießdienst im Klassenzimmer. So kann Verantwortungsbewusstsein gefördert und zugleich eine angenehme Raumatmosphäre geschaffen werden.

Gab es weitere Wünsche von den Nutzern?

BB: Sehr wichtig war die flexible Raumnutzung. Mit Einzeltischen, mit verschiebbaren Regalen, womit man ein Klassenzimmer in zwei kleinere Bereiche unterteilen kann. Wir haben hier den ganz besonderen Fall, dass wir nicht ins Blaue hinein planen oder uns auf Erfahrungsberichte von außerhalb stützen müssen: Herr Hennemann hat früh das Thema der zusammenschaltbaren Räume eingebracht, um so die Möglichkeit zu erhalten, dass zwei Klassen von zwei Lehrern gemeinsam unterrichtet werden. Das Münchner Lernhausmodell stand hier Pate. Weil das Bestandsgebäude das jetzt schon hergibt – es gibt einige mobile Trennwände –, macht er jetzt einfach mal mit zwei Lehrkräften einen Testlauf über ein Halbjahr. Da wird ausprobiert, ob die Idee funktioniert. Auch bei den Tischen ist es so: Wir haben spezielle Einzeltische ausgesucht, die einen polygonalen Zuschnitt haben und sehr flexibel sind. Für dieses Jahr war ein bisschen Budget übrig, also hat Herr Hennemann ein Klassenzimmer mit diesen Tischen

Die 1962 eröffnete Grund- und Mittelschule in Baunach, die dringend einer Generalsanierung und einer Erweiterung bedarf.

ausgestattet – um es für die anderen zu testen. Das ist natürlich toll, von diesem Ausprobieren und Herrn Hennemanns Engagement profitiert natürlich auch die Planung in großem Maße.

Welche Baumaßnahmen planen Sie noch?

BB: Der Hintergrund der Planung ist: Bis jetzt gibt es in Baunach einen offenen Ganztag mit zehn bis 15 Schülern aus der Mittelschule. Der ist ganz klassisch organisiert mit Unterricht am Vormittag, Mittagessen, nachmittags mit der Erledigung der Hausaufgaben und dann Bespaßen. Dieser offene, nicht verpflichtende Ganztag wird jetzt um einen „gebundenen Ganztageszug" erweitert. Dieser Ganztag ist an einen Klassenzug gebunden, wobei der Unterricht über den ganzen Tag verteilt wird. Er wird immer wieder mit Projektgruppen aufgelockert. Und es finden auch andere Aktivitäten statt als der klassische Schulunterricht. Und dafür gibt es auch Personal. Allerdings, die bisherigen Flächen der Schule reichen nicht aus. Deswegen bauen wir zum Beispiel eine neue Mensa. Diese wird mit der Verwaltung die neue Mitte und das Herz der Schule bilden, denn sie befindet sich genau im Zwischenbereich von Grund- und Mittelschule. Die Werkräume, die da bisher sind, werden anderweitig im Gebäude verteilt. Wir schaffen neue Differenzierungsräume und eine Lernwerkstatt für die Grundschule im ehemaligen Lichthof. Dann, das habe ich am Anfang angesprochen, gibt es Probleme mit den Erschließungs- und Verkehrsflächen: Die Schüler der Mittelschule gehen zur Turn- oder Schwimmhalle über die Pausenhalle der Grundschule. Das stört einfach und führt zu Problemen. Wir wollen das auflösen und schlagen diese Pausenhalle wirklich der Grundschule zu. Das ist künftig deren Bereich. Und im Pausenhof-Bereich gliedern wir einen neuen Flur an. Insgesamt planen wir eigentlich nur wenig Neues, aber von diesem Neuen versprechen wir uns eine große Wirkung. Viele Bestandteile werden wir einfach nur sanieren: Wir werden stellenweise viele Bestandsoberflächen wieder herstellen. Also zum Beispiel Betonflächen neu streichen, so wie sie jetzt auch gestrichen sind. Oder es gibt diese Feinstein-Fertigbetonsteine, die in den Pausenhallen liegen. Die sind noch in gutem Zustand und können wunderbar aufgearbeitet werden. Man muss sie einfach mal grundreinigen und dann schauen sie auch wieder ganz anders aus. Im Sinne der Nachhaltigkeit überlegen wir uns gut, was wirklich erneuert werden muss – auch wenn es manchmal etwas mehr Planungsaufwand erfordert.

Sie haben vorhin die Martini-Schule vom Büro Berschneider angesprochen. Die ist ja nach dem Münchner Lernhausmodell konzipiert. Wie funktioniert dieses Modell?

BB: Das Münchner Lernhaus ist eine Organisationsstruktur für eine Schule. Das Prinzip dahinter ist, dass sich eine große Schule aus vielen kleinen Schulen zusammensetzt. Alle Bereiche, die sich nahe sind, werden in einem Lernhaus zusammengefasst – entweder horizontal oder vertikal. Horizontal bedeutet, alle ersten Klassen, alle zweiten Klassen usw. bilden jeweils ein Lernhaus. Also ein jahrgangsinternes Zusammenlegen. Vertikal heißt dagegen eine Sortierung nach Zweigen: Also wenn in einem Gymnasium der musische oder der naturwissenschaftliche Zweig ein Lernhaus bildet. Die Schüler sind da aber auch schon älter.

Wie schaut das in der Praxis aus?

BB: Also bei der Martini-Schule ist es wirklich die Reinform: In der Mitte gibt es den sogenannten Marktplatz. Um diesen zentralen Marktplatz gliedern sich dann im Wechsel ein Klassenzimmer, ein Differenzierungszimmer, ein Klassenzimmer usw. So strickt sich das einmal außen rum. Zwischen den Klassen gibt es immer wieder diese Durchblickfenster. Man kann in den einzelnen Klassenräumen gemeinsam arbeiten – oder auch getrennt.

Berschneider konnte in Freystadt den Idealzustand bauen, weil der Neubauanteil sehr groß ist. Von der Reinform müssen Sie in Baunach schon ein bisschen abstrahieren?

BB: Definitiv.

Wie setzen Sie also in einem Bestandsbau diese neuen pädagogischen Konzepte um?

BB: Ich benutzte dafür eine Formulierung aus der Tunerszene: Wir bohren das Gebäude auf. Ein Tuner strickt sich ja auch kein komplett neues Auto. Er „bohrt" das Auto „auf": Er macht mit allen möglichen Maßnahmen das Auto leistungsfähiger. Genau das machen wir mit dem Schulgebäude auch. Wobei „Aufbohren" nicht nur im übertragenen, sondern auch im wörtlichen Sinne zu verstehen ist. Wir schaffen keine komplett neuen Raumzuschnitte, sondern wir bringen die bestehenden Flächen in einen neuen Zusammenhang. Wir haben ja in der Mittelschule tragende Innenwände zur Queraussteifung, die wir nicht entfernen können. Aber – nach Rücksprache mit unserem Statiker – können wir doch mit einem Betonbohrer die eine oder andere Öffnung neu herstellen. Wir schaffen Blickverbindungen und machen die ehemals starren Räume durchlässig. Wir erhöhen auch den Fensteranteil und planen Oberlichtbereiche.

In beiden Baukörpern der Mittelschule soll es in Zukunft jeweils pro Geschoss ein Lernhaus geben. Da ist dann ein Jahrgang untergebracht. Zum Beispiel auf einem Geschoss drei siebte Klassen, dann hätten wir noch ein Zimmer für den Ganztag oder als Projektzimmer oder Differenzierungsraum. Wir haben in der Mittelschule wahnsinnig viel Flurfläche. Bei einem Treppenhaus ist das wegen des Brandschutzes als Fluchtweg notwendig. Wenn wir aber ein zweites Treppenhaus bauen und zusätzliche Verbindungen von Klassenraum zu Klassenraum schaffen, haben wir eine völlig andere Situation. Dann können wir das gesamte Geschoss als Nutzungseinheit auffassen. Jedes Lernhaus ist dann eine Nutzungseinheit. Der Flur wird zum Marktplatz, und wir können auch noch weitere Zimmer schaffen oder Lernnischen usw.

Das ist wirklich eine spannende Entwicklung. Sehr oft höre ich von Architekten, aber auch von Erziehern in Kindergärten, dass Brandschutz der große Verhinderer ist. Seit es diese neuen pädagogischen Konzepte gibt und man auch im Brandschutz neue Wege geht, eröffnen sich ganz neue Möglichkeiten. Und der Flur wird zum Bestandteil einer Lernlandschaft.

BB: Genau. Wir beschränken uns auf geringe Eingriffe in die Bausubstanz. Wie gesagt, ich kann an den Innenwänden leider nichts ändern, weil sie fast alle zur Gebäudeaussteifung notwendig sind. Aber das macht das ganze Projekt so spannend. Man muss hier ein bisschen anders denken, immer abwägen, was überhaupt sinnvoll ist. Machen kann man ja viel. Aber steht das in einem Kosten-Nutzen-Verhältnis?

Nochmal zu den neuen pädagogischen Konzepten: Auch der Bund Deutscher Architekten BDA hat sich damit auseinandergesetzt. Die Montag Stiftung Jugend und Gesellschaft, der Verband Bildung und Erziehung und eben der BDA haben eine Broschüre unter dem Titel „Leitlinien für leistungsfähigen Schulbau in Deutschland" herausgegeben. Was halten Sie davon?

BB: Ich halte von diesen neuen Konzepten, die in dieser Broschüre vorgeschlagen werden, sehr viel – aus der Ferne. Ich komme noch aus einer Generation, die in der Regel Frontalunterricht genossen hat. Ich kann es nur aus meiner Studienzeit bewerten, an den Hochschulen werden ja diese informellen Lern- und Arbeitsstrukturen, die in der Broschüre vorgeschlagen werden, eher gelebt. Ich denke, es ist ein wichtiger Schritt in die richtige Richtung, dass die Schulen sich hier mehr zutrauen. Es geht ja in diesen Konzepten um Spaß am Lernen, um das eigenverantwortliche Lernen und auch um das begleitende Lernen. Von der Aneignung dieser Fähigkeiten profitiert man sein ganzes Leben. Als Planer aber verfolgen wir einen pragmatischen Ansatz: Wir schaffen Angebote. Wenn ein Lehrer sich im Frontalunterricht wohler fühlt, wenn er das Gefühl hat, da mache ich seinen besten Unterricht, dann soll der Raum das hergeben. Andererseits, wenn ein Lehrer mit Kleingruppen arbeiten und einen sehr individuellen Unterricht halten möchte, dann soll der Raum auch das können.

Wenn ich an meine eigene Schulzeit zurückdenke: Manche Lehrer – es waren eher wenige –, haben mir ein Bildungserlebnis geschenkt. Die meisten Lehrer aber nicht. Das hing schon sehr von der individuellen Qualität der Lehrer ab, aber auch von meiner jeweiligen Reaktion auf diese Lehrer.

BB: Wir stehen an der Schwelle von Industrie- zur Wissensgesellschaft. Letztere basiert auf lebenslangem Lernen. Früher gab's den Schulabschluss, dann die Ausbildung und den Job bis zur Rente. Das wird immer weniger so sein. Die heutigen Schulen müssen auf dieses lebenslange Lernen vorbereiten. Dass es einfach Spaß macht, mich weiterzubilden, mich mit neuen Dingen auseinanderzusetzen und in meinem Feld am Ball zu bleiben. Das muss Schule ermöglichen, das muss die Schule den Schülern vermitteln und ihnen das nötige Rüstzeug mit auf den Weg geben. Ob im Frontalunterricht, ob in Arbeitsgruppen, ob in gemischten Formen. Wenn wir als Architekten Schulen planen, dann planen wir dafür den baulichen Rahmen. Wir sind „Ermöglicher" – zum Beispiel von besseren Lernwelten. Es ist aber die Aufgabe der Schulgemeinschaft, diese dann mit Leben zu füllen.

WOHNEN

DACHLANDSCHAFT
Umbau und Sanierung des Wohngebäudes Franz-Heinrich-Straße 19, Selb

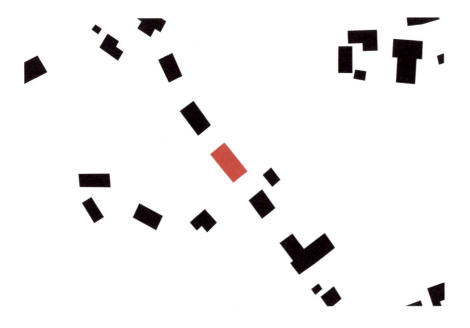

1921 arbeiteten etwa 700 Menschen für den Porzellanhersteller Heinrich & Co in Selb. Firmenchef Franz Heinrich, stets als bescheiden und streng zu sich selbst beschrieben, ließ in den kommenden Jahren an der Nordseite des Goldberges eine Fabrikantenvilla, ein Pförtnerhaus, ein Wohn- und Ausstellungsgebäude sowie für die Angestellten eine ganze Reihe von sogenannten Beamtenwohnhäusern bauen. Geplant hatte diese Häuser der heimische Architekt Georg Kühnlein. Im Laufe der Zeit wurden viele dieser heute denkmal- und ensemblegeschützten Bauten verändert. Auch das Walmdach des zweigeschossigen Hauses in der Franz-Heinrich-Straße 9, das Peter Kuchenreuther für eine junge Familie sanierte und umbaute, war ziemlich verunstaltet. Giebelgauben und Zwerchhäuser, die Kühnlein einst mit expressionistischen Formelementen verziert hatte – jenen wilden Zacken, die auch Fenstersprossen und Haustüren schmückten –, waren zugunsten wenig ansehnlicher Schleppgauben verschwunden. Da der Bauherr ohnehin einen Dachausbau wünschte, wurde die ursprüngliche Dachlandschaft in enger Abstimmung mit der Denkmalpflege wiederhergestellt – inklusive einer neuen Deckung. Für das Obergeschoss entwarf Kuchenreuther in Kühnleins Formensprache einen Balkon, wobei dieser in der Deckenebene rückverankert wurde. So konnten störende Stützen vermieden werden. Insgesamt ist die ursprüngliche Anmutung des Beamtenwohnhauses wiederhergestellt – als einziges in der Reihe in der Franz-Heinrich-Straße. Innen aber entpuppt sich das Gebäude als Raumwunder: Der Umbau ermöglicht großzügiges Wohnen in derzeit fünf Wohneinheiten, die in ihrer Größe flexibel gestaltbar sind.

UMBAU UND SANIERUNG EINES WOHNGEBÄUDES, SELB

STANDORT:
Franz-Heinrich-Straße 19
95100 Selb

BAUHERREN:
Anja und Georg Storch
Franz-Heinrich-Straße 19
95100 Selb

PROJEKTLEITUNG:
Peter Kuchenreuther

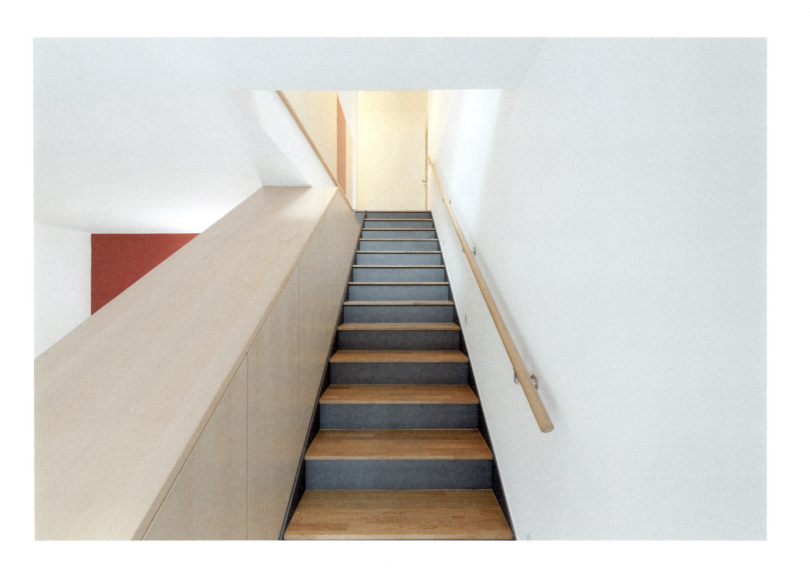

„Jede Möbeltreppe ist ein Unikat.
Und sie schafft für die Bewohner einen
erheblichen Mehrwert."

Peter Kuchenreuther

FLEXIBEL
Haus M, Marktredwitz

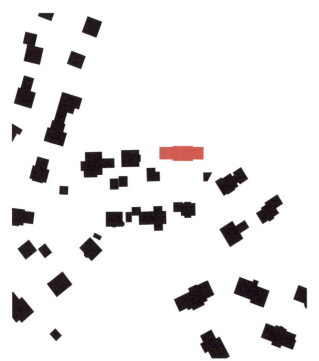

Ernst Bloch, der Philosoph des Prinzip(s) Hoffnung, war nicht zuletzt durch seine Frau Karola, eine Bauhaus-Schülerin, ein ebenso treuer wie kritischer Begleiter moderner Architektur. Den Wohnungsbau der von Mobilität und Geschwindigkeit inspirierten Klassischen Moderne empfand er als „reisefertig". Nicht mit dem Ort verwurzelt, sondern jederzeit bereit, die gleichen Mauern, die gleichen Flachdächer irgendwo anders hinzubauen. Mobilien statt Immobilien. Diese Gedanken stellen sich ein, wenn man das Haus Manzei im Nordwesten von Marktredwitz betrachtet. Oder genauer: dieses holzverkleidete Obergeschoss auf dem so ganz anders anmutenden, viel längeren, vorn und hinten überstehenden Flachbau im Erdgeschoss. Als hätte ein Kran irgendwann einmal das an schweren Seilen hängende Satteldachhaus vom Schwertransporter auf den massiven Bestandsbau gesetzt. „Aufgeclipst", wie ein von diesem Gebäude beeindruckter Kritiker schrieb. Wobei, so scheint es, die richtige Position immer wieder neu gesucht werden kann, als wäre es möglich, das Obergeschoss wie auf Schienen zu verschieben und dann wieder, wo es gerade passt oder günstig ist, festzumachen.

Nun deutet dieses scheinbar Bewegliche des Gebäudes eine kalkulierte Flexibilität an: Man könnte nämlich das Obergeschoss als eigene Wohnung getrennt vermieten. Das Haus ist genügend flexibel und gleichzeitig passgerecht, um ein perfekt abgestimmter Lebensraum für drei Generationen zu sein – die Bauherren, die Großeltern und die schon erwachsenen Kinder. Das Haus bietet einen gemeinsamen Rahmen, ein gemeinsames Dach, für die gesamte Familie und lässt sich doch ganz individuell als drei separate Wohnungen benutzen. In einen Hang gebaut, hat jede Ebene auch einen barrierefreien Zugang ins Freie. Raumhohe Fenster – mit großen Schiebeläden individuell zu verschatten – bieten darüber hinaus einen großartigen Blick zum einen in die Landschaft des Fichtelgebirges und zum anderen in das etwas im Tal liegende Marktredwitz. Schöne Details, wertige Materialien und großzügige, aber keineswegs zu große Räume schaffen eine angenehme Wohnatmosphäre.

HAUS M,
MARKTREDWITZ

STANDORT:
Von-Gümbel-Straße 2
95615 Marktredwitz

PROJEKTLEITUNG:
Uwe Gebhard

VERWANDT UND DOCH INDIVIDUELL
Hausgruppe, Wunsiedel

Zwei Häuser für zwei Geschwister mit jeweils dem Lebenspartner und der Familie – auf einem Grundstück: Die Familien Klose und Sticht gingen das Experiment ein und erfüllten sich auf einem Areal oberhalb des ehemaligen Wunsiedler Bahnhofsgeländes den Traum vom Eigenheim. Beide Gebäude zeugen von einer sehr zweckgerichteten Haltung, die bei kompakten Ausmaßen großen Wert einerseits auf räumliche Großzügigkeit, andererseits auf Nachhaltigkeit legt. Beide Häuser sind nicht unterkellert, ein bewusst deutlich kleinerer Speicherraum findet sich in den Garagen. Bei beiden Bauten befindet sich eine Photovoltaik-Anlage auf dem Dach, die in einem zweiten Bauabschnitt noch erweitert werden soll. Sie versorgen jeweils eine Sole-Wärmepumpe, die u.a. die Räume beheizt. 50 bis 60 Prozent des eigenen Energieverbrauchs werden derzeit, erzählen die Bauherren stolz, über die hauseigenen PV-Module erzeugt. Angestrebt sind mit dem weiteren Ausbau sogar bis zu 80 Prozent – und das mit jeweils 2 Hybridfahrzeugen.

Einer der Bauherren, Johannes Klose, ist Kollege im Büro Kuchenreuther. Den Gebäudeentwurf unterstütze der Chef – natürlich nach den Vorgaben der beiden Baufamilien: Peter Kuchenreuther zeichnete jeweils ein zweigeschossiges Haus mit Pultdach, für das eine einen eher kompakten Baukörper, für das andere einen länglichen. Das eine Haus steht frei, das andere ist leicht in den Hang eingegraben. Gebaut wurden beide Erdgeschosse in jeweils Massivkonstruktionen mit Sichtbetondecken und -wänden. Die Obergeschosse dagegen bestehen aus einer Holzständerkonstruktion, deren Beplankung einmal nur gehobelte, beim anderen Gebäude dunkel lasierte Rhombusleisten zeigt. Nach Süden sind beide Erdgeschosse in der ganzen Breite raumhoch verglast, in den Obergeschossen befindet sich jeweils ein durchgehendes Fensterband, das bei einem Haus mit einer Fenstertür unterbrochen wird. Nicht ein ökologisch problematisches Wärmedämmverbundsystem wurde für die drei übrigen Seiten der Erdgeschossfassaden verwendet, sondern kerngedämmte Betonhalbfertigteile, die zwar teurer, aber auch robuster sind und damit weitaus länger haltbar. Bei den Holzaufbauten benutzte man eine Steinwolldämmung und Holzweichfaserplatten.

Als wollten die Bauherren ihre Verwandtschaftsbeziehungen auch über Architektur ausdrücken: Die mit viel Eigenleistung gebauten und ausgestatteten Häuser sind sich, was die verwendeten Materialien und die Architektur angeht, ähnlich und bilden so ein stimmiges Ensemble. In einigen Details unterscheiden sie sich – zum Beispiel beim Grundriss: Bei beiden Gebäuden besteht das Erdgeschoss aus einem einzigen Raum, wobei bei einem Haus eine Möbelwand als Raumtrenner fungiert, bei dem anderen eine typisch Kuchenreuthersche Möbeltreppe. Im Obergeschoss reihen sich hinter dem Bandfenster einmal drei, das andere Mal vier Zimmer, die aber alle über eine Galerie verfügen. Verwandt und doch individuell.

HAUSGRUPPE, WUNSIEDEL

STANDORT:
Schillerstraße 29 und 31
95632 Wunsiedel

BAUHERREN:
Familien Klose und Sticht
Schillerstraße 29 und 31
95632 Wunsiedel

PROJEKTLEITUNG:
Johannes Klose

IMMOBILIENWIRTSCHAFTLICHER NEUANFANG
Wohn- und Geschäftshaus Kronprinz, Wunsiedel

Das „Hotel zum Kronprinz von Bayern" verkörperte einst Stolz und Gloria der Kreis- und Festspielstadt Wunsiedel im Fichtelgebirge. Es war die beste Herberge der Stadt, es war das beste Restaurant am Platz, und wer auch immer Ruhmreiches oder Berühmtes nach Wunsiedel kam, der nächtigte im „Kronprinzen", wie das Traditionshotel unter Einheimischen hieß. Doch das ist Vergangenheit, gefühlte Ewigkeiten her. Lange Jahre stand das Gebäude in unmittelbarer Nähe zum Marktplatz leer, seine Substanz wurde maroder und maroder – bevor es 2016 abgerissen wurde. Manch einem in der Stadt war das gar nicht Recht, der Abbruch wurde von einigen Bürgern als Verlust empfunden, als wäre ein letzter Zacken aus der schon längst nicht mehr glänzenden Krone Wunsiedels mutwillig rausgebrochen worden. Doch stellte der Rückbau zugleich einen Neuanfang dar. Schon einige Jahre vorher sorgte eine demographische Untersuchung für Schlagzeilen, wonach die Abwanderung einer Vielzahl von Bürgern nicht fehlenden ökonomischen Perspektiven, sondern dem Mangel an modernem Wohnraum geschuldet sei. Für die alarmierten Stadtoberen war dies der Grund, im Februar 2013 ein zu 100 Prozent im städtischen Besitz befindliches Wohnbauunternehmen zu gründen – die „WUN Immobilien KU". Zu den Aufgaben dieser Anstalt öffentlichen Rechts gehören unter anderem die Verwaltung und Optimierung des städtischen Wohnungsbestandes, die Entwicklung bzw. Sanierung der von der Stadt ans Kommunalunternehmen übertragenen Immobilien und die Aktivierung „schlafender", also leerstehender und vernachlässigter Privatimmobilien. Den „Kronprinzen" erwarb 2011 die Stadt aus Privatbesitz und übertrug ihn gemeinsam mit 26 anderen städtischen Immobilien ihrer Wohnbautochter, wobei, so die Immobilien KU, lediglich zwei Objekte in gutem Zustand, alle anderen zumindest einer dringenden Sanierung bedurften oder sogar abbruchreif waren. Schon aufgrund der Prominenz dieses Ortes sollte der neue Kronprinz, der eigentlich eher Gebäudekomplex ist, als Leuchtturmprojekt eines immobilienwirtschaftlichen Aufbruchs dienen und ein städtebauliches Ausrufezeichen darstellen. Das hieß zunächst: Abbruch des Bestandes, Auslobung eines Wettbewerbes, Bau eines neuen, vom Wettbewerbssieger – Büro Kuchenreuther – geplanten Gebäudes, das die Baumasse des ursprünglichen Gebäudes, aber auch Traufe, Dachneigung und Fluchtlinien des Ensembles an der Maximilianstraße aufnimmt. Die Immobilien KU fand einen Partner und Hauptinvestor – die Sparkasse Hochfranken – und erwarb zusätzlich ein unmittelbar benachbartes Gebäude, das als Sanierungsobjekt in das Gesamtkonzept einbezogen wurde. So entstanden an der Maximilianstraße in drei Baukörpern – Nachbarhaus, Neubau und ein erdgeschossiger Pavillon Richtung Norden – insgesamt 2400 Quadratmeter Gewerbefläche, wovon die Sparkasse das komplette Erdgeschoss erwarb und das erste Obergeschoss mietete. Auf den übrigen Flächen verteilen sich soziale Einrichtungen, Kanzleien, Praxen, ein Computer-Startup und die Büros der Immobilien KU.

Im rückwärtigen Bereich erhebt sich, farblich abgesetzt von dem erwähnten Pavillon, ein viergeschossiges, sehr kompaktes Wohnhaus mit insgesamt neun Wohneinheiten unterschiedlicher Größe. Wie bei den Gewerbebauten an der Straße wurden auch im Wohnhaus Trockenbau-Wände gewählt, um, falls die Marktsitua-

WOHN- UND GESCHÄFTSHAUS KRONPRINZ, WUNSIEDEL

STANDORT:
Maximilianstraße 25, 27, 27a, 27b
95632 Wunsiedel

BAUHERR:
WUN Immobilien KU
Maximilianstr. 27 a
95632 Wunsiedel

PROJEKTLEITUNG:
Johannes Klose

tion sich verändert, auch andere Wohnungsgrößen und -grundrisse anbieten zu können. Jede Wohneinheit besitzt eine über raumhohe Glastüren zugängliche Loggia oder einen Balkon sowie einen Parkplatz. Alle Wohnungen sind barrierefrei, die im Erdgeschoss auch rollstuhlgerecht. Darüber hinaus verfügt jede Wohnung über einen Glasfaseranschluss für schnelles Internet. Die Wohnungen entsprechen dem KFW 55-Effizienzstandard. In Zusammenarbeit mit den Wunsiedler Stadtwerken wurde im Objekt eine Micro-Nahwärme-Versorgung als Satellit für das Zukunftsprojekt „Nahwärme im Quartier" integriert. Das BHKW wird durch Erd- und Biogas betrieben. Die durch die Stromproduktion entstehende Wärme dient der Versorgung des gesamten Gebäudekomplexes. Sämtliche Zufahrten sind mit Bodengittern aus 100 % recyceltem Kunststoff als versiegelungsfreie Oberfläche versehen.

Der wirtschaftliche Erfolg des Projekts bestätigte die Verantwortlichen bei Stadt, Immobilienunternehmen und Planern. Bereits vor Baubeginn Ende 2016 waren rund zwei Drittel der Gesamtfläche verkauft oder vermietet – und das ohne größere Vermarktungsaktivitäten anzustrengen. Außer der Sparkasse erwarben mehrere Investoren Gewerbe- und Wohnflächen, um sie zu vermieten. Pünktlich zur Fertigstellung konnte der Bauherr verkünden, dass alle verkauft oder vermietet waren. Zum Erfolg des neuen Kronprinzen trug die Bereitschaft der Immobilien KU bei, den Traditionsfreunden in Wunsiedel entgegenzukommen: Sämtliche kunsthistorisch bedeutenden Teile wurden erhalten und dem nahen Fichtelgebirgsmuseum zur Verfügung gestellt. Ein paar Teile zieren aber auch den Neubau: So hängen einige der schönen Glasfenster des einstigen Gebäudes als Dekorationsstücke in den Büros der Immobilien KU. In den Grünstreifen um das Wohngebäude und die Parkplätze finden sich einige Säulenstücke aus der Bacchusstube, dem Restaurant des ehemaligen Kronprinzen. Das prominenteste Stück, ein aus Granit gehauenes Portal, wurde in einer gemeinsamen Aktion von Sponsoren und am Bau beteiligten Firmen im Durchgang zum Wohngebäude neu eingebaut. Das handwerklich wirklich herausragende Werkstück, durch das einst berühmte Persönlichkeiten gingen, hat einen guten Platz gefunden, der von Wunsiedels einstigem Glanz und Gloria künden kann.

GRÜNES WOHNEN IN DER FLUSSAUE
Ausblick: Städtebauliche Konzeption Wohngebiet und Entwurf Wohnbaumodul des Wohngebiets Untere Rotmainaue, Bayreuth
(Mehrfachbeauftragung, 1. Preis)

STANDORT:
Untere Rotmainaue
95444 Bayreuth

AUSLOBER:
GEWOG Bayreuth
Gutenbergstr. 8
95444 Bayreuth

VORSITZENDE DES PREISGERICHTS:
Ulrike Färber, AGS München

PROJEKTTEAM:
Lisa Kuchenreuther,
Peter Kuchenreuther,
Ralf Köferl,
Simon Fischer,
Sarah Heidenreich

EXTERNER BERATER:
Enrico Santifaller

ERLÄUTERUNGSBERICHT (AUSZUG)

„Strahlend und bunt" soll die Zukunft der Unteren Rotmainaue sein – so will es die GEWOG Bayreuth. „Strahlend und bunt" wird die Zukunft der Unteren Rotmainaue sein – sollte unser Konzept die Jury überzeugen. Ein Konzept, das die Gebäude des 1. Bauabschnitts zu einem räumlich abwechslungsreichen Gefüge integriert und steten Kontakt zu den Rotmainauen bietet.

LEITIDEE

Unser Entwurf umfasst insgesamt 93 Wohnmodule unterschiedlicher Größe, die zu zwölf Wohnzeilen, zu sechs Wohngebäuden und zu drei Wohngruppen zusammengefasst werden. Eine Reihe von ebenso vielgestaltigen wie abwechslungsreichen Freiräumen strukturieren und gliedern die neue Wohnanlage und garantieren darüber hinaus als räumlich definierte Abfolge die Durchlässigkeit zum Naturraum der Rotmainauen. Ein fünfgeschossiger Wohnturm mit Gemeinschaftsraum im Erdgeschoss und Dachterrasse im fünften Geschoss öffnet sich zu einem Quartiersplatz, stellt den Höhe- und zugleich den Identifikationspunkt der Neubebauung dar und bildet gleichzeitig das städtebauliche Gelenk zur benachbarten Maintalbebauung.

STÄDTEBAULICHES-ARCHITEKTONISCHES KONZEPT

Im geplanten Quartiersplatz mit seinem nahezu quadratischen Wohnturm kulminieren zwei unterschiedliche städtebauliche Strukturen: Während die sechs Gebäude des 1. Bauabschnitts annähernd parallel zur Erschließungsstraße platziert wurden, positionieren sich die Wohnzeilen des 2. BA rechtwinklig dazu. Wie in einem Call-and-Response-Schema antworten die Wohnzeilen angemessen auf ihr Gegenüber, verdichten und erweitern Räume, verzahnen und geben Weite und lösen auf. Geschaffen wird eine Vielzahl an Schwellen und Übergänge unterschiedlicher Öffentlichkeit, die Bewohner und deren Gäste abholen und zur gesuchten Adresse führen, dabei Kommunikation ermöglichen, aber nicht erzwingen. Die Zeilenstruktur erlaubt darüber hinaus, beide Bauabschnitte als räumlich definierte Abfolge mit dem umgebenden Grünraum zu verknüpfen, Aus- und Durchblicke zu gewähren, neugeschaffenes mit Bestands-Grün zu verweben.

FUNKTIONELLES KONZEPT

Als Reaktion auf das Gegenüber ist auch im 2. Bauabschnitt das Gebäude die Basis. Ein Gebäude, das sich aus zwei Zeilen zusammensetzt, die mit einem offenen, mittig positionierten Treppenhaus verbunden sind. Die linke Wohnzeile setzt sich dabei immer aus einer Drei- und einer Vier-Zimmer-Wohnung zusammen, während zwei Zwei-Zimmer-Wohnungen und eine Drei-Zimmer-Wohnung die rechte Wohnzeile bilden. Die Wohnungen als solches sind in eine Haupt- und Nebenraumzone aufgeteilt, wobei letztere stets am Treppenhaus angesiedelt ist. Zur Raumbildung eingesetzte Kellerersatzräume und filigrane Terrassen bieten entlang der Hauptraumzone intimere Freibereiche. In den barrierefreien Erdgeschossen sind die Freibereiche als Mietergärten ausgebildet, die als eigenständige Stahlkonstruktionen ausgeführten Terrassen sind bei den größeren Wohnungen über Eck oder bei den kleineren Wohnungen parallel zur Hauptraumzone angeordnet. Zur Konfliktreduzierung ist in den größeren Wohnungen das Wohnzimmer mit offenem Küchen-Esszimmer-Bereich stets am Ende des Flures platziert: Die Individualzimmer sind so unabhängig vom Wohnzimmer erreichbar.

FREIRAUMPLANUNG

Ein differenziertes Gefüge aus abgestuften Grün- und Freiräumen ermöglicht Intimität und Kommunikation, Privatheit und Öffentlichkeit. Und es ermöglicht für die Gebäude des 1. BA die Durchlässigkeit zur Rotmainaue. Zwischen den drei Wohngruppen wird jeweils eine begrünte Wegeverbindung zur Aue und zum Mainradweg geschaffen. Die Stellplätze sind als Senkrechtparker zur Erschließungsstraße angeordnet, wobei die Stellplatzbuchten mit Rasengitter begrünt werden.

KONSTRUKTIV-WIRTSCHAFTLICHES KONZEPT UND ÖKOLOGIE

Vorgeschlagen wird für die Wohnzeilen ein Holzbau. Nicht nur aus Kosten-, sondern aus Gründen der Verzahnung mit dem naturräumlichen Kontext. Denkbar ist eine vorgefertigte Holzrahmenbauweise mit hoher Dämmung und – des thermischen Komforts halber – Holz-Stahlbeton-Verbunddecken. Wie für die Terrassen so werden auch für die Treppenhäuser separat gestellte Stahlkonstruktionen vorgeschlagen, die als überdachter Kaltraum ausgeführt sind. Möglich wäre auch, hier beispielsweise eine Faserzementplatte anzubringen, die als Farbfleck die Farbe des gegenüberliegenden Gebäudes aus dem 1. BA aufnimmt. Im Quartiersturm befindet sich die Technikzentrale für die neugeschaffenen Wohneinheiten. Vorgeschlagen wird ein Nahwärmekonzept mit Hackschnitzel-Heizung.

„Bunt" übersetzt unser Entwurf mit „vielgestaltig", damit das in diesem Sinne entstehende Raumgefüge ein ästhetisch reichhaltiges Erleben in der Verknüpfung mit der Rotmainaue bietet.

Oberbürgermeister der Stadt Bayreuth Thomas Ebersberger und Peter Kuchenreuther bei der Vorstellung des Wettbewerbsergebnisses am 07.10.2020

Grundsteinlegung in der Rotmainaue am 01.08.2022: Peter Kuchenreuther, Thomas Ebersberger, Gewog-Geschäftsführer Uwe Prokscha und Gewog-Projektleiter Rainer Altkofer (v.l.n.r.)

rechte Seite: Pressemitteilung der GEWOG, Bayreuth, 07.10.2020 (Auszug)

PRESSEMITTEILUNG

Bezahlbarer Wohnraum in Bayreuth:
Städtebaulicher Ideenwettbewerb zur Erweiterung des neuen Wohngebiets in der Unteren Rotmainaue:

**„Grünes Wohnen in der Flussaue"
Entwurf des Architekten/Stadtplaner Kuchenreuther aus Marktredwitz überzeugt**

Auf dem Gelände der ehemaligen Herzogmühle wurde die neue Wohnsiedlung Untere Rotmainaue, innenstadtnah und mit viel Grün- und Freiraumqualitäten, konzipiert. Mit sechs Mehrfamilienhäusern und insgesamt 68 Wohnungen hat die GEWOG hier das Angebot an attraktivem und mietpreisgünstigem Wohnraum in Bayreuth erweitert und in kürzester Zeit eine gesuchte Wohnlage geschaffen.

Östlich der Erschließungsstraße, dem Main zugewandt, stehen der GEWOG dank einer weiteren Grundstückseinbringung der Stadt Bayreuth rund 14.000 qm für eine Wohnbebauung zur Verfügung. Diese Grundstücke stellen den Übergang zwischen Siedlungs- und Landschaftsraum dar und sollen in diesem „Bewusstsein" mit ca. 100 weiteren bezahlbaren Wohnungen in Mehrfamilienhäusern gestaltet werden. Vier Architekturbüros (Grellmann, Kriebel, Teichmann & Partner Architekten Bamberg, Architekturbüro RK-Next Bayreuth, Architekten/Stadtplaner Kuchenreuther Marktredwitz, H2M Architekten + Ingenieure Kulmbach) wurden im Rahmen einer Mehrfachbeauftragung zur Abgabe einer städtebaulichen Konzeption und eines ebenda zu realisierenden Wohnbaumoduls aufgefordert.

Die fachkundige Jury, der neben dem Aufsichtsratsvorsitzenden der GEWOG, Oberbürgermeister Thomas Ebersberger, auch der Geschäftsführer der GEWOG, Uwe Prokscha, der Leiter des Stadtplanungsamtes Ulrich Meyer zu Helligen sowie Herr Architekt Christian Wunderlich angehören, hat unter dem Vorsitz von Frau Ulrike Färber, AGS München, am Morgen des 07.10.2020 die eingereichten Entwürfe und Planungsunterlagen gesichtet und bewertet.

Die Entwurfsansätze, die der Aufgabenstellung in besonders qualitätvoller Weise entsprachen, wurden von der Jury in intensiver Diskussion einerseits in ihrer Reaktion auf den ersten Bauabschnitt der URMA, andererseits in ihrer Beziehung zum angrenzenden Landschaftsraum, im Hinblick auf die städtebaulichen Qualitäten und Mängel, die architektonischen Besonderheiten wie auch die unterschiedlichen Wohnbaukonzepte bewertet.

Den überzeugendsten Entwurf Nr. 893242 bewertete die Jury wie folgt:

Besonders positiv am städtebaulichen Konzept der Arbeit wird die Reaktion auf die Umgebung – sowohl auf BA 1 und die Aue – gewertet.

Dies beginnt an der Erschließungsstraße mit ihrer neuen Begrünung und der Gebäudeabfolge. Besonders hervorstechend ist das 5- bis 6-geschossige Punkthaus am Ende der Straße. Es dient als städtebauliche Dominante, als neue Wohnadresse und Merkzeichen und Blickfang für das Quartier. Ihm zu Füßen ist auch der Quartiersplatz nachvollziehbar angeordnet: zentral gelegen und gut erreichbar für alle Bewohner des Wohngebiets, den Weg vom städtischen in den landschaftlichen Kontext der Rotmainauen aufnehmend und das Gelenk zur Maintalsiedlung bildend.

Die Verzahnung der bebauten Bereiche mit der offenen Landschaft der Rotmainaue ist feingliedrig und sensibel ausgestaltet und dezent zoniert. Die Räume und Übergänge von öffentlich zu halböffentlich – sprich nachbarschaftlich – zu privat sind von hoher Qualität. Durch die spielerisch auf die Landschaft ausgerichtete Anordnung der Baukörper und die halbtransparenten Zwischenbauten (Treppenhäuser, Nebenräume) gelingt es, die Landschaft – auch für Passanten und die Bewohner des BA I - bis an die Straße heranzuholen.

Die spannungsvoll gefassten Zwischenräume dienen der außergewöhnlichen Erschließung durch mittige, offene Treppenhäuser für je zwei Gebäude.

Die wenig tiefen, kompakten Baukörper ermöglichen sehr gut belichtete, gut geschnittene unterschiedlich große Wohnungen mit inszenierten Ausblicken von den „filigranen" Terrassen. Im Erdgeschoss der Wohnbaumodule sind barrierefreie Wohnungen vorgesehen.

Die Freiraumgestaltung mit Gärten und Baumpflanzungen unterstützt das hervorragende städtebaulich-räumliche Konzept.

Dieser einstimmig von der Jury zum Sieger bestimmte Entwurf „Grünes Wohnen in der Flussaue" wurde vom Marktredwitzer Architekten und Stadtplaner Peter Kuchenreuther und unter Mitwirkung seiner Mitarbeiter_innen Lisa Kuchenreuther, Simon Fischer, Sarah Heidenreich und Ralf Köferl konzipiert und ausgearbeitet. Als Fachberater stand Enrico Santifaller, Architekturtheoretiker und Architekturjournalist, zur Seite.

FREIRAUM

„WIR STÄRKEN DIE ANSÄTZE, DIE AUS DER REGION KOMMEN"

Gespräch mit Marion Schlichtiger,
Landschaftsarchitektin, Wunsiedel

Enrico Santifaller: Mit dem Klimawandel steigt die Bedeutung der Frei- und Grünräume in den Großstädten. In den Kleinstädten, in den Dörfern auch?

Marion Schlichtiger: Freiraum ist immer Teil von städtebaulicher Qualität. Je qualitätsvoller er ist, desto mehr Lebensqualität bedeutet er. Das ist in den Städten natürlich wichtig, weil die Leute nicht so viel oder manchmal gar keinen privaten Freiraum haben. Aber auch in den Dörfern und in den kleinen Städten sind die Frei- und Grünräume wesentlich. Sie sind ja immer auch Treffpunkte, Plätze für Austauschmöglichkeiten. Gerade wenn wir Innenstädte erhalten wollen, wenn wir Ortsmitten beleben wollen, müssen wir qualitätsvolle Freiräume schaffen. Und sie bringen eine Menge für das innerstädtische Klima. Ohne Begrünungen ist es auch in der kleinen Stadt drei, vier, manchmal fünf Grad heißer als mit Grünräumen. Natürlich lastet auf den Metropolen ein höherer Verwertungs-Druck hinsichtlich der Grundstücke. Aber auch in einer Kleinstadt ist das ein Thema.

Also ich habe eher den Eindruck, dass viele Stadtplanungsämter in Sachen Freiräume eher geschlafen haben. Gegenüber Gewerbe- und Wohnungsflächen haben Grünflächen eine sekundäre Rolle gespielt.

MS: Ja, die Wertigkeit wurde auch bei uns lange nicht gesehen. Man hat ja außen herum Grün. Ich sitze ja mittendrin mit meinem Büro in Wunsiedel und ich sehe sehr viel Leerstand, weil eben die Freiräume in der Stadt nicht diese Qualität haben, dass jeder sie nutzen will. Ein guter Freiraum ist ein Angebot für Leute, die in der Innenstadt leben wollen.

Man könnte ja aus Gewerbebrachen qualitätsvolles Grün machen.

MS: Das wäre toll. Es gibt in Wunsiedel viele Innenhöfe, wo man auch einen schönen Freiraum anlegen könnte. Man könnte auch mehrere Blöcke zusammen entwickeln. Das wäre ganz wichtig, wenn man die Häuser halten und sie einer neuen Nutzung zuführen will. Aber es scheitert oft am privaten Eigentum. Wenn die Eigentümer keine Lust haben oder ohnehin irgendwo in der Großstadt leben und sich nicht kümmern, dann kommt man, dann kommt die Kommune nicht ran. Dann ist alles blockiert. Aber das ist nur die eine Seite des Problems. Die zweite Seite ist, dass jemand, der hier in neuen Wohnraum investiert, nicht die Rendite erhält, die er in Frankfurt, in Nürnberg oder in München bekommt. Das Bauen, das Sanieren kostet hier ja ähnlich viel wie in den Großstädten. Bei öffentlichen Eigentümern, da gibt es alle möglichen Fördermittel, bei privaten Eigentümern sind diese nicht in dem Maße vorhanden. So ist das Investieren in Wohnraum gerade im Nordosten von Oberfranken für einen Anleger finanziell eher uninteressant – im Gegensatz zu den Ballungsräumen.

Mehrere Geschäftsführer von oberfränkischen Wohnungsbaugesellschaften erzählten mir übereinstimmend, dass nicht die Quantität des hier angebotenen Wohnraums das Problem ist, sondern seine mangelnde Qualität.

MS: Das deckt sich mit meinen Erfahrungen. Es gibt in Marktredwitz, das im Moment der Gewinner im Landkreis ist, einen richtigen Bauboom. Trotzdem ist es schwer, eine gute Wohnung zu bekommen. In Wunsiedel ist es so, dass es schon viele Wohnungen gibt, die aber von einer Qualität sind, die man nicht unbedingt haben möchte.

Es gibt Untersuchungen, die sagen sogar, dass auch die mangelnde Qualität der Wohnungen ein Grund für Abwanderung und Landflucht ist.

MS: Ich arbeite oft mit dem Amt für ländliche Entwicklung zusammen. Ziel ist immer, mehr Lebensqualität in den Orten zu schaffen – das ist ja, wie erwähnt, auch stets mit viel zu lange vernachlässigten Frei- und Grünraum verbunden. Dieses Mehr an Lebensqualität soll dazu führen, dass Leute auch hierbleiben wollen. Das ist ja nur die eine Seite des Problems. Wir hatten in den vergangenen Jahren unter Landflucht zu leiden. Auf der anderen Seite sind die Ballungsräume, wo viele Leute hinwollen und dort Wohnraum brauchen, der dann vielfach unbezahlbar ist. Wir brauchen die Menschen hier und wir brauchen auch die Menschen, die nach der Ausbildung oder dem Studium wieder zurückkommen. Wenn uns das nicht gelingt, wird es weitere Leerstände geben. Aber unser Ansatz ist – das gilt für mich und mein Büro, das gilt auch für Peter Kuchenreuther und sein Team –, in den Dörfern wieder Lebensqualität zu schaffen. Das heißt auch, die Dörfer in ihrer Identität zu stärken. Das, was an Besonderem in so einem Ort ist, das wollen wir weiterbringen. Das Kräuterdorf Nagel ist ein sehr gutes Beispiel, weil da die Initiative aus der Bevölkerung kam.

Peter Kuchenreuther hat dort ein leerstehendes Gebäude zum Haus der Kräuter umgebaut. Sie planten die verschiedenen Kräutergärten.

MS: Nagel ist ein sehr traditioneller und etwas konservativer Ort. Und da gab's ein paar Frauen – ungefähr 20 –, die wollten etwas entgegensetzen. Sie haben als Qualität der Umgebung erkannt, dass es in der Landschaft um den Ort sehr viele Wildkräuter gibt. Sie überlegten sich, was man daraus machen kann. Ob sich daraus eine Identität für den Ort entwickeln kann zum Beispiel. Es gab dann eine Studienarbeit an der TU Berlin, an der eine Professorin lehrt, die aus Nagel

> „Gerade wenn wir Innenstädte erhalten wollen, wenn wir Ortsmitten beleben wollen, müssen wir qualitätsvolle Freiräume schaffen. Und sie bringen eine Menge für das innerstädtische Klima. Ohne Begrünungen ist es auch in der kleinen Stadt drei, vier, manchmal fünf Grad heißer als mit Grünräumen."

kommt. Die Studierenden haben ein allgemeines Konzept entwickelt – mit mehreren im Ort verstreuten Kräutergärten. Theo Bauer, langjähriger Bürgermeister von Nagel, hat mich dann hinzugezogen – und wir haben aus dem Berliner, eher theoretischen Konzept ein umsetzbares, auch förderfähiges Konzept entwickelt. Wir haben erstmal nach überhaupt verfügbaren Grundstücken gesucht. Dann kam die Frage nach dem Ort, an dem sich die Kräuterfrauen treffen können. Wo es eine Küche gibt, wo man Kurse abhalten kann usw. Das hatten die Berliner komplett vernachlässigt. Ich habe dann im Internet ein leerstehendes, zentrales Haus gesehen, das relativ günstig zu verkaufen war. Das haben wir dann mit Bürgermeister Bauer besichtigt. Und so ist das langsam ins Laufen gekommen. Der Weg der Umsetzung war, erstmal zu schauen, was überhaupt da war und wie man das, was da war, in unser Konzept einbinden kann.

Und das Gebäude wurde dann zum Haus der Kräuter?

MS: Das Haus war von der Lage einfach gut. Zudem lag es im Städtebauförderungsgebiet, was auch wichtig war. Wir haben dann Kerstin Holl und Peter Kuchenreuther ins Team geholt, die sich auf das Haus konzentriert haben, während mein Büro das Gesamtkonzept erarbeitet hatte. Vor allem das Büro Kuchenreuther hat sich dann mit den Kräuterfrauen zusammengesetzt. Man hat erstmal den Bedarf für das Haus geklärt – Räumlichkeiten, notwendige Ausstattung für die Kurse usw. Eigentlich wurde das Haus in Zusammenarbeit mit den Kräuterfrauen entwickelt. Dann ist noch Anette Hähnlein, eine Bildhauerin aus Röslau, mit ins Boot gekommen. Und so lief das mit dem Kräuterdorf Nagel: Ein langer, auch harter Weg von einer ziemlich abstrakten Idee bis zur konkreten Umsetzung, wobei wir auch viele Widerstände – unter anderem zwei heiß umkämpfte Bürgerentscheide – zu überwinden hatten. Mittlerweile ist zu sehen, dass sich das Image von Nagel sehr positiv verändert hat.

Können sich jetzt damit auch die Männer in Nagel identifizieren?

MS: Ja. Der Altbürgermeister Bauer ist inzwischen ein richtiger Fan davon. In der Presse wurde das Thema sehr weit gereicht, auch das Fernsehen war da. Das sind natürlich positive Aspekte, mit denen man sich identifizieren kann. Es besteht jetzt ein allgemeines Bewusstsein, dass das Kräuterdorf etwas Besonderes ist. Und das ist gut für den Ort. Man wuchert damit auch bei den Touristen, bietet Kräuterführungen an, feiert ein Kräuterfest usw.

Ist das Kräuterdorf Nagel nicht auch ein Symbol für einen neuen Tourismus im Fichtelgebirge, der sich deutlich unterscheidet von dem Vor-Wende-Tourismus bis 1990?

MS: Das würde ich auf jeden Fall so sehen. Viele Gemeinden haben verstanden, dass man heute nicht einfach dem Gast das Zimmer aus den 70er-Jahren anbieten kann – und er kommt trotzdem. Das „billig, billig, billig", das funktioniert nicht mehr. Die Bereitschaft umzudenken ist vorhanden. Auch der neue Landrat, Peter Berek, ist ein Vorreiter für ein besseres Selbstbewusstsein und den neuen Tourismus im Fichtelgebirge.

Wie befördern Sie dieses „Umdenken"?

MS: Wir im Büro und auch Peter Kuchenreuther und sein Team unterstützen das, was aus der Region kommt – schon das, was moderner ist, was ästhetischer ist. Aber wir setzen nichts auf, was irgendwo fremd ist. Was beliebig oder überall möglich ist. Wir setzen wie beim Kräuterdorf, wie beim Granitlabyrinth in Wert, was mit der Gegend zu tun hat. Was schon da ist, aber was man lange Zeit nicht gesehen hat und was vernachlässigt wurde. Das ist unser Ansatz, womit wir versuchen, die Region weiterzubringen. Wir haben nicht die tolle Alpenkulisse, wir sind hier ein Mittelgebirge und müssen dessen Potentiale und Qualitäten erkennen und stärken. Und es gibt inzwischen einige Gemeinden, die das erkannt haben und da auch Geld investieren. Das Problem ist halt, dass viele Gemeindekassen im Fichtelgebirge leer sind. Manche Städte wie Wunsiedel sind verschuldet bis über beide Ohren. Wenn wir dann Projekte ins Laufen bringen wollen, müssen wir immer schauen, wo irgendwelche Fördermittel zu bekommen sind. Weil alleine würden das die Kommunen nicht schaffen.

Mein Eindruck ist, dass eine Kernkompetenz der auf dem Land arbeitenden Architekten ist, alle Fördertöpfe zu kennen.

MS: Nicht unbedingt die Kernkompetenz, aber es ist sehr hilfreich, wenn man da die Gemeinden hinsichtlich der Fördermöglichkeiten unterstützen kann. Sonst haben wir zwar gute Ideen, aber keiner kann sie bezahlen.

Sie machen ja viele Projekte zusammen mit Peter Kuchenreuther. Wie funktioniert das? Wie läuft das zusammen?

MS: Ich habe Peter vor mehr als 20 Jahren kennengelernt. Wir arbeiteten noch in anderen Büros – er bei

Torhaus Schloss Leupoldsdorf, Tröstau

„Wir setzen wie beim Kräuterdorf, wie beim Granitlabyrinth in Wert, was mit der Gegend zu tun hat. Was schon da ist, aber was man lange Zeit nicht gesehen hat und was vernachlässigt wurde. Das ist unser Ansatz, womit wir versuchen, die Region weiterzubringen. Wir haben nicht die tolle Alpenkulisse, wir sind hier ein Mittelgebirge und müssen dessen Potentiale und Qualitäten erkennen und stärken."

Gerhard Plaß, ich bei Raimund Böhringer. Beide Büros arbeiteten damals bei der Dorferneuerung in Thiersheim zusammen. Wir haben eine ähnliche Philosophie – etwa beim Kräuterdorf oder in Leupoldsdorf –, und jeder von uns weiß, wo der eine und wo der andere kompetenter ist. Beim Stadtpark Waldershof zum Beispiel haben wir zusammen den Vorentwurf entwickelt. Die Umsetzung lag dann eher in meinem Büro, weil da einfach die Kernkompetenz höher ist. Das Kräuterhaus in Nagel war, wie erwähnt, eher Peters Sache, mein Schwerpunkt lag auf den Kräutergärten. Bei den Pavillons in den Gärten hat er mich dann wieder unterstützt. Es ist ein Geben und Nehmen, eine ideale Ergänzung.

Ist es auch ein gegenseitiges Anspornen?

MS: Sicher auch. Jeder hat seine Perspektive. Ich sehe ein Projekt von der grünen Seite, er hat den Städtebau im Blick. Wir versuchen beide Kompetenzen zusammenzubringen – und das gelingt sehr gut. In England gab es schon im 19. Jahrhundert viele Kooperationen zwischen Architekten und Landschaftsarchitekten – viele gute Werke sind daraus entstanden. Wir versuchen darüber hinaus ein Netzwerk mit anderen zu knüpfen, die die Region weiterbringen wollen. Also zum Beispiel die erwähnte Anette Hähnlein, die beim Kräuterhaus in Nagel Teile der Wandgestaltung übernommen hatte. Wir haben auch mit der Zeit ein Netz aus guten Handwerkern gebildet, die Qualität liefern. Manchmal haben wir Glück und können so ausschreiben, dass die Aufträge in der Region bleiben. Das hat wirklich Vorteile und es ist ein anderes Arbeiten als mit solchen Firmen, die schnell mal kommen und gleich wieder weg sind.

Ein tolles Projekt Ihrer Zusammenarbeit ist das Hammerschloss Leupoldsdorf.

MS: Als ich das Areal zum ersten Mal sah, war es eine Industriebrache: die ehemalige Schreinerei einer Baufirma, die dann den Betrieb dort auflöste. Die Halle stand viele Jahre leer. Das Torhaus fiel fast zusammen, und die Familie, der das Hauptgebäude, das ehemalige Schloss gehört, hatte weder das Interesse noch die finanziellen Mittel, die Gebäude zu sanieren. Heinz Martini, damals der Bürgermeister von Tröstau, hat mich damals angesprochen und meinte, er könnte das Areal wohl erwerben, aber er braucht halt auch eine sinnvolle Nutzung. Wir haben dann recherchiert, dass früher auf dem Gelände der Baufirma ein historischer Garten war. Eine Art Nutzgarten, der zu dem Gut gehörte. Einer dieser Hammerherren hat den Obstbau im Fichtelgebirge sehr weit vorangebracht. Und so kam die Idee, in einem sanierten Torhaus eine Infostelle für den Naturpark Fichtelgebirge einzurichten und im Freigelände davor einen Garten mit alten Obstsorten anzulegen.

Also keine Rekonstruktion?

MS: Nein, dafür waren die Unterlagen zu dünn. Das einzige, was wir gefunden haben, war auf einem alten Plan dieser Grundriss, den wir auch gebaut haben: also dieser klassische Kreuzgarten mit dem Brunnen in der Mitte. Aber wir hatten keinerlei Unterlagen, wie jetzt die Einbauten oder der Brunnen ausgesehen haben. Also lautete das Entwurfsziel, den alten Grundriss zu nehmen – den haben wir fast eins zu eins umgesetzt – und ansonsten, wegen der fehlenden Überlieferung, nichts Altes nachzuspielen. Alle neuen Einbauten haben wir also in Cortenstahl ausgeführt, es war ja ein Eisenhammer – also ein Industriebetrieb, in dem unter anderem Eisennägel hergestellt wurden.

Und das Frischerhaus?

MS: Diese uralten Grundmauern, die jetzt frei stehen, die waren noch – völlig überformt und überbaut – in der Halle der Schreinerei. Wir haben die wirklich rausgeschält aus dem vorhandenen Bestand. Ein bestimmter Prozess bei der Aufbereitung von Eisen nennt sich „frischen". Da wird Sauerstoff hinzugefügt, um Verunreinigungen auszuscheiden. Deswegen gehört zu jedem Hammerwerk auch ein Frischerhaus. Wir haben jetzt mit den Einfassungen einen Platz geschaffen, der die ursprüngliche Form dieses Hauses aufnimmt. Das ist dann auch ein Veranstaltungsplatz, wo etwa Weihnachtsmärkte stattfinden. Und es gibt eine kleine Bühne aus Cortenstahl für Aufführungen. Aber dass wir das Frischerhaus oder besser: die Reste davon erhalten, haben wir erst beim Abbruch der Halle entschieden, als wir die noch vorhandenen Mauern gesehen haben. Das ist ja immer sehr spannend bei solchen Projekten, in denen sich Potentiale andeuten, die vorher nicht sichtbar waren. So war zum Beispiel auch der ganze Bach verrohrt. Und in der Halle waren seltsame Leitungen. Wir haben dann alles freigelegt und den „Restbach" wieder rausgeholt.

Nach diesen Gewässern wollte ich Sie gerade fragen.

MS: Die Schreinerei hat den Bach nicht benötigt und hat ihn verrohrt, um Lagerflächen zu erhalten. Aber für den Eisenhammer war der Bach unabdingbar. Genauso wie die Teiche auf der anderen Seite der Straße. Das ist ja ein ganzes Areal mit damals künstlich angelegten, großen Stauteichen. Es war offensichtlich zu wenig Wasser da, um die Schaufelräder permanent anzutreiben. Deswegen wurde Wasser aufgestaut, dann temporär abgelassen und Energie erzeugt – und dann das Wasser wieder aufgestaut. Auch die alte Wehranlage haben wir wieder instand gesetzt. Wir haben auch die Wege wieder hergerichtet und ganz moderne Stahldecks in die Teiche gebaut – dass man da auch mal sitzen kann. Es ist eine schöne Anlage geworden, aber das

> „In England gab es schon im 19. Jahrhundert viele Kooperationen zwischen Architekten und Landschaftsarchitekten – viele gute Werke sind daraus entstanden. Wir versuchen darüber hinaus ein Netzwerk mit anderen zu knüpfen, die die Region weiterbringen wollen."

alles haben wir erst in einem weiteren Bauabschnitt gemacht. Die Wehranlage stand zwar nicht unter Denkmalschutz, aber ohne sie würde ja ein Hammerschloss nicht funktionieren. Das Wasserwirtschaftsamt hat dann noch eine Fischtreppe gefordert, also eine Umgehung um die Wehranlage. Das ist schon spannend, den modernen Anspruch auf Naturschutz mit dem Versuch zu verknüpfen, ein Denkmal zu erhalten und neu zu nutzen.

Ich habe ohnehin den Eindruck, dass wir bis auf die großen Freianlagen wie beispielsweise die Eremitage in Bayreuth oder Sanspareil mit seinem Felsengarten eigentlich viel zu wenige historische Gartenanlagen haben.

MS: Wir haben ja vor kurzem den Kirchpark in Marktredwitz saniert. Historische Anlage wäre jetzt zu viel gesagt, aber er ist ein kleiner, innerstädtischer Park mit seinen Qualitäten. Ursprünglich war er ein Friedhof, der später zum Park umgestaltet wurde. Man erkennt sofort das Problem: An den Rändern wurde er immer wieder mal durch unglaublich wichtige Bauwerke angeknabbert: die Grundschulen beispielsweise, ihre Sporthallen oder auch Seniorenheime. Zudem lastet ein ziemlich hoher Nutzerdruck auf so einem innerstädtischen Park. Als wir anfingen, war der Kirchpark in einen ziemlich desolaten Zustand. Wir haben ihn jetzt so hergerichtet, dass er wieder nutzbar ist. Darüber hinaus haben wir Beete angelegt, die die Kinder zusammen mit Alten bepflanzen können. Wo man also die Generationen zusammenbringt. Und das funktioniert auch.

Das bringt mich zum letzten Punkt: Das Areal der Landesgartenschau finde ich schon interessant.

MS: Das Gebiet war vorher wirklich schrecklich. Eine Industriebrache, alles kaputt, alles nicht mehr genutzt. Bis auf ein paar Industriedenkmäler, die an den Industriestandort Marktredwitz erinnern, wurde inzwischen alles abgerissen. Der vordere Teil des Benker-Areals wird nach einem Wettbewerb nun bebaut – Wohnungen, Dienstleistungen usw. Im hinteren Teil hat man zur Landesgartenschau den wirklich schönen Auenpark und ein Naturfreibad geschaffen. Beides wird von der Bevölkerung sehr gut angenommen. Da findet auch alles Mögliche statt: Feste, die BR-Radltour usw. Wir haben eingangs davon gesprochen, dass Frei- und Grünräume Lebensqualität bedeuten. Was das heißt, kann man in Marktredwitz im Auenpark oder in Waldershof im Stadtpark sehr gut sehen.

Stadtpark Waldershof, Lageplan

GUTE STUBE
Neugestaltung Rathausplatz, Schwarzenbach an der Saale

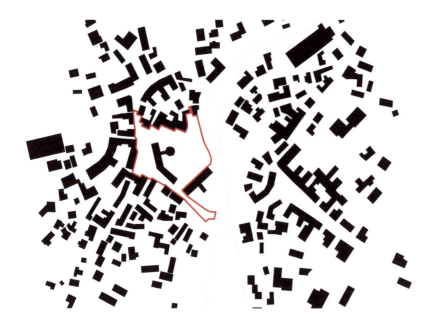

Auch die Neugestaltung des Rathaushofes in Schwarzenbach an der Saale ist ein Ergebnis jenes 2005 beschlossenen Interkommunalen Entwicklungskonzeptes „Zukunft Nördliches Fichtelgebirge" (IEK), von dem bereits mehrfach in diesem Buch die Rede war. Die vom IEK angestrebte Attraktivitätssteigerung des Ortskerns hieß für die 7000-Einwohner-Stadt, die bereits zum Hofer Land gehört, die Aufwertung der Stadt-, Straßen- und Landschaftsräume vom ehemaligen Bahnhof im Süden über die Saaleaue und das ehemalige, heute als Rathaus genutzte Schloss bis zum Siedlungskern rund um den Marktplatz und den Kirchberg. Schon 2006 hatte die Stadt die Bahnhofstraße gestalterisch aufgewertet, 2008 dann lobte sie einen „Städtebaulichen Wettbewerb vom Rathaus zum Bahnhof" aus: Im Ideenteil war eine „strategische Vernetzung innerstädtischer Freiräume" gefragt, im Realisierungsteil sollte der Platz zwischen Rathaus und Saaleaue, der sogenannte Rathaushof, umfassend neu geordnet werden. Zwar belegte der Beitrag von Peter Kuchenreuther und Marion Schlichtiger und ihren Teams nur den zweiten Rang, doch der Schwarzenbacher Stadtrat war so begeistert von diesem Vorschlag, dass er beschloss, den Kuchenreuther-Schlichtiger-Entwurf umzusetzen.

Charakteristisch an dem Entwurf – und eben auch an der Umsetzung – war die konsequente Trennung der Funktionsbereiche Aufenthalt und Fahrverkehr. Im westlichen Teil, in der Ludwigstraße, wurde die Breite der Fahrbahn geringfügig reduziert, ein Gehweg entlang des Rathauses und eine Bushaltestelle mit Wartehäuschen geschaffen. Darüber hinaus wurden die Bodenbeläge – u.a. mit ortstypischem Granit – so angeglichen, dass die Anmutung der Ludwigstraße als eine konsequente Fortsetzung der sanierten Bahnhofstraße erscheint. Der eigentlich sehr schön am Saaleufer gelegene, vor Verkehr und Lärm geschützte Rathaushof wurde vor der Neugestaltung als Parkplatz ohne jede Aufenthaltsqualität genutzt. Die Architekten schlossen eine von zwei Zufahrten, schufen 32 mit Granit-Rasenpflaster markierte, mit Hecken und Büschen eingegrünte Stellplätze und trennten mittels schmaler Stahlpoller den übrigen Platzbereich ab. Dieser ist seit der Neugestaltung den Bürgern der Stadt und ihren Gästen als Veranstaltungsbereich für Märkte, Feste, Konzerte oder Theateraufführungen vorbehalten. Für die Funktion als zentraler Stadtplatz wurde die gesamte Platzfläche auf ein Niveau gebracht und eine Veranstaltungsstruktur geschaffen: Zur Anlieferung sind besagte

NEUGESTALTUNG RATHAUSPLATZ, SCHWARZENBACH AN DER SAALE

STANDORT:
Rathausplatz, Fleischgasse, Ludwigstraße, Jean-Paul-Straße
95126 Schwarzenbach an der Saale

BAUHERR:
Stadt Schwarzenbach an der Saale
Ludwigstraße 4
95126 Schwarzenbach an der Saale

PROJEKTTEAM:
Kuchenreuther Architekten / Stadtplaner, Marktredwitz
LandschaftsArchitektur Marion Schlichtiger, Wunsiedel

PROJEKTLEITUNG:
Ralf Köferl

Poller herausnehmbar, hinter den Stellplätzen gibt es nun einen kleinen Pavillon, in dem eine öffentliche Toilettenanlage, aber auch ein Lager für Mobiliar etc. untergebracht ist. Störendes Element in der gesamten Anlage stellt eine hüfthohe Hochwasserschutzmauer dar, die zwar notwendig ist, aber leider den Grünzug der Flussaue vom Rathausplatz trennt. Um beide Bereiche zu verbinden, entwickelten die Architekten die Idee, eine Plattform zu bauen, die gleichsam über der Mauer schwebt. Diese Plattform ist variabel nutzbar: Sie stellt einen Focus auf dem Rathausplatz dar, kann als Veranstaltungsbühne mit entsprechender Veranstaltungstechnik verwendet werden und bietet darüber hinaus einen attraktiven Aufenthalts- und Verweilbereich mit einem wunderbaren Blick zur Saale. Zusätzlich wurde eine filigrane Textilarchitektur als Sonnenüberdachung errichtet, für Bühnenauftritte besteht die Möglichkeit, die Rück- und Seitenflächen durch textile Seitenteile zu schließen.

Die großformatigen Granitplatten auf dem Boden wurden radial zur Bühne verlegt. Auch der Geh- und Aufenthaltsbereich zwischen der Hochwasserschutzmauer und dem Saaleuferbereich wurde mit ebenfalls großformatigen Granitplatten eingefasst. Eine Reihe von Punkt- und Flächenstrahlern sowie elegante Leuchten inszeniert die ganze Szenerie auch nachts effektvoll. Zusätzlich wurde an zwei berühmte Einwohner gedacht: Mit einem Denkmal an Jean Paul, der knapp sieben Jahre in der Saalestadt verbrachte. Und mit mehreren Infotafeln an die Micky-Maus-Übersetzerin und Schöpferin des „Erikativs" Erika Fuchs, die sogar mehr als fünf Jahrzehnte in Schwarzenbach wohnte. (Wenige Jahre später beschloss der Stadtrat die Errichtung eines Dr. Erika-Fuchs-Hauses, das seit 2015 Comicfreunde, Schwarzenbacher und Touristen erfreut.) Mit all den architektonischen Interventionen und Detaillösungen ist in Verbindung mit dem denkmalgeschützten Rathaus eine gute Stube entstanden, die Geschichte, Kultur und Flusslandschaft zu einem Ort demokratischer Selbstrepräsentation verbindet.

„Der gesamte Bereich wird von der Stadt Schwarzenbach a. d. Saale städtebaulich neu geordnet und gestalterisch verbessert. Wesentlicher Bestandteil der Neugestaltung ist die Neuordnung der Stellplätze sowie die gestalterische Verbesserung des Platzbereiches zu einem Aufenthalts-Veranstaltungsbereich (zentraler Stadtplatz) wie z. B. für Konzerte oder Weihnachtsmarkt. Gleichzeitig gilt es das attraktive Saaleufer mit einzubeziehen und das Wasser erlebbar zu machen"

Peter Kuchenreuther/Marion Schlichtiger: Erläuterungsbericht zum Wettbewerbs-Entwurf

FÜHLBARE AUFWERTUNG
Neugestaltung Kirch- und Lohgasse, Waldershof

„Die Stadtsanierung wird noch viele Jahre und Jahrzehnte in Anspruch nehmen", sagte der damalige Waldershofer Bürgermeister Hubert Kellner im Mai 2010. Man feierte den ersten Spatenstich für die anstehenden Pflasterarbeiten in der Loh- und der Kirchgasse. Dass die Stadtsanierung eigentlich schon rund zwei Jahrzehnte vorher unter seinem Vorvorgänger Manfred Heider angedacht und bereits erste Untersuchungen angestellt wurden, daran erinnerte Kellner besser nicht. Die Sanierung dieser beiden Gassen und des gesamten Bereichs um die alte Pfarrkirche St. Sebastian im historischen Ortskern war zugleich das erste größere und von den Waldershofern besonders wahrgenommene Projekt. Es entstammt dem umfangreichen, viele Lebensbereiche einschließenden „Integrierten Handlungskonzept", das der Stadtrat wenige Jahre vorher einstimmig beschlossen hatte. Weitere Projekte dieses Konzepts sind der Stadtpark, dessen Fertigstellung des ersten Bauabschnittes aus dem Jahre 2016 datiert, und der Abbruch der lange leerstehenden Rosenthal-Fabrik ein Jahr zuvor. Von der gut 40 Jahre lang diskutierten Waldershofer Ortsumgehung, deren erster Spatenstich Anfang September 2020 stattfand, die frühestens 2024 fertiggestellt sein wird, ist dagegen noch nicht viel zu sehen.

Rund 3.900 Quadratmeter regionaler Granit wurden nach Planungen der bewährten Arbeitsgemeinschaft der Architektenteams um Marion Schlichtiger und Peter Kuchenreuther in der Loh- und der Kirchgasse sowie rund um die alte Kirche verlegt. Das verleiht den eigentlich doch ziemlich engen Gassen eine enorme Großzügigkeit, weil die Gehbereiche niveaugleich den Fahrbereichen sind. Andererseits machen die verschiedenen Formate des Granitpflasters den Fußgänger- und den Autobereich deutlich. Eine mittig gepflasterte Entwässerungsrinne betont den Blick zur Kirche. Durch den Bodenbelag aus Granit hat der historische Ortskern nördlich der Straße „Markt" eine fühlbare Aufwertung erfahren, wobei der Stein mit dem an vielen Gebäuden verbauten Granit prächtig harmoniert. Auch der Bereich südlich des Marktes hat durch den Stadtpark eine Aufwertung erfahren, die Lebensqualität wurde erheblich gesteigert. Allerdings haben sich die diese Projekte begleitenden Hoffnungen noch nicht ganz erfüllt. Dass der historische Ortskern wieder zu einem attraktiven Wohn- und Einkaufsstandorte wird und Leerstände beseitigt werden, dazu haben besagte Maßnahmen erste Glanzlichter gesetzt. Doch was die Stadtentwicklung insgesamt angeht, ist noch einige Arbeit zu leisten.

NEUGESTALTUNG
KIRCH- UND LOHGASSE,
WALDERSHOF

STANDORT:
Kirchgasse, Lohgasse
95679 Waldershof

BAUHERR:
Stadt Waldershof
Markt 1
95679 Waldershof

PROJEKTLEITUNG:
Ralf Köferl

VERBINDEN STATT TRENNEN
Neugestaltung Stadtpark, Waldershof

Infrastrukturmaßnahme und Bürgerbeteiligung, revitalisierte Brache und renaturierter Bach, gepflegt gemähter Rasen und naturnah bunte Schmetterlingswiesen, Flussaue und Obstgehölz, privates Grün und öffentlicher Freiraum, Schrebergärten für die Familie und ein Park für alle, eine Oase und ein kommunikativer Mittelpunkt zugleich. Bierbänke und gleichzeitig Büchertauschbörse, Sofas und Campingsitze, Wasserspielplatz und Grillplatz, spielen und in der Sonne liegen, sporteln und ausruhen, Klimmzüge und picknicken, Liegestütz und Feierabendcocktail, schaukeln und klettern, thronen und lümmeln, sich treffen und auf sich konzentrieren, zusammensitzen und sich selbst ausprobieren, etwas entdecken oder nur dumm gucken. Bearbeitetes Holz und Kösseinegranit, Feuerwehrgebäude und Kommunbrauhaus, das Schloss in Sichtweite und die barocke Josefskapelle am Ort, hier historischer Ortskern und dort neues Wohngebiet, neue Routen durch die Stadt und ein überregionaler Fern- und Radwanderweg.

Für Jung, Mittelalt und Junggebliebene. Für Kinder, deren Eltern und deren Eltern. Für Onkel und Tanten sowieso Räume verdichten und Räume zum Atmen schaffen: Verweben, verknüpfen, verbinden statt trennen. In einen räumlichen Zusammenhang bringen statt separieren. Respektieren statt isolieren. Und das in diesen Zeiten. Was früher ein Unort war, ist heute die neue, bis in die Abendstunden belebte Mitte einer wirtschaftlich aufstrebenden Kleinstadt – „natürlich in der Oberpfalz."

STADTPARK, WALDERSHOF

STANDORT:
Walbenreuther Straße,
Braustraße
95679 Waldershof

BAUHERR:
Stadt Waldershof
Markt 1
95679 Waldershof

PROJEKTTEAM:
Kuchenreuther
Architekten / Stadtplaner,
Marktredwitz
LandschaftsArchitektur
Marion Schlichtiger,
Wunsiedel

PROJEKTLEITUNG:
Ralf Köferl

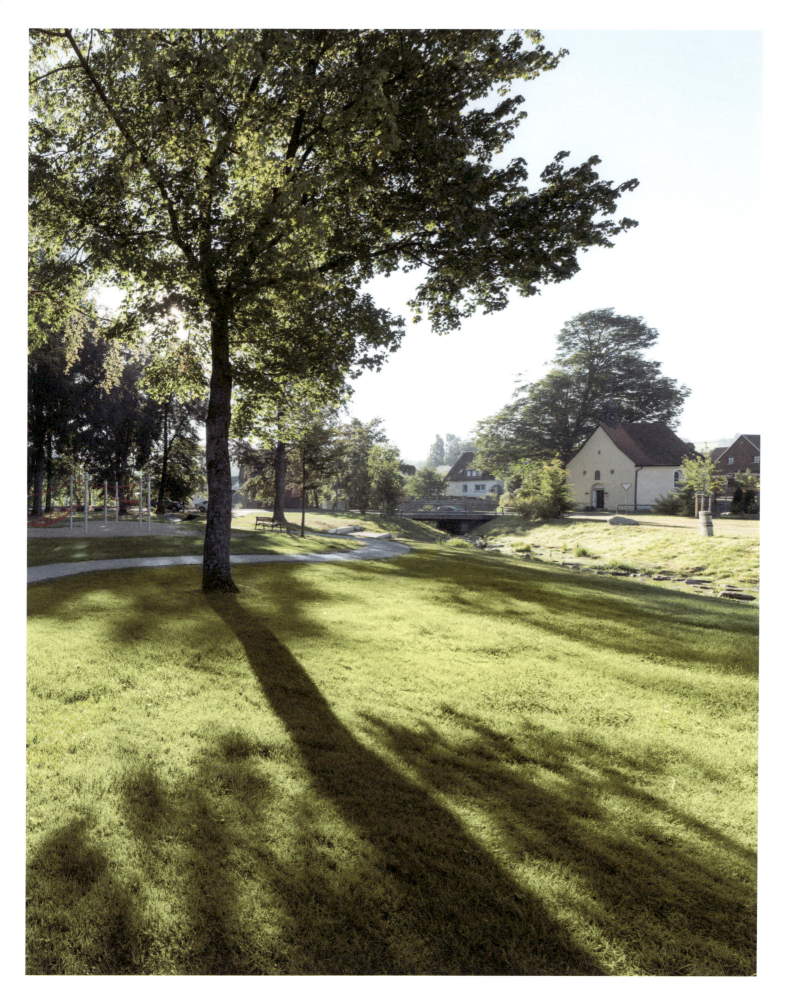

„Der neugestaltete Stadtpark in Waldershof hat sich längst zum beliebten Treff für Menschen aller Altersgruppen entwickelt. Hier finden die Bürger genügend Möglichkeiten, sich zu entspannen, ein gutes Buch aus der ausrangierten Telefonzelle zu lesen, mit den Kindern und Enkeln an verschiedenen Spielstationen zu rasten oder am Kiosk bei einem kühlen Getränk die neuesten Entwicklungen in der Kösseinestadt zu diskutieren."

Frankenpost, 23.06.2019

ORT SCHAFFT MITTE
Sanierung und Umbau Ortsdurchfahrt, Neusorg

„Eine Gemeinde in Bewegung" lautet der Titel des Leitbilds, das sich die oberpfälzische Kommune Neusorg 2009 gegeben hat. Eine Formulierung, die vielfältig interpretierbar ist. Neusorgs Bürgermeister Peter König zum Beispiel kann mit einer gelungenen Deutung aufwarten: Er interpretierte die vom Landkreis geförderte Sanierung der ziemlich ramponierten Kreisstraße TIR 16, zusammen mit der kreuzenden TIR 9 die Hauptbewegungsachse durch den Ort, als willkommene Gelegenheit, ein städtebauliches Gesamtkonzept zu entwickeln. Mit dem Ziel, die Infrastruktur und das Erscheinungsbild seiner Gemeinde insgesamt zu stärken, auch wenn durch die Bauarbeiten vor allem die Ortsmitte dann leider ein paar temporäre Stillstände zu verkraften hatte. So wurden einige Kilometer Zu- und Abwasserleitungen erneuert, die ersten Teile eines Nahwärmenetzes sowie ein Biomassenheizkraftwerk (durch die SWW Wunsiedel) geschaffen und die Lampen der Straßenbeleuchtung auf LED umgestellt.

Dazu, im Rahmen eines vom Büro Kuchenreuther erarbeiteten Maßnahmenplans, teilweise finanziert mithilfe der Städtebauförderung: Mit Pflastersteinen in unterschiedlichen Formaten hat man neue Fußwege und seitliche Parkmöglichkeiten geschaffen. Man hat Vor- und Einfahrten sowie Übergänge in Seitenstraßen aufgepflastert. Man hat den nördlichen Ortseingang mit einem neuen grünen Anger, weiteren neuen Bäumen, einigen Aufpflasterungen und die Anbindung an den überregionalen Fahrradweg neu gestaltet. Man hat dem Pfarrer-Losch-Platz mit neuen Bänken und der Integration eines bestehenden Denkmals Aufenthaltsqualität verliehen. Und man hat das Umfeld des Rathauses komplett neu geordnet. Dass auch die Fahrbahn der TIR 16 komplett neu aufgebaut wurde, vergisst man angesichts der massiven Aufwertung des Ortsbildes leicht. Wobei letzteres gemäß der klassischen Kongruenz von Form und Inhalt auch der Lebenswirklichkeit der 2000-Einwohner-Gemeinde entspricht: Man sanierte die Kindertagesstätte, das Innere und den Vorplatz der katholischen Kirche, man baute ein Pflegeheim, man gestaltet das Umfeld des Friedhofs neu, man baute das ehemalige Bahnhofsgebäude in ein Infrastruktur-Haus mit Arztpraxis um und man revitalisierte und transformierte eine ehemalige, verfallende Industriebrache, das Media-Gelände, in einen modernen Gewerbepark. Damit nicht genug: In einer sprichwörtlichen Interpretation der Losung „Eine Gemeinde in Bewegung" beschloss der Gemeinderat 2020, das Konzept zur Sanierung und teilweisen Erneuerung der gemeindeeigenen Sportstätten – vom Büro Kuchenreuther entwickelt – nun umzusetzen.

SANIERUNG UND UMBAU ORTSDURCHFAHRT, NEUSORG

STANDORT:
Luisenburgstraße
95700 Neusorg

BAUHERR:
Gemeinde Neusorg
Luisenburgstraße 4
95700 Neusorg

PROJEKTLEITUNG:
Ralf Köferl

„Ein weiterer großer Schritt in Richtung Gemeindeentwicklung war der Umbau und die Sanierung der Ortsdurchgangsstraße TIR 16. Es wurden dabei Synergieeffekte zwischen dem Neubau der Straße als auch dem direkten städtebaulichen Umfeld geschaffen."

Büro Kuchenreuther, aus dem Erläuterungsbericht

DAS GRÜNE BAND DER SYMPATHIE
Neugestaltung Stadtquartier „Im Winkel", Marktredwitz
(Einladungswettbewerb, 2. Preis)

Otto Steidle, im späten 20. Jahrhundert einer der renommiertesten Wohnungsbauer Deutschlands, baute mit seinem Projektpartner Roland Sommerer in dessen Geburtsstadt Marktredwitz von 1978 bis 1980 ein Wohn- und Geschäftshaus mit öffentlichem Parkhaus. Mit einer fachwerkartigen Fassade, einer Vielzahl von Vor- und Rücksprüngen sowie der geschickten Platzierung und Staffelung der Baukörper versuchten die Architekten das recht beträchtliche Volumen in die innerstädtische Umgebung einzupassen. Überschwängliche Kritiken in der Fachpresse waren der Lohn – und der renommierte, europaweit ausgeschriebene Mies-van-der-Rohe-Preis.

Allein, es funktionierte nicht. Anfang 2019 lobte die Stewog, die Stadtentwicklungs- und Wohnungsbau Gesellschaft Marktredwitz, einen städtebaulichen Wettbewerb aus, der im Vertiefungsteil den Abriss besagten Gebäudes und einen Neubau mit Parkhaus vorsah. Lisa Kuchenreuther und die Landschaftsarchitektin Alisa Sticht, ebenfalls aus Marktredwitz, bearbeiteten mit der Hilfe von Marc Baltzer und Ralf Köferl für das eingeladene Büro Kuchenreuther diese Konkurrenz – und belegten den 2. Platz. Bestimmend für ihren Entwurf war das Bestreben, über das Wettbewerbsareal eine grüne Verbindung zwischen Stadtpark und La-Mure-Platz herzustellen. Bestehende und neu zu gestaltende Grünräume sollten zu einem grünen Band der Sympathie verwoben werden, das eines nicht allzu fernen Tages möglicherweise bis zum Kösseineufer und dem Auenpark weitergestrickt werden könnte.

Besagtes grünes Band, das zusätzlich mit verschiedenen Wasserläufen und Bodenfontänen verbunden werden und den Verlauf der historischen Stadtmauer nachzeichnen sollte, ist gleichsam Erkennungsmerkmal einer im Entwurf entwickelten größeren urbanen Vision. Deren Ziel ist die Aktivierung des öffentlichen Raums südlich der Marktstraße. Die vorgeschlagene Verlegung der Tiefgarageneinfahrt in die Leopoldstraße würde zum Beispiel ermöglichen, den Straßenzug Am Malzhaus, Im Winkel, Braustraße bis zur Ottostraße bis auf den Anwohnerverkehr autofrei zu gestalten. Besagter Straßenzug sollte einheitlich gepflastert, die damals mit dem Bau des Steidle-Gebäudes vorgenommenen topographischen Veränderungen sollten rückgängig gemacht werden. Durch all diese Maßnahmen sowie durch den Rückbau des jahrelang vernachlässigten Malzhauses zugunsten von Terrassengärten könnte die historische, mit einem großzügigen Biergarten erweiterte Winkelmühle im Zentrum des Winkelmarktes stehen.

Als Ersatz für das ehemalige Parkhaus wird eine dem Bestand ähnliche Figur entwickelt, die jedoch größere Freiraumpotentiale beinhaltet. Die Bebauungslinie am Winkelmarkt wird wesentlich zurückgenommen. In den oberen Geschossen wird das Innenstadtwohnen forciert, welches sich um einen grünen Innenhof gruppiert. Der neue Baukörper zum Winkelmarkt beherbergt einen Gemeinschaftsraum, welcher für die verschiedensten Aktivitäten der Stadt Marktredwitz herangezogen werden kann. Von hier aus kann der gesamte Winkelmarkt „bespielt" werden, vom Wochenmarkt über Aktionen, Veranstaltungen, Konzerte bis hin zu Stadtfesten. An dem nach der französischen Partnerstadt La Mure benannten Platz entsteht ein neuer verkehrsfreier Standort, an dem französische Platanen gepflanzt werden, und der die verschiedensten Möglichkeiten für Nutzungen und Aktivitäten bieten soll.

STANDORT:
Im Winkel
95615 Marktredwitz

AUSLOBER:
Stewog Marktredwitz
Stadtentwicklungs- und
Wohnungsbau GmbH
Im Winkel 2
95615 Marktredwitz

PROJEKTTEAM:
Kuchenreuther
Architekten / Stadtplaner,
Marktredwitz
LandschaftsArchitektur
Marion Schlichtiger,
Wunsiedel

PROJEKTBEARBEITER:
Lisa Kuchenreuther,
Marc Baltzer, Ralf Köferl

EXTERNE BERATERIN:
Alisa Sticht, Marktredwitz

305

AUSBLICK

„WIR SIND DABEI, DIESES STÜCK BAYERN NEU ZU ORGANISIEREN."

Gespräch mit Peter Berek (CSU),
Landrat des Landkreises Wunsiedel im Fichtelgebirge

Enrico Santifaller: In Ihrer Amtszeit als Bürgermeister von Bad Alexandersbad haben Sie das „kleinste Kurbad Bayerns" einer Modernisierungs-Rosskur unterzogen. Welche Rolle spielte dabei die damals noch für die Verwaltungsgemeinschaft Tröstau erarbeitete „Vorbereitende Untersuchung" sowie der Dorferneuerungsplan für Bad Alexandersbad aus dem Hause Kuchenreuther?

Peter Berek: Diese „Vorbereitende Untersuchung" für die drei Gemeinden der VG Tröstau – Nagel, Tröstau und Bad Alexandersbad – war ein Startschuss. Ich war seinerzeit dort als Geschäftsleiter. Erstmals nach vielen, vielen Jahren wurden die Bürger zu ihrem Ort befragt. Es war ein Prozess, der Bürger zusammengespannt hat, der gezeigt hat, welche Einrichtungen wir haben, dass man zusammen auch auf Ideen kommt. Beim Dorferneuerungsplan Bad Alexandersbad war das ähnlich, aber viel fundamentaler. Es ging konkret um die Existenz des kleinsten Heilbads in Bayern – nicht mehr und nicht weniger. Das haben die Menschen gespürt, entsprechend war das viel heftiger, von viel mehr Leidenschaft durchdrungen und letztlich auch in der Vielzahl der Termine beachtlich. Zwischen Juli 2008 und 2009 waren das 83 Termine, bei denen wir uns in Bürgerwerkstätten getroffen haben, bei denen wir nachgedacht haben, bei denen wir Ideen generiert haben und uns in dem Willen gestärkt haben, etwas zu verändern.

Thomas Schwarz, Altbürgermeister von Kirchenlamitz, erzählte mir von der Not, die die Leute zusammengeschweißt hat.

Richtig. Der Leidensdruck bei uns, der war die vergangenen 20 Jahre riesengroß. Am Ende waren die Bürger auch irgendwann so weit zu sagen: „Wir wollen jetzt selbst wieder da raus. Wir brauchen dafür Unterstützung des Freistaats, der Politik, das ist völlig klar, aber wir wollen auch selbst unseren Weg gehen. Wir wollen nicht die Operation von außen, sondern wir wollen letztlich einen Selbstheilungsprozess." Das war uns hier allen ganz wichtig. Und Thomas Schwarz ist im selben Jahr wie ich zum Bürgermeister gewählt geworden – deswegen sind wir auch sehr verbunden. Wir haben ganz häufig einfach die Köpfe zusammengesteckt und überlegt, wie es denn weitergehen kann.

„Wir mussten erkennen, welche Natur wir hier haben, wie Natur und Industrie bei uns verwoben sind – schon historisch. Das war ein Erkenntnisprozess, der hat gedauert, aber zwischenzeitlich ist das Verständnis der Einzigartigkeiten dieser Region so drin in den Menschen – weit über Bad Alexandersbad hinaus."

Dieser Dorferneuerungsplan ist also so eine Art Selbstbesinnung?

Die Dorferneuerung ist eine tolle Bürgerwerkstatt, in der man seinen Ort richtig anschaut und Stärken und Schwächen gemeinsam identifiziert. Ich kann mich sehr gut an das Startseminar im Kloster Langheim bei Bamberg erinnern, bei dem 30 Leute aus Bad Alexandersbad dabei waren: Die Pinnwand mit den Schwächen hat sich ganz schnell gefüllt. Bei den Stärken war's dagegen sehr zögerlich. Wenn wir das gleiche heute machen würden, dann wäre es exakt umgekehrt. Und genau das zeigt, was passiert ist. Es war ein langer Weg, ein auch steiniger Weg, und er ist noch nicht zu Ende. Da kam dann bespielweise der Einwand, mit Natur könne ja jede Region punkten. Wir mussten erkennen, welche Natur wir hier haben, wie Natur und Industrie bei uns verwoben sind – schon historisch. Das war ein Erkenntnisprozess, der hat gedauert, aber zwischenzeitlich ist das Verständnis der Einzigartigkeiten dieser Region so drin in den Menschen – weit über Bad Alexandersbad hinaus. Während der Corona-Pandemie und den Lockdowns waren sehr viele Bürger wieder einmal unterwegs in „ihrem" Fichtelgebirge. Und das stärkt das Image nach innen. Deswegen, ja, es war ein Stück Besinnung auf uns selbst.

Aber sind diese Masterpläne nach Ihrer Erfahrung nicht eher eine Art roter Faden für die Gemeinde?

Die Gemeinde ist nicht der Bürgermeister, sie ist auch nicht der Gemeinderat, jeder Bürger ist die Gemeinde. Ich glaube, dass diese Erkenntnis das Entscheidende in Bad Alexandersbad war. Und dazu hat das Büro Kuchenreuther viel beigetragen. Durch die Fachlichkeit zum einen, aber dann auch durch dieses Menschliche, dieses Empathische. Peter Kuchenreuther hat sich einfach auf uns eingelassen – und auch zunächst verrückte Ideen einfach aufgenommen. Einer kam auf die Idee, die Ortsmitte zu untertunneln. Peter Kuchenreuther hat das nicht belächelt, sondern angenommen als einen Vorschlag. Wir haben darüber geredet und sind dann zur gemeinsamen Erkenntnis gekommen, dass, wenn wir die Ortsmitte grandios bebauen, es dann sinnvoll ist, den normalen Verkehr drüber laufen zu lassen.

Ich habe mir natürlich Ihre Agenda für die Landratswahl angeschaut. Salopp gesagt: Wie Sie in den vergangenen zwölf Jahren Bad Alexandersbad neu erfunden haben, so möchten Sie jetzt den Landkreis Wunsiedel neu erfinden?

Es gab in Bad Alexandersbad eine Zeit vor mir und es wird eine Zeit nach mir geben. Und ich bin in der glücklichen Lage, meine Zeit zu haben und auf Dinge aufbauen zu dürfen. Und ich versuche, etwas weiterzugeben, auf dem man wieder aufbauen kann. So auch jetzt im Kreis. Ich versuche, die Wichtigkeit des Landrats runterzubrechen. Ich throne nicht im Landratsamt und mache hinter Gittern für die Bürger undurchschaubare Dinge. Ich bin ein anfassbarer Landrat, der rausgeht zu den Menschen, der Vertrauen herstellt. So ist es auch mit der Kreisentwicklung. Ich bin tatsächlich in der glücklichen Lage, aufbauen zu können. Ich war ja vorher auch im Kreisrat: Unser Landkreis hat vor einigen Jahren ein Kreisentwicklungskonzept beschlossen. Da kann man darauf aufbauen, es in ganz vielen Themen vorantreiben und neuen Entwicklungen anpassen.

Gibt es zu diesem Entwicklungskonzept Leitprojekte?

Das momentan aufregendste Projekt nennt sich „Smartes Fichtelgebirge". Es gibt ein Förderprogramm des Bundes namens „Smart City" – zur nachhaltigen und digitalen Entwicklung der Stadt. Wunsiedel ist der einzige Landkreis in ganz Deutschland, der in dieses Programm aufgenommen wurde. Ich bin da mitten rein gekommen. Dieses Programm sieht zunächst eine Beteiligung der Bürger vor. Also haben wir gesagt: „Wegen Corona machen wir das eben digital." Und das ist uns grandios gelungen. Wir haben ganz viele Botschaften der Bürger bekommen. Es gab allein 1500 Teilnehmende, die einen ganzen Fragebogen ausgefüllt haben. Es gab dazu noch ganz viele Gespräche etc. pp. Das ist ein Glücksfall für mich: Ich habe jetzt den aktuellen Stand der Kreisentwicklung und das, was die Bürger wollen und dazu denken – gegliedert in zwölf Handlungsfelder: Wirtschaft zum Beispiel, Mobilität, Infrastruktur, Gesundheit usw. Angedockt sind dann Projekte, mit denen jedes Handlungsfeld beackert wird. Die Kernaussage meines Wahlkampfs ist, die Leute mitzunehmen. Mitzunehmen auf einen Weg, an dessen Ende es uns vielleicht gelingt, den Landkreis Wunsiedel im Fichtelgebirge zu einem Gegenentwurf zu machen zu den Ballungszentren, zu den großen Städten. Mit all den Nachteilen, die wir haben, aber auch mit all den Vorteilen, die wir haben. Wir haben hier eine super Natur, wir haben hier eine starke Wirtschaftskraft, wir haben hier eine Kleinteiligkeit, die ganz viele positive Effekte hat – man kennt sich, man kennt den Landrat, man kennt den Bürgermeister, man ist einfach näher zusammen. Wir haben die Chance, durch diese Kleinteiligkeit Prozesse zu dynamisieren. Und wir sind hoch innovativ, weil wir zwar Probleme haben, die wir aber lösen wollen. Das ist das Ziel der nächsten Jahre: Dass die Bürger wählen können zwischen einem Ballungsraum und einem ländlichen Raum – ganz gleichwertig. Dafür will ich einfach eintreten. Nicht der große Landrat will ich sein, sondern das Meine dazu beitragen. Ich stell mich gerne hin, wenn der Wind bläst, und wenn wir Blumen bekommen, dann wünsche ich mir, dass wir sie alle bekommen – und nicht der Herr Berek.

Spannend ist ja Ihr Landkreis in Sachen erneuerbare Energien. Besonders Wunsiedel hat positive Schlagzeilen gemacht. Wie kam's dazu?

„Wir haben die Chance, durch diese Kleinteiligkeit Prozesse zu dynamisieren. Und wir sind hoch innovativ, weil wir zwar Probeme haben, die wir aber lösen wollen."

Begonnen hat das alles Mitte der 2000er-Jahre. Es gibt in Österreich, im Burgenland, den Bezirk Güssing, der sich auf den Weg gemacht hat, energieautark zu werden. Und es gab hier in Wunsiedel den Bürgermeister Karl-Willi Beck und den Geschäftsführer der hiesigen Stadtwerke, den Marco Krasser, die sich das Güssinger Modell zum Vorbild nahmen und sich auf den sogenannten Wunsiedler Weg machten. Sie haben dann eine erste Bürger-Photovoltaik-Anlage gebaut. Das hat den Bürgern getaugt. Weiter ging's dann mit Nahwärmeheizungen in Wunsiedler Ortsteilen. Auch bei uns in Bad Alexandersbad. Dann baute man mit der Firma GELO aus Weißenstadt, einem großen Sägewerk, eine Fabrik für Holzpellets – aus den Abfällen des Sägewerks. Dann hat man nochmal neu über das Thema Holz nachgedacht: Momentan baut die Firma GELO im Energiepark in Wunsiedel ein Sägewerk, bei dem quasi das letzte Stäubchen Holz Verwertung findet und wo das letzte Gramm Wärme verbraucht wird. Darüber hinaus hat man einen alten, leerstehenden Einkaufsmarkt zu einem „Haus der Energiezukunft" umgebaut. Da kann man sich über den Wunsiedler Weg informieren, aber auch selbst interaktiv ausprobieren, sein Haus mit Photovoltaik auszustatten. Basierend auf den Erfahrungen der Stadtwerke Wunsiedel. Der momentan letzte Höhepunkt ist jetzt eine Zusammenarbeit mit Siemens zum Thema Wasserstoff. Dieses Thema wollen wir voranbringen und damit auch zeigen, dass über Monsterstromtrassen neu nachgedacht werden muss.

Also eine dezentrale Energieversorgung mit erneuerbaren Energien? Wobei, so neu ist dieser Ansatz nicht, er wurde leider – etwa von den Bundesregierungen – kaum verfolgt.

Der Bund hat einen großen Fehler gemacht, indem er die Energieversorgung privatisiert hat. Und da geht es nicht um Energie, da geht es nur um Geld. Wir bauen jetzt große Monstertrassen, um Strom hin- und herzutransportieren, um ihn anschließend an der Strombörse gut handeln zu können. Ich behaupte dagegen, Strom ist ein Gut der Allgemeinheit, weil ihn jeder zum täglichen Leben braucht. Deswegen gehört Strom eben nicht in privatwirtschaftliche Systeme, in Stromkonzerne, sondern er muss jederzeit für jeden verfügbar sein. Das ist ein grundlegender Unterschied. Die Energiewirtschaft zu regionalisieren, ist eine Riesenaufgabe. Aber davor stehen wir jetzt, und dafür braucht es so innovative Stadtwerke wie zum Beispiel die SWW in Wunsiedel.

Dieses Wasserstoff-Projekt finde ich richtig aufregend.

Einen Satz noch zum Thema Dezentralität und Regionalisierung: Wenn wir den ökologischen Umbau wollen, dann gibt es die zwei Ansätze – entweder von oben nach unten oder von unten nach oben. Ich glaube, wir brauchen beides. Wir brauchen ordnungspolitische Maßnahmen, wir brauchen Staatsziele. Aber, und das ist genauso wichtig, wir brauchen die Menschen, die den Umbau wollen, ihn mitgehen und selbst aktiv werden. Mit dem Wunsiedler Weg sind wir sehr gut dabei. Wir werden den weiter gehen – mit Wasserstoff und einer Kooperation mit Siemens. Wir glauben, dass das reine Elektromobil, wie es momentan ist – unter den Aspekten Batterien, Seltene Erden und

was Sie da sonst so alles brauchen –, ein großes, großes Problem darstellt. Wir sind der Überzeugung, dass wir mit den aktuellen Elektroautos die ökologische Problemlage momentan nur verschieben. Wir aber wollen versuchen, sie zu lösen – und zwar mit grünem Wasserstoff. Momentan wird zur Herstellung von Wasserstoff häufig Kohle verwendet. Wir dagegen wollen ausschließlich regenerative Energien dafür verwenden. Wir wollen grüne Energie – Windenergie, Sonnenenergie – mit Wasserstoff speicherbar machen. Und dann zur Verfügung stellen für Mobilität und weitere Dinge. Das ist das nächste große Thema, aber das reicht nicht aus. Wir müssen das Thema Regionalität befeuern. Ich gebe Ihnen ein Beispiel: Wenn wir nicht mehr wollen, dass Schweine eingepfercht über Hunderte von Kilometern transportiert und dann in Massenbetrieben geschlachtet werden, brauchen wir den Gesetzgeber, der regelt, dass lebende Tiere nur noch, sagen wir mal, 20 Kilometer transportiert werden dürfen. Aber dazu brauchen wir dann auch – von unten – eine regionale Fleischwirtschaft, die die Versorgung am Ort sichert.

Also zwei Seiten, die sich verflechten?

Genau. Aber wichtig ist auch, dass beide Seiten sich respektieren. Es ist aus meiner Sicht völlig unklug, zu schimpfen über die da oben. Und die da oben schimpfen dann über die da unten. Jeder hat seine Aufgabe. Es hat ein jeder zunächst Respekt verdient, insofern als dass man davon ausgeht, er tut alles in einem guten Sinn. Und wenn man das macht, dann hat man die Basis für einen gemeinsamen Weg.

Ein erheblicher Teil der CO_2-Emissionen stammt vom Hausbrand. Das heißt, zum ökologischen Umbau gehört auch ein neuer Wohnungsbau. Die Geschäftsführer der hier tätigen Wohnungsbaugesellschaften sagen mir aber, dass zum einen die ökonomische Potenz nicht vorhanden ist, um die Mieten für ökologische Wohnungen zu zahlen, und zum anderen auch den Kommunen die Mittel fehlen, um solche Wohnungen zu fördern und zu finanzieren.

Unser Dilemma ist, dass wir zum einen keinen Wohnraum haben, der zeitgemäß ist, und dass zum zweiten die Mieten sehr niedrig sind. Das bedeutet wiederum, dass die Mieterlöse zu gering sind, um Leerstand zu sanieren. Und es kann auch keine Lösung sein, etwas Billiges auf der grünen Wiese zu bauen, damit die Miete auskömmlich ist. Wir müssen unsere städtebaulichen Strukturen erhalten, wir müssen diese stärken. Also brauchen wir wieder Förderprogramme – und auch städtische Haushalte, die funktionieren. Und da sind wir am Arbeiten. Wir müssen Vertrauen zu den Regierungen und zu den Ministerien aufbauen. Wir müssen ihnen zeigen, was wir hier alles tun. Das tun wir ja nicht, weil es uns Freude bereitet, weil wir gerade lustig sind. Sondern weil wir es für notwendig halten, dieses Stück Bayern neu zu organisieren. Ich bin ein großer Fan dessen, dass wir uns um die Dinge, die schon da sind, Gedanken machen. Wir dürfen nicht ständig Land verbrauchen, wenn es nicht notwendig ist. Wir müssen überlegen, wie wir unsere Städte attraktiver machen können – aber da auch den Wahrheiten ins Gesicht schauen: Die Zeiten, in denen Einzelhandel im großen

„Wir dürfen nicht ständig Land verbrauchen, wenn es nicht notwendig ist. Wir müssen überlegen, wie wir unsere Städte attraktiver machen können – aber da auch den Wahrheiten ins Gesicht schauen: Die Zeiten, in denen Einzelhandel im großen Stil funktioniert hat, die sind einfach vorbei. Und doch ist es hochattraktiv, in der Innenstadt zu wohnen, zu leben, sich zu treffen, kurze Wege zu haben – in modernen, d. h. ökologischen Wohnungen."

Stil funktioniert hat, die sind einfach vorbei. Und doch ist es hochattraktiv, in der Innenstadt zu wohnen, zu leben, sich zu treffen, kurze Wege zu haben – in modernen, d.h. ökologischen Wohnungen. Ich denke, dahingehend müssen wir noch mehr unsere kommunale Politik lenken. Aber dafür müssen wir auch die große Politik gewinnen – das ist ein ganz dickes Brett, das man bohren muss.

Es ist doch ein ganz wichtiges Brett, denn in den Innenstädten geht's ja nicht nur um Wohnungen, sondern auch um ein Stück Geschichte, um Erinnerung.

Genau. Darüber hinaus beschäftigt mich in diesem Zusammenhang ein weiteres Problem: das der Passivhäuser. Wenn wir jetzt Häuser bauen und mit 30 Zentimeter Styropor ummanteln, dann haben wir die Zeichen der Zeit nicht erkannt. Unsere Aufgabe muss sein, ein Haus zu schaffen, das wenig oder am besten keine Energie verbraucht, ohne in 30 Jahren einen Berg Sondermüll zu haben. Das auch den Einsatz von Technik minimiert. Sie kennen ja das alte Kurhaus in Bad Alexandersbad. Das wurde 1838 gebaut. Ich brauche dort weder eine Klimatisierung noch eine Lüftung. Dieses Haus funktioniert. Daneben steht ein Schwimmbad, das ist hochtechnisch, da braucht man andere Anlagen. Wir bauen ja jetzt in Selb in Kooperation mit der Designfachschule Köln einen Studiengang für Produktdesign auf. Da wird es auch um Fragen der Gestaltung in Kombination mit Energieeffizienz und möglichst geringem Technikeinsatz gehen. Am Ende bin ich im Auftrag einer Gesellschaft tätig, die am Gemeinwohl orientiert ist. Da habe ich ganz besondere Anforderungen – etwa die Ressourcenschonung und natürlich auch das Thema Geldverbrauch.

Weil Sie dieses Thema gerade ansprechen: Auch in Ihrem Landkreis ist die wirtschaftliche Situation sehr unterschiedlich – und entsprechend auch die kommunalen Finanzen. Während derzeit Marktredwitz richtig boomt, ist das gerade zehn Kilometer entfernte Wunsiedel ein Sorgenkind. Die Stadt hat noch nicht mal einen genehmigten Haushalt. Auf engstem Raum ballen sich große Differenzen. Wie gehen Sie nun in Ihrer neuen Position damit um?

Darf ich offen sein? Natürlich macht der Oberbürgermeister in Marktredwitz seit Jahren einen super Job, sonst würde die Stadt nicht boomen. Aber am Ende der Geschichte ist das auch dem Zufall geschuldet. Die Zeiten, in denen man sich als Gemeinde selbst groß um Gewerbesteuerzahler bemühen konnte, die sind eigentlich vorbei. Die Ansiedlungen von Firmen erfolgen nach den vorhandenen Infrastrukturmöglichkeiten. Marktredwitz ist gesegnet durch die nahe Autobahn und aber auch durch die Deutsche Bahn. Da kann aber die Stadt nichts dafür, das ist eben Geschichte oder schlicht Zufall. Oder es gibt zehn Firmen in der Stadt. Wenn alle funktionieren, ist es super für die Stadt, wenn aber fünf kranken, dann wird es schwierig. Als Stadt trifft Sie keine Schuld, ich selbst war in der Stadtverwaltung von Marktredwitz beschäftigt. Es ging der Stadt gut. Doch dann gab es eine Steuerrechtsänderung auf Bundesebene, und Firmen konnten, indem sie irgendwo irgendwelche Brachen aufkauften, ihre Steuerlast verteilen. Plötzlich war Marktredwitz pleite, über Nacht pleite – und keiner wusste mehr, wie es weitergeht. Und jetzt, eineinhalb Jahrzehnte später, brummt Marktredwitz wieder ohne Ende. Das liegt nicht an einer Bürgermeisterwahl. Es gibt da keinen Schalter, den man einfach umdreht. Es liegt auch an solchen Menschen wie Marcus Pürner, dem Gründer des Fahrradherstellers Cube. Plötzlich hat man statt drei Millionen Euro Gewerbesteuer zehn, fünfzehn oder gar zwanzig Millionen. Andererseits ist Wunsiedel auch deswegen so schwierig dran, weil man erstens hochinnovativ in das Thema Energie investiert hat, und zweitens weil man ganz alleine die Luisenburg-Festspiele zu tragen hat. Wunsiedel könnte es sich leicht machen und einfach die Luisenburg zusperren. Das schadet aber der gesamten Region. Das wissen alle, die Wunsiedler, aber auch die Marktredwitzer, die Kirchenlamitzer etc. Wir wissen, dass wir zusammengehören. Diese 17 Kommunen im Landkreis bilden seit mehreren Jahren eine sehr gute Einheit – trotz der extremen Unterschiede.

So groß, dass die 17 Bürgermeister sich für eine Justizvollzugsanstalt ausgerechnet in der wirtschaftlich stärksten Stadt des Landkreises, Marktredwitz, ausgesprochen haben.

Ganz einfach: Weil dort die entsprechenden Flächen vorhanden sind. Wir haben das, ich war noch Bürgermeister von Bad Alexandersbad, einhellig und einstimmig entschieden. Übrigens ist das ein Ding gewesen, das man in München so noch nie erlebt hat.

Der Landkreis Wunsiedel beschreitet neue Wege – überall.

Genau (lacht).

Die Konkurrenz der Kommunen tritt gegenüber ihrer Einheit in diesem Landkreis zurück. Diese Einheit ist offenbar auch stärker als die Parteizugehörigkeiten?

Auch das. Auf kommunaler Ebene spielen die Parteigrenzen ohnehin eine untergeordnete Rolle. Bei den Wahlen kocht das natürlich immer ein bisschen hoch, aber ansonsten ... Eine Reihe von den Bürgermeistern kenne ich seit vielen Jahren, mit einigen bin ich auch befreundet. Ob von der SPD, ob von der CSU, das ist völlig egal, da zählt der Mensch. Aber je größer die Städte sind, desto politischer sind die Stadtoberhäupter. Die sollen das auch so machen, bei uns ist das anders.

Thomas Schwarz hat mich auch darauf aufmerksam gemacht, dass auch über die Grenzen des Landkreises kooperiert wird.

Wir haben den Auftrag, in unserem rechtlichen Rahmen das Leben der Menschen hier gut zu organisieren. Und wenn es dann notwendig ist, den Landkreis Hof mitzunehmen oder Teile des Landkreises Bayreuth oder vielleicht auch nur einen Teil unseres Landkreises, dann tun wir das doch. Da habe ich keine Probleme. Eines unserer besagten Handlungsfelder ist die Modernisierung der Verwaltung – im Dienste der hier lebenden Menschen. Wenn es diesen nützt, Verwaltungsgrenzen zu überwinden, dann machen wir das.

DREI FRAGEN AN LISA KUCHENREUTHER

B.A. (TUM) Architektur

LISA KUCHENREUTHER
B.A. (TUM) Architektur

1997 geboren in Marktredwitz
2015-2019   Bachelorstudium der Architektur, Technische Universität München
seit 2015   Mitarbeit bei Kuchenreuther Architekten / Stadtplaner, Marktredwitz
2017-2018   Auslandsstudium École Spéciale d'Architecture Paris, Frankreich
seit 2019   Masterstudium der Architektur, Technische Universität München

Projekte:
2019   Shortlist Egon Eiermann Wettbewerb,
             Semesterprojekt Baulücke Berlin Kreuzberg
2019   2. Preis Wettbewerb, „Im Winkel" Marktredwitz
seit 2019   Neubau Firmenzentrale Birke Elektroanlagen, Wunsiedel
seit 2019   „Benker 4", Marktredwitz (Neubau von 47 Wohnungen)
seit 2020   1. Preis Wettbewerb, „Untere Rotmainaue" GEWOG, Bayreuth
             (Neubau von 105 Wohnungen)

Was wünscht du dir für die Zukunft im Büro Kuchenreuther?

Das Büro lebt von den Leuten, von der Gemeinschaft, wobei diese sehr verschieden in Sachen Alter, Erfahrung und Spezialisierung ist. Jeder Kollege schätzt die Leistung und die Kenntnis des anderen, wir tauschen uns sehr gut aus und helfen uns gegenseitig. Während der Corona-Pandemie ist das Team noch mehr zusammengewachsen, einige Kollegen sind über sich hinausgewachsen. Und die Studenten konnten viel länger im Büro bleiben, sich ein- und frischen Wind reinbringen. Ich hoffe für die Zukunft, dass es uns gelingt, das von mir sehr bewunderte Wissen und den Erfahrungsschatz der älteren Generation im Büro an die kommende Generation weiterzugeben.

Was wird deiner Meinung nach künftig die Hauptaufgabe von Architektur sein?

Die Aufgabe von Architektur wird dieselbe sein wie jetzt und vor Jahrhunderten: Gute Räume – Stadträume, Straßenräume, Freiräume, Innenräume – zu schaffen, die den Menschen Heimat geben. Es ändern sich die Umstände und Gegebenheiten. Was sich ändern muss, ist das Bauen. Wir stehen kurz vor knapp: Wir müssen unbedingt klimagerecht bauen und unsere Expertise zu klimagerechten Baustoffen rasch schnell intensivieren und erweitern. Aber vor allem müssen wir wieder langlebig bauen. Bei den Materialien, bei den Grundrissen, bei der Ausführung und bei der Ästhetik wieder eine Qualität erreichen, damit das Gebaute mehrere Generationen hält.

Welche Veränderungen siehst du auf die Architektur zukommen?

Das ergibt sich aus dem Vorangegangenen: Wir müssen den Leerstand als Ressource erkennen. Die Region Fichtelgebirge hat darin schon eine gewisse, aber eher unfreiwillige Erfahrung. Wir haben hier so viel Potential, wir brauchen eigentlich gar nichts bauen. Wir haben hier so viel schöne Häuser und Gebäude, die nur darauf warten, neu oder umgenutzt und um- oder weitergebaut zu werden. Und wir haben hier ein großzügiges Förderangebot mit vielfältigen Möglichkeiten. Seit der Landesgartenschau auf dem Benker-Areal 2006 verstärkt die Stadt Marktredwitz die Nutzung von Bestandsimmobilien. Aber das müssen auch Privatleute tun. Und die Besitzer von Bestandsgebäuden müssen endlich in der Realität ankommen, ihre meist übertriebenen Vorstellungen von Mieten und Verkaufspreisen aufgeben und es als Gemeinschaftsaufgabe ansehen, die Gebäude aktiv in eine positive Entwicklung zu überführen.

TEAM

MARC BALTZER

BEATRICE BUSCH

HANA CHALOUPKOVA

SIMON FISCHER

UWE GEBHARD

FRANZISKA GRÜNER

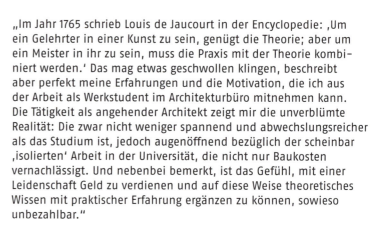

„Im Jahr 1765 schrieb Louis de Jaucourt in der Encyclopedie: ‚Um ein Gelehrter in einer Kunst zu sein, genügt die Theorie; aber um ein Meister in ihr zu sein, muss die Praxis mit der Theorie kombiniert werden.' Das mag etwas geschwollen klingen, beschreibt aber perfekt meine Erfahrungen und die Motivation, die ich aus der Arbeit als Werkstudent im Architekturbüro mitnehmen kann. Die Tätigkeit als angehender Architekt zeigt mir die unverblümte Realität: Die zwar nicht weniger spannend und abwechslungsreicher als das Studium ist, jedoch augenöffnend bezüglich der scheinbar ‚isolierten' Arbeit in der Universität, die nicht nur Baukosten vernachlässigt. Und nebenbei bemerkt, ist das Gefühl, mit einer Leidenschaft Geld zu verdienen und auf diese Weise theoretisches Wissen mit praktischer Erfahrung ergänzen zu können, sowieso unbezahlbar."

Simon Fischer

FRIEDA

SARAH HEIDENREICH

KATHRIN HORN

FLORIAN KARGER

JOHANNES KLOSE

RALF KÖFERL

MARTINA LEHMANN

„Als angehende Architektin habe ich mit dem Architekturbüro Kuchenreuther eine super Chance bekommen. Die Aufgaben im Büro und auch das Team geben mir die Möglichkeit mich weiterzuentwickeln und meine Stärken herauszugeben. Das schönste im Team ist im Grunde das gute Miteinander, jeder kann seine Ideen und Fragen einbringen und alle unterstützen sich gegenseitig."

Sarah Heidenreich

HEIKE RÖDEL

BRIGITTE SCHNURRER

CHRISTIAN USCHOLD

MONIKA VETTER

THOMAS WELLENHÖFER

Aktuelle und ehemalige Mitarbeiter*innen:

Marc Baltzer, Beatrice Busch, Hana Chaloupkova, Rebekka Daut-Hög, Simon Fischer, Sofia Franz, Uwe Gebhard, Franziska Grüner, Sarah Heidenreich, Kathrin Horn, Geraldine Jünger, Florian Karger, Johannes Klose, Christian Koeppel, Ralf Köferl, Lisa Kuchenreuther, Peter Kuchenreuther, Martina Lehmann, Martina Lenk, Renate Linhardt, Jonas Mielke, Regina Minke, Cornelia Müller, Thomas Pokorny, Marion Pöllmann, Maja Ruesch, Heike Rödel, Susann Schäfer, Adrian Scheitler, Brigitte Schnurrer, Simone Schraml, Birgit Schubart, Andreas Stäudel, Alisa Sticht, Christian Uschold, Monika Vetter, Frank Vogel, Hannah Weiß, Thomas Wellenhöfer

PROJEKTCHRONOLOGIE UND FERTIGSTELLUNGEN
1994 bis 2022

1994
HAUS-F
MIESBACH

1997
BETREUTES WOHNEN
PRESSATH

2000
BAHNHOFSPLATZ 2
MARKTREDWITZ

2000
PAUL-GERHARD-HAUS
SELB

2001
HAUS S
SCHURBACH

2001
HAUPTVERWALTUNG
MITTERTEICH

2003
BERGBRÄU
ARZBERG

2003
LINDENSTRASSE 2
MARKTREDWITZ

2003
LÖHEHEIM
KIRCHENLAMITZ

2004
GEWERBEPARK
NEUSTADT AN DER WALDNAAB

2004
LINDENSTRASSE 2
MARKTREDWITZ

2004
STADTMÜHLE
WUNSIEDEL

2004
WALDHAUS
MEHLMEISEL

2004
HAUS K
WÖLSAUHAMMER

2005
BUCHWALDERWEG
SELB

2005
VITALSCHEUNE
WUNSIEDEL

2008
ZUCKERHUT
WUNSIEDEL

2008
HAUS B
SELB

2008
HAUS M
MARKTREDWITZ

2009
ALTENSTÄDTER SCHLOSS
ERBENDORF

2009
GRANITLABYRINTH
EPPRECHTSTEIN

2009
HALLENBAD
SELB

2009
TORHAUS
LEUPOLDSDORF

2010
AUSSEGNUNGSHALLE
RÖSLAU

2010
FRANZ-HEINRICH-STRASSE 19
SELB

2010
RATHAUSPLATZ
SCHWARZENBACH A.D. SAALE

2011
KIRCHGASSE
WALDERSHOF

2011
TURNHALLE BOGNERSCHULE
SELB

2012
HAUS S
SELB

2012
BFZ
MARKTREDWITZ

2012
NOBASICS
SELB

2013
VIERSEITHOF
UNTERWEISSENBACH

2014
DIAKONIE
MICHELAU

2014
ORTSMITTE
NEUSORG

2014
GARAGE M
MARKTREDWITZ

2015
BFZ – BA II
MARKTREDWITZ

2015
GOLDENER LÖWE
WEISSENSTADT

2015
JEAN-PAUL-SCHULE
WUNSIEDEL

2015
KRÄUTERHAUS
NAGEL

2015
STUDIE GOLFHOTEL
FAHRENBACH

2015
WILDPARK
MEHLMEISEL

2015
KINDERHAUS LUTHERKIRCHE
HOF

2016
STADTPARK
WALDERSHOF

2016
TURNHALLE GRUNDSCHULE
MARKTREDWITZ

2017
MARKT 12
MARKTREDWITZ

2017
OPTIKER
MARKTREDWITZ

2018
EFBZ STEIN
WUNSIEDEL

2018
GARAGE B
LANGENTHEILEN

2018
HAUS K
WUNSIEDEL

2018
KINDERGARTEN
NEUSORG

2018
KRONPRINZ
WUNSIEDEL

2018
TURNHALLE GROPIUS-GYMNASIUM
SELB

2018
KATHOLISCHE KIRCHE
NEUSORG

2019
KIGA
HOLENBRUNN

2019
STADTHALLE
MARKTREDWITZ

2019
BAHNHOF
NEUSORG

2019
INFOZENTRUM EPPRECHTSTEIN
KIRCHENLAMITZ

2020
SENIORENHEIM ST. KONRAD
WEIDEN

2021
HAMMERSCHEUNE NIEDERLAMITZ
KIRCHENLAMITZ

2021
AULA GRUNDSCHULE
WALDSASSEN

2022
KORNBERGHAUS
MARTINLAMITZER FORST-SÜD, SELB

2022
BÜROGEBÄUDE
WUNSIEDEL

2022
DORFGEMEINSCHAFTSHAUS
CARLSGRÜN

2022
DORFGEMEINSCHAFTSHAUS
WÖLSAU

PROJEKTCHRONOLOGIE
Auszeichnungen, Preisrichtertätigkeit, Städtebau, Wettbewerbe, konkurrierende Verfahren

WETTBEWERBE, KONKURRIERENDE VERFAHREN

1993	Studentenwettbewerb Bauzentrum München, „Viel Platz auf wenig Raum", 2. Preis
1996	Wettbewerb Mainburg, „An der Abens", 3. Preis
	Wettbewerb Hammerau, engere Wahl
1999	Wettbewerb Wettstetten, Ankauf
2000	Gutachten Verwaltungsneubau Schott Rohrglas, Mitterteich, 1. Preis
2001	Wettbewerb „Dr. Kollmann Strasse", Deggendorf, engere Wahl
2002	Wettbewerb Pulheim, Einladung 2. Phase
2003	Gutachten Informationszentrum Wald, Mehlmeisel, 1. Preis
2007	Wettbewerb Selb Leibnizstraße, 3. Preis
	Wettbewerb Winterling Areale Kirchenlamitz, Schwarzenbach/Saale, Engere Wahl
	Wettbewerb EDEKA-Markt, Schwarzenbach/Saale, 3. Preis
2008	Wettbewerb Rathausplatz, Schwarzenbach/Saale, 2. Preis
2009	Wettbewerb Lebendige Ortsmitte, Litzendorf, 2. Preis
2010	Wettbewerb Bürgerhaus und Kindergarten, Hollfeld, 2. Preis
	VOF Verfahren Gesamtsanierung Jean-Paul-Schule, Wunsiedel, 1. Preis
2011	Wettbewerb Evang.-Luth. Gesamtverwaltung, Michelau, 1. Preis
2012	Wettbewerb Kindergarten Lutherkirche, Hof, 1. Preis
	Wettbewerb Sporthalle und städtebauliches Umfeld Glasschleif, Marktredwitz, 1. Preis
2013	Wettbewerb Evang.-Luth. Gemeindehaus, Kronach, 1. Preis
	Wettbewerb „Kronprinz", Wunsiedel, 2. Preis
2014	VOF Verfahren, Gesamtsanierung Zweifachsporthalle Gymnasium, Selb, 1. Platz
2015	Wettbewerb Seniorenhaus, Hohenberg a.d. Eger, 3. Preis
2018	Wettbewerb Bahnhof Rehau, 3. Preis
	Wettbewerb Innerstädtisches Quartier „Im Winkel", Marktredwitz, 2. Preis
	VgV Umbau und Erweiterung BTZ, Hof, 1. Preis
	VgV Sanierung Schule, Baunach, 1. Preis
	VgV Sporthalle Oberfrankenkaserne, Hof, 1. Preis
2019	VgV Landesamt für Digitalisierung, Waldsassen, 1. Preis
	VgV Erweiterung Erich-Kästner-Schule, Marktredwitz, 1. Preis
2020	Mehrfachbeauftragung Wohnquartier „Rotmainaue", GEWOG Bayreuth, 1. Preis
	VgV Neubau Kinderhaus, Waldsassen, 1. Preis
2021	VgV Sanierung Grundschule, Marktredwitz, 1. Preis
2022	Wettbewerb Landratsamt Tirschenreuth, Ämtergebäude 4, Anerkennung
	Wettbewerb Wohnen am Mühlberg, Rehau, 2. Preis
	VgV Anbau Siebensternschule, Selb, 1. Preis

AUSZEICHNUNGEN – PREISE

1995	Döllgastpreis – TU München
2007	Denkmalpflegepreis der Oberfrankenstiftung, Sanierung Stadtmühle, Wunsiedel
2007	Das Goldene Haus 2006, Markt 14, Marktredwitz
2008	Das Goldene Haus 2007, Freiherr-vom-Stein-Str. 5, Marktredwitz
2012	BDA Preis Franken 2012, Anerkennung, ehemalige Zuckerfabrik, Wunsiedel
2016	Denkmalschutzmedaille Bayern 2016, Sanierung Torhaus Leupoldsdorf, Tröstau
2018	BDA Preis Franken 2018, Anerkennung, Sanierung Markt 12-14, Marktredwitz
2020	German Design Award 2020, Markt 12-14, Marktredwitz
2021	German Design Award 2021, Infozentrum Epprechtstein, Kirchenlamitz
2021	Staatspreis „Dorferneuerung und Baukultur", Hammerscheune Niederlamitz

PREISRICHTERTÄTIGKEIT

2009	Juryreise zum Dorferneuerungspreis Bezirk Oberfranken
2010	Wettbewerb Rathaus Weiherhammer
2011	Juryreise zum Dorferneuerungspreis Bezirk Oberfranken
	Wettbewerb Dr. Erika Fuchs Haus, Schwarzenbach/Saale
2012	Juryreise zum Dorferneuerungspreis Land Bayern
	Wettbewerb Wohnanlage Erlangen-Büchenbach, Erlangen
	Wettbewerb Altstadt-H, Wunsiedel
2013	Wettbewerb Kindergarten St. Johannes, Hof
2014	Juryreise zum Dorferneuerungspreis Bezirk Mittelfranken
2015	Juryreise zum Dorferneuerungspreis Land Bayern
	Wettbewerb „Neue Mitte", Neunkirchen am Sand
2017	Juryreise zum Dorferneuerungspreis Bezirk Oberfranken
	Auswahlgremium Teilnehmer am Wettbewerb Hochschule Hof, Neubau Zentrum Wasser- und Energiemanagement
2018	Wettbewerb Kindergarten Bad Staffelstein
	Wettbewerb Kindergarten Mitterteich
2019	Wettbewerb Rathausumfeld Regenstauf
	Wettbewerb Alterswohnen „am Ufertal" Neunburg vorm Wald
	Wettbewerb Stadtplatz 43 Neustadt a.d. Waldnaab
	Wettbewerb Bahnhof Wiesau
2020	Wettbewerb Rathaus Weismain
	Wettbewerb BRK Kinderhaus Bayreuth
	Wettbewerb Rathaus Weissenbrunn
2021	Wettbewerb Schulneubau Neukirchen
2022	Juryreise zum Dorferneuerungspreis Bezirk Oberfranken

STÄDTEBAU

2001	Wunsiedel, Gestaltungsfibel
	Thiersheim, Dorferneuerung Thiersheim II
2003	Arzberg/Ortsteil Seußen, Dorferneuerung
	Wunsiedel, Dorferneuerung Wunsiedel West
	Selb, Stadtumbau WEST, Bürgerpark Rauh & Ploß
	Neustadt a.d. Waldnaab, Vorhabenbezogener Bebauungsplan
	Arzberg, Gestaltungsfibel
2004	Thierstein, Dorferneuerung
	Arzberg/Arzberg Ost, Dorferneuerung
	Kirchenlamitz, Dorferneuerung Reicholdsgrün
2005	Marktredwitz, Gestaltungsfibel
	Kirchenlamitz, Gestaltungsfibel
2006	Selb, Stadtumbau WEST, Wohnumfeldverbesserung
	Thierstein, Studie zur Revitalisierung der Industriebrache Schwarzenhammer
	Selb/Stadtumbau WEST, Stadtteilkonzept Selb-Ost
	Wunsiedel, Städtebauliche Planung Pachelbelgasse
2007	Erbendorf, Dorferneuerung Frodersreuth-Gössenreuth
	Marktredwitz, Dorferneuerung Haag-Wölsau
	Arzberg, Entwurfsplanung innerörtliche Freiräume
2008	Bad Alexandersbad, Dorferneuerung
	Waldershof, Lohgasse-Kirchgasse-Kirchplatz, innerstädtische Freiraumplanung
	Waldershof, Aktualisierung Vorbereitende Untersuchung
	Selb, Stadtumbau WEST, Stadtteilkonzept Marienplatz
	Weißenstadt, Gestaltungsfibel
	Schwarzenbach a.d. Saale, Neugestaltung Rathausplatz
	Wunsiedel, Lichtmasterplan für Innenstadt
2009	Bischofsgrün, Teilräumliche, städtebauliche Untersuchung für einen innerstädtischen Raum
	Waldershof, Gestaltungsfibel
	Selb, Stadtumbau WEST, Städtebauliche Planung Marienplatz
	Neusorg, Städtebauliches Entwicklungskonzept Media Gelände
2012	Waldershof, Stadtpark
	Neusorg, Gestaltung der Ortsdurchfahrt
	Neusorg, Kommunales Förderprogramm
2013	Ochsenkopfgemeinden, Gestaltungsfibel
	Tröstau, Änderung des bestehenden Bebauungsplans und Flächennutzungsplans im Naturparkgebiet
	Marktleuthen, Vorhabenbezogener Bebauungsplan
	Waldershof, Nachnutzungskonzept Rosenthal-Brache
	Neustadt a.d. Waldnaab, Vorhabenbezogener Bebauungsplan
2014	Wunsiedel, Ortsteil Holenbrunn, Bebauungsplan ehemaliges Retsch-Gelände
2015	Pullenreuth, Dorferneuerung
	Tröstau, Vorbereitende Untersuchung
	Waldsassen/Ortsteil Kondrau, Dorferneuerung
	Ebnath, Gemeindeentwicklungskonzept
2016	Waischenfeld, Integriertes Stadtentwicklungskonzept
2017	Kondrau, Dorferneuerung
	Carlsgrün, Dorferneuerung
	Mühlbühl, Dorferneuerung
	Neustadt an der Waldnaab, Nachnutzungskonzept Tritschler Areal
	Reicholdsgrün, Dorferneuerung
	Neustadt a.d. Waldnaab, Nachnutzungskonzept Stadtplatz 43
	Niederlamitz-Hammer, Kleine Dorferneuerung
	Röslau, Masterplan Winterling-Areal
2018	Nordhalben, Vorbereitende Untersuchung
	Waldsassen, Mühlbachgasse, innerstädtische Freiraumplanung
Seit 2019	Freiraum für Macher, Sanierungserstberatungen Landkreise Bayreuth, Hof und Wunsiedel
2019	Hohenberg, Gestaltungsfibel
	Windischeschenbach, Gestaltungsfibel
	Röslau, Gestaltungsfibel
2020	Neustadt am Kulm, Beratungen
	Weiden, Innenentwicklung
2021	Ebnath, Gestaltungsfibel
2022	Gemeinde Heinersreuth/Ortsteil Cottenbach, Dorferneuerung
	Gemeinde Konradsreuth/Ortsteil Ahornberg, Dorferneuerung
	Windischeschenbach, Stadtbodenkonzept und Bebauungspläne
	Wunsiedel, Aktualisierung Vorbereitende Untersuchung
2023	Mitterteich, Integriertes Stadtentwicklungskonzept

BUCH-MACHER
Architektur, Text, Fotografie, Gestaltung

PETER UND LISA KUCHENREUTHER

ENRICO SANTIFALLER

Architekturjournalist und Autor BDA ao.

Veröffentlichungen (Auswahl)
- DenkMal Hochfranken,
  Verlag Sehdition 2022
- Brückner & Brückner:
  Wurzeln und Flügel, Birkhäuser 2018
- Aktuelle Architektur in Oberfranken II,
  Büro Wilhelm Verlag 2016
- Stadtraum und Energie –
  Das Heizkraftwerk Würzburg,
  Verlag Dietrich Klinger 2009
- Aktuelle Architektur in Oberfranken,
  Büro Wilhelm Verlag 2008
- Transform. Zur Revitalisierung
  von Immobilien. Prestel-Verlag 2008
- Baustelle Heimat: Architektur
  in Rheinland-Pfalz 1945 – 2005,
  Verlag Schnell & Steiner 2005

BÜRO WILHELM. DESIGNAGENTUR & VERLAG

Im „Büro Wilhelm Verlag" erhalten außergewöhnliche Buchprojekte aus Bereichen wie Architektur, Kunst, Fotografie und Literatur eine publizistische Plattform. Das Verlagskonzept ist nicht auf Masse ausgerichtet. Im Fokus steht das Besondere, Auffallende und auch gestalterisch Interessante.

Den Schwerpunkt der verlegerischen Tätigkeit bildet die Architektur; mit der Reihe „Baukulturführer" werden seit 2003 Monographien zu moderner Architektur publiziert.

Die Bücher des Büro Wilhelm Verlags wurden mehrfach ausgezeichnet, u.a. mit dem Deutschen Verlagspreis, dem Preis der Stiftung Buchkunst („25 Schönste Deutsche Bücher") sowie mit dem Bayerischen Kleinverlagspreis.

FEIG FOTODESIGN

Antonia und Alexander Feig (Mitglied der Deutschen Gesellschaft für Photographie) fotografieren seit 1991 mit großer Passion Architektur und Still Life. Mit ihrem klaren Blick auf die Dinge rücken sie immer das Wesentliche in den Fokus. Neben den Architekturfotografien wurden für dieses Buchprojekt auch die Papierfaltobjekte eigens von ihnen entworfen und fotografisch ins Licht gestellt.

Ihre Projekte wurden mehrfach von hochkarätiger Jury ausgezeichnet: 2014 German Design Award/Special Mention, 2018 German Design Award/Winner, 2019/20 Deutscher Fotobuchpreis/Gold, 2020 Gregor Calendar Award.

IMPRESSUM

Herausgeber:
Kuchenreuther Architekten / Stadtplaner
Markt 12-14
95615 Marktredwitz
mail@kuchenreuther-architekten.de
www.kuchenreuther-architekten.de

Inhaltliches Konzept, Texte, Interviews:
Enrico Santifaller
www.esantifaller.de

Gestalterisches Konzept:
Philipp Koch, Wilhelm Koch
Büro Wilhelm. Design- und Digitalagentur
www.buero-wilhelm.de

Organisation:
Heike Rödel
Kuchenreuther Architekten / Stadtplaner

Illustration:
Katharina Heigl, Leonie Wilhelm
Büro Wilhelm

Kapiteleinstiegsbilder:
Feig Fotodesign

Druck und Bindung:
Frischmann Druck und Medien

Schriften:
FF Fago

Papier:
Munken Kristall Rough

Verlag:
Büro Wilhelm. Verlag
Koch, Schmidt-Schönenberg, Wilhelm GbR
Lederergasse 5–7, 92224 Amberg
verlag@buero-wilhelm.de
www.buero-wilhelm-verlag.de

ISBN: 978-3-948137-65-6
Preis: 49,90 €

© 2023 Büro Wilhelm

Fotografie (mit Seitenverweis):

Gerhard Hagen, Bamberg: 129, 130, 133-137, 145 oben, 148, 149, 151-154 oben, 158-162, 188, 198, 199, 201-205, 212, 213;
Feig Fotodesign, Selb: 9, 16 oben, 17, 19, 23, 41, 46-55, 57-65, 67, 69-75, 77-81, 83-85, 89, 92-95, 97, 98, 100-105, 108-111, 113-117, 119, 120-129, 139, 154 unten, 155-157, 164, 165, 167-173, 175-177, 183, 190, 191, 193-197, 206, 207, 209-211, 220-229, 231-235, 237-241, 247-249, 251-253, 275, 279, 288, 289, 291-293, 295-299, 301-303, 307; Kuchenreuther Architekten / Stadtplaner: 11 oben, 12 oben, 14, 20 oben, 24-32, 34-39, 44-45, 56, 66, 68, 76, 82, 86, 87, 96, 112, 118, 132, 142, 147, 150, 163, 166, 174, 178, 180, 181, 187, 192, 200, 208, 214, 230, 236, 242, 250, 256 links, 260, 266 links, 268, 271, 272, 273, 281, 284, 290, 294, 300, 304, 305, 311; Thomas Sticht, Wunsiedel: 261-266 rechts, 267, 316, 317; Delsana, Schwarzenbach: 282, 283, 285, 286, 287 unten; Johannes Kottjé, Marktredwitz: 254, 255, 256 rechts, 257; Axel Fickert, Zürich: 12 unten, 13; Leon Chanteaux: 16 unten; Herbert Scharf, Frankenpost: 20 unten; Martin Gebhardt, Weiden: 21; Florian Miedl, Selb: 106, 107; Heinz Hofmann im Auftrag der STEWOG: 145 unten; Gerhard Schlötzer, Bamberg: 179; Erich Spahn, Regensburg: 215-218; VG Baunach: 244; Johannes Klose, Wunsiedel: 258, 259; © Desico – Steffen Bauer: 287 oben; GEWOG: 270

Projektchronologie (chronologisch von li. nach re.):

Seite 318: Sampo Widmann, Edwin Kunz (3x), Kuchenreuther Architekten / Stadtplaner, Feig Fotodesign, Edwin Kunz, Feig Fotodesign, Manev, Feig Fotodesign (2x), Kuchenreuther Architekten / Stadtplaner, Feig Fotodesign (2x), Kuchenreuther Architekten / Stadtplaner, Feig Fotodesign; Seite 319: Feig Fotodesign (2x), Johannes Kottjé, Feig Fotodesign (4x), Sven Hackl, Feig Fotodesign, Delsana, Feig Fotodesign (2x), Feig Fotodesign, Edwin Kunz, Feig Fotodesign, NoBasic, Feig Fotodesign; Seite 320: Atelier Feldrapp, Feig Fotodesign, Kuchenreuther Architekten / Stadtplaner, Feig Fotodesign (2x), Erich Spahn, Feig Fotodesign, Kuchenreuther Architekten / Stadtplaner, Feig Fotodesign (3x), Gerhard Hagen, Feig Fotodesign (3x), Kuchenreuther Architekten / Stadtplaner; Seite 321: Thomas Sticht, Feig Fotodesign, Thomas Sticht, Feig Fotodesign, Kuchenreuther Architekten / Stadtplaner, Feig Fotodesign, Gerhard Hagen, Kuchenreuther Architekten / Stadtplaner, Feig Fotodesign, Kuchenreuther Architekten / Stadtplaner, Feig Fotodesign, Gerhard Hagen (3x), Felix Meyer, Gerhard Hagen

Die Deutsche Bibliothek – CIP-Einheitsaufnahme

Ein Titeldatensatz für die Publikation ist bei der Deutschen Bibliothek erhältlich. Das Werk einschließlich aller seiner Teile ist urheberrechtlich geschützt. Jede Verwertung außerhalb der engen Grenzen des Urheberrechtsgesetzes ist ohne schriftliche Genehmigung des Herausgebers oder des Verlages unzulässig und strafbar. Das gilt insbesondere für Vervielfältigungen, Übersetzungen, Mikroverfilmungen und die Einspeicherung und Verarbeitung in elektronischen Systemen.